미공개 중요정보 이용행위의 이해

박 순 철

博 英 社

머 리 말

자본시장과 금융투자업에 관한 법률이 2009. 2. 4. 시행됨에 따라 증권관련 법령은 일대 전환기를 맞았다. 금융투자상품이라는 포괄적 개념의 도입, 금융투자업의 기능별 규율 체제의 도입, 투자자 보호의 강화 등이 주요 내용이다. 이에 따라 불공정거래의 규제에도 변화를 가져왔는데 그 중 미공개중요정보 이용행위 금지와 관련해서는 계열회사의 임직원과 주요주주를 행위주체로 추가하고 유가증권에서 특정증권등으로 규제대상을 확대하였으며 시장정보인 주권등의 대량취득·처분 정보의 이용행위를 새로이 규제하는 등 여러 가지 개정이 이루어졌다. 한편, 최근 불공정거래에 있어서는 시세조종행위 못지않게 상대적으로 미공개중요정보 이용행위가 더 증가하면서 그 수법도 지능화되어 가고 있다.

이러한 변화에도 불구하고 아직 실무에서는 범죄로서의 미공개중요정보 이용행위와 관련하여 자주 발생하거나 문제되는 법률적 쟁점들에 대한 깊이 있는 연구가 미흡한 편이며 판례의 태도도 명확하지 않은 경우가 있다. 저자가 2008년 서울중앙지검 금융조세조사 1부 부부장 검사로 근무할 당시 미공개중요정보 이용행위 사건을 수사하면서 참고할 만한 서적이나 연구자료가 부족하여 애를 먹었던 기억이 있다. 그 이후 금융위원회에 파견나와 자본시장조사심의위원회의 위원으로서 미공개중요정보 이용행위 사건들을 처리하면서 이에 대한 연구의 필요성을 느꼈다. 그래서 그 동안 축적되어 온 판례나 사례를 수집하여 분석하고 입법례 등을 참조하여 범죄로서 미공개중요정보 이용행위의 규제근거, 보호법익 등에 대한 이론적 토대를 마련하여 이를 기초로 미공개중요정보 이용행위의 구성요건 등에 대한 해석기준을 제시하고, 그 해석기준에 따른 규제의 한계 부분에 대한 해석론상의 개선방안을 제시하고 나아가 미공개중요정보 이용행위에 대한 세계적인 규제방향의 흐름과 함께 향후 장기적인 규제의 개선방향을 언급하는 내용의 박사학위 논문을 2010. 2. 출간하게 되었다.

논문을 출간한 후 주위에서 책으로 출간하여 많은 사람들이 읽을 수 있게 하는 것이 좋겠다는 권유가 있어 박사학위 논문의 내용을 일부 수정·보완하여 책의 형식을 빌려 다시 출간하게 된 것이다.

박사학위 논문과 이 책을 발간하면서 여러분의 도움을 받아 감사의 마음을 전하고 싶은 분들이 있다. 먼저 저자를 한없는 사랑으로 키워주신 어머님께 감사드리고 사랑하는 아내와 자랑스러운 아들 준후, 예쁜 딸 소민에게 이 책의 영광을 돌립니다. 풍부한 학식과 학문적 경험으로 초고 단계에서부터 성심성의껏 논문을 지도해 주신 성균관대학교 최준선 교수님, 임재연 교수님, 한석훈 교수님, 서울대학교 정순섭 교수님, 서울시립대학교 안수현 교수님께 깊이 감사드리고, 지난 1년간 논문의 완성을 위하여 동고동락하였던 금융감독원의 장창호 선임과 그 외 많은 조언과 조력을 아끼지 않으셨던 금융위원회 및 금융감독원 직원들에게도 감사의 마음을 전합니다.

2010년 7월 여의도에서

저자 **박 순 철**

차 례

제 1 장 총 설

제 2 장 미공개중요정보 이용행위의 규제 법리

제 3 장 각국의 입법례와 자본시장법의 태도

제 4 장　업무정보를 이용한 미공개중요정보 이용행위

제 5 장 시장정보를 이용한 미공개정보 이용행위의 특칙

제6장 미공개중요정보 이용행위 규제의 개선

제 1 장

총 설

제1절 서 설

Ⅰ. 미공개중요정보 이용행위 규제의 의의

일반적으로 내부자거래란 상장법인의 내부자가 투자자의 투자 판단이나 금융투자상품의 시장가격에 중대한 영향을 미칠 수 있는 내부정보를 보유하고 그 정보가 공개되기 전에 그 정보에 기하여 거래하거나 타인에게 정보를 전달하거나 거래를 추천하는 것을 말한다. 기업의 자본 조달과 투자자의 투자 욕구를 연결시키는 자본시장에서 내부정보를 보유하고 있는 내부자와 그 정보를 갖지 못한 통상의 투자자 사이의 거래는 불공정하고 이를 허용할 경우 통상의 투자자들이 자본시장에서의 거래에 참여하지 않을 것이기 때문에 내부자거래를 규제하고 있다.

나라마다 내부자거래의 구체적 구성요건이나 금지행위의 범위는 다르나 대체로 내부자거래는 내부자, 내부정보, 금지행위의 3가지를 구성요소로 하고 있다. 내부자란 규제대상자로서 회사의 내부정보에 접근할 수 있는 우월적 지위에서 정보를 지득한 1차 내부자 또는 1차 내부자로부터 직·간접적으로 내부정보를 지득한 2차 내부자이다. 최근에는 1차, 2차 내부자라는 구분없이 정보를 지득하고 있는 자를 모두 규제대상으로 하는 국가도 있다. 내부정보란 회사, 증권이나 금융투자상품 등에 관한 공개되지 않은 정보로서 그 정보가 공개될 경우 그 가격 등에 중대한 영향을 미칠 수 있는 정보를 말하며 규제대상이 되는 내부정보의 범위는 나라마다 차이가 있다. 그리고 내부정보를 알고 있는 자가 그 정보에 근거하여 거래하거나 타인에게 그 내부정보를 제공하는 행위, 그리고 내부정보를 전달하지 않더라도 거래를 추천하는 행위 등이 금지되는데 그 금지행위의 범위도 나라마다 다르다.

이러한 내부자거래의 규제여부에 대하여는 논란이 있어 왔다. 내부자거래를 허용함으로써 증권의 가격에 내부정보가 반영되어 증권가격이 정확하게 결정되고 기업가에게 가치 있는 정보를 생산할 인센티브를 줄 수 있다[1]는 등의 이유로 자본시장의 효율성을 위해 내부자거래를 규제하지 말자는 견해[2]가 있는 반면, 회사와 주주 전체의 이익을 위해 사용되어야 할 내부정보를 개인의 이익을 위해 사용하는 것은 불합리하며[3] 내부자거래를 기업가에 대한 보상으로 인정할 경우 기업가가 내부자거래에 열중하여 업무를 태만히 할 수도 있고 준내부자와 정보수령자에게는 보상의 의미가 없다는 점 등을 근거로 하여 내부자거래를 규제하자는 견해가 있다.[4]

사법의 일반원칙상 당사자간의 거래에 있어서 거래자 일방이 타

1) 회사는 내부정보를 임원에 대한 보상책으로 사용할 수도 있으므로 자기정보의 공개 여부 및 범위에 대하여 회사가 고용계약을 통해 개별적으로 결정하는 것이 효율적이다. Dennis W. Carlton · Danial R. Fischel, "The Regulation of Insider Trading", Stanford Law Review(9 May, 1983), p. 20.

2) Manne, H, Insider Trading and the Stock Market(1966), pp. 98~104; Niamh Moloney, EC Securities Regulation, 2nd Edition, Oxford University Press(2009), p. 926 참조.

3) Brudney, "Insiders, Outsiders and Information Advantages under the Federal Securities Law", Harvard Law Review, vol 93(1979), pp. 356~357.

4) 한편, 시장효율성을 정책목표로 하는 경우 투자자 보호 내지 시장공정성이라는 목표는 희생된다는 견해와 효율성과 공정성은 서로 대립하는 의미로 해석될 수 없다는 견해가 있는데 자세한 내용은 黒沼悅郎, 證券市場の機能と不公正取引の規制, 有斐閣(2002), 12~13頁 이하, 참조; 투자자보호를 위한 거래공정성과 시장효율성에 기한 자원배분과의 상관관계에 관하여는, 近藤光男 · 吉原和志 · 黒沼悅郎, 證券取引法入門, 4~5頁, 商事法務(2003) 참조.

방에게 자신이 가진 정보를 적극적으로 공시할 의무는 없지만 이 원칙을 자본시장에 그대로 적용한다면 정보의 우위에 있는 내부자가 이익을 얻게 된다. 이를 용인한다면 내부정보를 모르는 통상의 투자자들은 자본시장에의 참여를 꺼릴 것이므로 자본시장의 공정성과 투자자의 신뢰 보호를 위해서는 내부자거래를 규제할 필요가 있다는 것이 현재의 일반적인 시각이다.[5] 1960년대부터 내부자거래를 규제하기 시작한 미국을 비롯하여 현재는 일본, 영국, 호주, 독일 등 세계 각국에서 내부자거래를 규제하고 있다.

우리나라도 자본시장과 금융투자업에 관한 법률(이하 '자본시장법'이라 한다)에서 상장법인의 업무등과 관련된 미공개중요정보를 직무관련등으로 알게 된 상장법인의 임직원이나 그 법인과 법률상 또는 계약상의 관계에 있는 자가 특정증권등의 매매, 그 밖의 거래에 이용하거나 타인에게 이용하게 하는 것을 금지하고 있다. 자본시장법은 내부자거래가 아닌 미공개중요정보 이용행위라고 표현하고 있지만 그 내용은 기본적으로 유사하다.[6] 헌법재판소나[7] 대법원[8]도 위와 같은 이유로 규제의 필요성을 인정하고 있으며 특히 미국에 비해 단기 투자가 성행하고 있는 우리나라는 자본시장의 효율성보다는 공정성이 훨씬 중요하다.[9]

---

5) 내부자거래는 시장의 완전성에 대한 신뢰의 손실을 초래하여 투자자들이 다른 투자처를 찾게 되고 회사의 자본조달을 어렵게 만들며, 내부자거래의 규제는 투자자가 내부자거래로 인한 불이익을 막기 위하여 자신이 투자하고 있는 시장을 단속하는데 들이는 비용을 절감시켜주는 기능도 하므로 증권시장의 '공정성'이라는 본질적 정당성 때문에 내부자거래의 금지로 인한 증권시장의 효율성이 제약되더라도 그 규제가 정당화되는 것이다. Robert Baxt·Ashley Black·Pamela Hanrahan, Securities and Financial Services Law, 6th edition, LexisNexis Butterworths(2003), pp. 504~507.

6) 일반적으로 각국에서 내부자거래라는 용어를 사용하고 있으나 자본시장법은 미공개중요정보 이용행위라는 표현을 사용하고 있다. 자세한 내용은 제3장/제2절/Ⅱ. 규제태도 참조.

7) 헌법재판소 2002. 12. 18. 선고 99헌바105, 2001헌바48(병합) 결정.

8) 대법원 1994. 4. 26. 선고 93도695 판결.

Ⅱ. 연 혁

증권거래법은 1962년 제정 시 내부자거래 금지 규정이 없었고 1976년 12월 개정 시 단기매매차익 반환의무와 공매도가 도입되었으며, 1982년 3월 개정 시에도 내부자거래를 금지하는 직접적인 조항은 없었다. 1991년 개정 시 내부자거래의 금지규정을 두었는데(제188조의2) 행위주체는 일본의 입법례를 참고하여 회사 내부자·준내부자·정보수령자를 규제대상으로 하고 미국 판례법상의 정보의 중요성 기준을 받아들여 중요정보는 투자자의 투자판단에 중대한 영향을 미칠 수 있는 정보로 하였다. 그리고 법정형을 3년 이하의 징역 또는 2천만원 이하의 벌금형으로 규정하고 부당이익과 회피손실액의 3배에 해당하는 금액이 2천만원을 초과하는 경우에는 그 부당이익 또는 회피손실액의 3배 이하의 벌금형에 처하도록 하였다.

그리고 2002년 4월 개정 시 부당이익이나 회피손실액이 5억원 이상 50억원 미만일 때에는 3년 이상의 징역에, 부당이익이나 회피손실액이 50억원 이상인 때에는 무기징역 또는 5년 이상의 징역에 처하고, 10년 이하의 자격정지를 병과할 수 있게 하였다.

그러다가 2009. 2. 4. 관련 법령 6개[10]를 통합한 자본시장법이 시행되면서 내부자거래 등에 대한 규제에도 변화가 있었다. 불공정거래행위가 점차 은밀화·지능화되어가고 있고 정보통신 기술의 발달에 따라 새로운 형태의 불공정거래 기법이 동원되고 있는 시점에서 미공개중요정보 이용행위 등 불공정거래에 대하여 변화가 시도되었다는 점에서 의미 있는 일이다.

---

9) 조인호, "내부자거래 규제 여부에 관한 입법정책상의 고찰", 상장협 제40호(1999), 157~159면; 임재연, 자본시장법, 박영사(2010), 712면.

10) 증권거래법, 선물거래법, 간접투자자산운용업법, 신탁업법, 종합금융회사에 관한 법률, 한국증권선물거래소법이다.

제 2 절 이 책의 구성

이 책은 모두 6장 17절로 구성된다.

제1장 총설은 미공개중요정보 이용행위의 의의와 연혁을 설명한다.

제2장 미공개중요정보 이용행위의 규제법리에서 미공개중요정보 이용행위를 금지하는 이유는 불공정한 정보격차의 이용행위를 규제함으로써 자본시장의 공정성과 투자자의 신뢰 보호를 달성하기 위한 것으로 그 규제의 근거나 규제의 목적 또는 보호법익을 밝히고 범죄로서 미공개중요정보 이용행위의 법적 성질과 형법의 적용범위 등을 설명한다.

제3장 각국의 입법례와 자본시장법의 태도에서는, 먼저 미공개중요정보 이용행위 금지에 관한 일본, 미국, 영국, EU지침, 호주, 독일 등의 입법태도를 규제대상자의 범위 등을 기준으로 회사관계 중심의 규제 모델, 정보이용 중심의 규제 모델, 정보이용의 규제 모델로 구분하여 그 특징과 규제 범위를 설시하고, 이어서 자본시장법의 규제태도를 논한다.

제4장 업무정보를 이용한 미공개중요정보 이용행위에서는 미공개중요정보 이용행위를 구 증권거래법과 비교·설명하면서 불공정한 정보격차의 이용행위라는 처벌근거와 자본시장의 공정성과 투자자

의 신뢰보호라는 규제목적 또는 보호법익, 그리고 죄형법정주의 등을 기준으로 하고 판례나 사례를 분석하여 자본시장법의 테두리 내에서 가능한 한 명확하고 구체적인 해석기준을 제시한다.

먼저 행위주체를 회사관계자와 정보수령자로 나누고 회사관계자는 정보접근의 우월적 지위를 가진 자로 규정하고 그들이 행위주체가 되기 위해 요구되는 정보지득 및 그 지득경위인 직무관련등의 의미와 정보수령자의 범위와 책임 등을 중심으로 설명한다. 그리고 정보를 정보생성의 방법에 따라 결정정보와 발생정보, 회사와의 업무관련성에 따라 업무정보와 시장정보, 투자자의 투자방향에 미치는 영향에 따라 호재성 정보와 악재성 정보로 나누고, 그 기준에 따른 정보의 개념과 기능을 살펴보고 중요정보 생성시기에 관한 기준을 국내 및 외국 판례를 분석하면서 검토한다. 그리고 구성요건적 행위인 '특정증권등의 매매, 그 밖의 거래', '정보이용행위', '이용하게 한 행위' 등의 의미를 논하고, 그 외 고의, 실행의 착수시기, 공범과 미수 등 형사법적 쟁점을 설명한다.

제5장 시장정보를 이용한 미공개정보 이용행위의 특칙에서는 예외적으로 규제하는 시장정보를 이용한 미공개정보 이용행위인 공개매수의 특칙과 주식등의 대량취득·처분의 특칙에 대하여 입법취지와 그 해석기준 등을 살펴본다.

제6장에서는 위와 같은 해석기준에 따라 자본시장법상 문제되는 부분이나 규제의 공백 부분에 대한 개선방안을 제시한다. 먼저 단기적으로 자본시장법 규제태도하에서의 해석론상의 개선방안으로서 규제대상자나 규제대상 정보 범위의 확대, 제재의 개선 등을 제시한다.

그리고 자본시장법은 자본시장의 공정성과 투자자의 신뢰 보호를 위해 불공정한 정보격차의 이용행위를 처벌하면서 그 규제대상을 회사정보에 대한 접근에 우월적 지위를 가진 자와 그로부터 정보를 수령한 자로 제한하는 회사관계 중심의 규제로 인하여 근본적인 규제의 공백이 생긴다. 반면, 외국의 경우 특히, 호주나 독일의 경우에는 내부정보에 근거한 거래행위를 하면 누구든지 처벌하는 정보이용의 규제를 하고 있다. 자본시장법의 입법태도는 국제화 시대에 세계적인 입법 추세에 비하여 규제범위가 좁다는 비판이 있다. 따라서 장기적으로 외국의 입법례를 참조하고 규제목적을 감안하여 회사와 관련된 자 중심의 규제에서 시장에서의 불공정한 정보격차의 이용행위를 규제하는 방향으로 나아갈 필요에 대하여 언급한다.

제2장

미공개중요정보 이용행위의 규제 법리

제 1 절 규제근거와 보호법익

일반적으로 미공개중요정보 이용행위를 규제하는 이유는 불공정한 정보격차의 이용을 규제함으로써 자본시장의 공정성과 투자자의 신뢰를 보호하기 위한 것으로 보고 있다. 이때 불공정한 정보격차의 이용이 규제근거 또는 처벌근거이며 자본시장의 공정성과 투자자의 신뢰 보호는 규제목적이나 보호법익을 의미한다.

Ⅰ. 규제근거

미공개중요정보 이용행위의 규제가 필요하다는 점에 대해서는 일반적으로 의견이 모아지고 있으나, 구체적으로 규제범위를 어디까지 할 것인가에 대하여는 내부자의 범위, 정보의 범위, 금지행위의 범위 등과 관련하여 많은 논의가 있다. 이는 기본적으로 내부자거래의 규제근거, 보호법익이나 규제목적 등과 깊은 관련이 있다.[1)]

1) 내부자거래의 규제근거로 미시적인 관점에서 관계개념(relationship-based)에 의거하여 회사 또는 주주에 대한 신인의무 위반으로 보는 미국의 이론과 거시적인 관점에서 시장개념에 따라 증권거래의 공정성에 대한 투자자의 신뢰 훼손으로 보는 EU 등의 이론이 있다. Niamh Moloney, op. cit., p. 924; Viveca Hostetter, "Turning Insider Trading inside out in The European Union", California Western International Law Journal(Fall 1999), pp. 193～194.

1. 자본시장의 공정성 이론

미국에서는 연방법원, 증권거래위원회(Securities and Exchange Commission, 이하 'SEC'라 한다) 및 학자들 사이에서 내부자거래의 규제근거 등에 대한 논의가 있어왔다. 미국은 내부자거래를 1934년 증권거래법(the Securities Exchange Act, 이하 SEA) §10(b)와 Rule 10b-5에서 규제하는 사기적 행위의 일반적 금지에 근거하여 사기행위로 이론을 구성하여 규제하여 왔다. 회사정보를 공시하지 않은 행위가 부작위에 의한 기망행위를 구성하여야 증권사기가 되므로 그 전제로서 작위의무인 공시의무가 인정되어야 하고 그 공시의무의 근거와 관련하여 후술하는 바와 같이 정보평등이론, 신인의무이론, 부정유용이론 등의 이론이 전개되어 왔다. 그러나 이 이론은 일반적인 사기금지조항으로 규제하는 판례법 국가인 미국 고유의 사정에 기인한 것으로 실정법으로 내부자거래를 규제하고 있는 나라의 경우에 그대로 적용하기는 어렵다. 다만 내부자거래의 의미, 규제근거, 규제범위 등에 대한 이해나 향후 개선방향에 도움을 줄 수 있을 것이다.

반면, 우리나라, 일본, EU 지침, 영국, 호주, 독일 등은 실정법으로 내부자거래를 규제하면서 그 법의 내용이나 입법취지 등에서 규제목적이나 규제근거를 밝히고 있고 일반적으로 규제목적을 증권시장의 완전성이나 공정성, 또는 투자자의 신뢰보호 등에 두고 있으며 그러한 규제목적으로부터 규제근거를 도출하고 있다.

1989년 EC 지침은 시장에 대한 투자자의 신뢰보호를 위해서 내부정보의 부당한 이용을 규제하여야 한다고 하고,[2] 일본에서도

2) 1989. 11. 13. EC 이사회는 "투자자의 증권시장에 대한 신뢰를 확보하기 위해서는 투자자를 평등하게 취급하여 내부정보의 부당한 이용으로부터 보호해야 할 필요가 있고 일부의 투자자만을 유리하게 하는 내부자거래는 이와 같은 신뢰를 손상시키고 시장의 원활한 운영을 해할 우려가 있으므로 규제할 필요가 있다."라는 EC지침(Council Directive of 13 November 1989 coordinating regulations on insider dealing(89/592/EEC))을 채택하였다.

증권시장의 공정성과 건전성에 대한 투자자의 신뢰를 보호하기 위해서 내부정보를 알 수 있는 특별한 입장에 있는 자가 그 정보를 이용하여 거래하는 것은 투자자에게 현저하게 불공평하므로 규제하여야 한다고 하며,[3)][4)] 호주에서도 증권시장에 대한 투자자 신뢰와 그로 인한 증권시장의 발전은 비밀정보의 부적절한 사용의 금지에 있다고 하고 있다.[5)]

즉 내부자거래의 규제에 대한 명확한 규정을 두면서 신인의무 위반이나 정보의 부정유용이 아닌, 자본시장에서의 내부정보를 이용한 거래의 불공정성이나 내부정보에 접근할 수 있는 자의 내부정보를 이용한 거래의 불공정성 등에 그 규제근거를 두고 있다.

2. 자본시장법의 규제근거

자본시장법은 자본시장에서의 공정한 경쟁과 투자자의 보호를 목적으로 하고 있으며,[6)] 대법원[7)]이나 헌법재판소 결정[8)]은 미공개

3) 내부자거래를 처벌하는 이유는 공개매수자등의 임직원등 일정한 관계에 있는 자는 공개매수등의 실시에 관한 사실 발생에 스스로 관여하거나 또는 그 사실을 알 수 있는 입장이므로 그러한 자가 그 사실을 알고 공표 전에 공개매수와 관련된 상장주식등을 매수하는 등의 거래를 행하는 것은 그 사실을 모르는 통상의 투자자와 비교하여 현저히 유리하여 불공평하며, 이와 같은 거래가 횡행한다면 증권시장은 건전한 투자가의 신뢰를 상실하고 증권시장으로서의 기능을 충분히 다할 수 없게 됨에 있다. 東京地方裁判所 2002년 特(わ) 第6281号 判決(証券取引法違反被告事件).

4) 내부자거래 방지의 궁극 목적은 증권시장의 공정성, 건전성의 확보 및 증권시장에 대한 투자자의 신뢰보호이고, 그 이외에 기업정보의 보호를 포함하는 견해도 있을 수 있지만 기업정보의 보호 및 부정유용 방지 자체는 내부자거래 방지의 궁극 목적이 될 수 없다. 神崎克郎·志谷匡史·川口恭弘, 証券取引法, 青林書院(2006), 874頁.

5) 내부자거래 규제의 목적은 증권시장이 시장참가자들이 자유롭고 공평하게 정보에 동등하게 접근하도록 운영되는 것이고, 투자자 신뢰와 그로 인한 증권시장의 발전은 비밀정보의 부적절한 사용의 금지에 있다. Final report of the Campbell Committee of Inquiry, “Austrailan Financial System” (1981), p. 382(Robert Baxt·Ashley Black·Pamela Hanrahan, op. cit., p. 507. 주23 재인용).

중요정보 이용행위의 규제목적을 시장의 공정성과 투자자의 신뢰보호로 보고 있다. 미공개중요정보 이용행위는 증권시장의 공정성이나 투자자의 신뢰를 손상시키는 불공정거래이므로 규제되어야 하는데 그 이유는 불공정한 정보격차의 이용 때문이다.[9] 주가에 영향을 미칠 만한 회사의 중요정보를 알고 있는 자와 그 정보를 모르는 투자자 사이의 거래에 있어, 능력의 부족이나 부주의로 그 정보를 모르는 것이 아니라면 그 거래는 불공정하며 윤리적으로도 용납될 수 없다.[10] 반면, 공개자료를 스스로 연구·분석하여 취득한 분석정보를 이용하는 것은 불공정하다고 할 수 없을 것이다.[11] 정보격차를 이용

6) 자본시장에서의 금융혁신과 공정한 경쟁을 촉진하고 투자자를 보호하며 금융투자업을 건전하게 육성함으로써 자본시장의 공정성·신뢰성 및 효율성을 높여 국민경제의 발전에 이바지함을 목적으로 한다(법 제1조).

7) 유가증권시장이 기업의 자금조달과 국민의 증권투자를 통한 자산운용이라는 양 측면의 요구를 서로 연결시키는 중요한 기능을 하는데 내부자거래는 유가증권시장에서의 거래당사자의 평등을 해치게 되어 유가증권 거래의 공정성과 유가증권시장의 건전성에 대한 투자자의 신뢰를 손상시킴으로써 유가증권시장이 국민자금을 효율적으로 배분하는 기능을 저해하는 결과를 초래하므로 규제가 필요하다. 대법원 1994. 4. 26. 선고 93도695 판결.

8) 내부자거래규제의 목적은 증권매매에 있어 정보면에서의 평등성 즉 공정한 입장에서 자유로운 경쟁에 의하여 증권거래를 하게 함으로써 증권시장의 거래에 참여하는 자로 하여금 가능한 한 동등한 입장과 동일한 가능성 위에서 증권거래를 할 수 있도록 투자자를 보호하고 증권시장의 공정성을 확립하여 투자자에게 그 신뢰감을 갖게 하려는 데에 있다. 헌법재판소 2002. 12. 18. 선고 99헌바105, 2001헌바48(병합) 결정. 同旨: 헌법재판소 1997. 3. 27. 선고 94헌바24 결정.

9) 구 증권거래법 제188조의2 제1항은 기업 내부의 정보에 접근하기 쉬운 내부자와 그로부터 정보를 전해들은 자가 당해 정보가 미공개된 점을 이용하여 이를 알지 못하는 자와 불평등한 상태에서 거래할 경우 그 거래를 정당한 거래로 볼 수 없고 그러한 부정한 거래를 제한하지 않는다면 증권시장 전체를 불건전하게 할 수 있기 때문에 증권거래에 참가하는 개개의 투자자의 이익을 보호함과 함께 투자자 일반의 증권시장에 대한 신뢰를 보호하여 증권시장이 국민경제의 발전에 기여할 수 있도록 하기 위함이다. 서울고등법원 2003. 2. 17. 선고 2002노2611, 2002노1891(병합), 2003노161(병합); 상고심인 대법원(2003도1456)도 특별한 언급 없이 원심을 확정하였다.

10) 헌법재판소 1997. 3. 27. 선고 94헌바24 결정.

11) 김건식·정순섭, 자본시장법, 두성사(2009), 280면; 김건식, "내부자거래규제

한 모든 거래가 자본시장의 공정성과 그에 대한 투자자의 신뢰를 손상시키는 것은 아니며 불공정한 정보격차의 이용행위만을 규제하는 것이다. 자본시장법은 이러한 불공정한 정보격차의 발생을 미연에 방지하기 위해 회사의 중요정보를 공시하도록 하고 있는 것이다.

한편, 자본시장법은 독일이나 호주와 달리 불공정한 정보격차의 이용행위를 모두 규제하는 것이 아니라, 일본처럼 회사의 정보에 접근할 수 있는 특별한 지위[12]에 있는 자와 그로부터 정보를 수령한 자에 한하여 불공정한 정보격차의 이용행위를 규제하고 있다. 즉 회사의 임직원이나 주요주주, 회사와 법률상 또는 계약상의 관계가 있는 자들은 특별한 지위에 의해서 회사의 중요정보를 알게 될 기회가 많고, 그들과의 특수한 관계 등으로 그들로부터 정보를 수령한 1차 정보수령자는 주식거래 시 통상의 투자자보다 훨씬 유리한 입장에 있기 때문에 규제하는 것이다.

그러나 자본시장의 공정성과 통상의 투자자의 신뢰보호라는 규제목적에 비추어 볼 때 정보접근의 우월적 지위에 있는 자와 1차 정보수령자뿐만 아니라 회사관계자로부터 정보를 간접적으로 수령한 자 또는 중요정보를 알고 있는 제3자 등에 의한 불공정한 정보격차의 이용행위도 불공평한 것은 마찬가지이다.

그런데 자본시장법은 이러한 모든 행위를 규제할 경우 그 규제범위가 지나치게 확대될 것을 우려하여 불공정한 정보격차의 이용을 규제근거로 하면서 중요정보에 쉽게 접근할 수 있는 우월적 지위에

의 이론적 기초", 증권학회지 제28집(2001), 167면; 박삼철, "증권거래법상의 내부자거래 규제에 관한 연구", 고려대학교 석사학위논문(1998), 44면.

12) "~내부자가 당해 법인의 업무 등과 관련하여 접근이 허용되었던 법인의 공개되지 아니한 내부정보 중 유가증권의 투자판단에 영향을 미칠 수 있는 중요한 정보를 이용하여 거래에 관여할 경우~", 대법원 1994. 4. 26. 선고 93도695 판결; 同旨: "~기업내부의 정보에 접근하기 쉬운 내부자와 이로부터 정보를 전해들은 자가 당해 정보가 미공개된 점을 이용하여 이를 알지 못하는 자와 불평등한 상태에서의 거래를 할 경우~" 서울고등법원 2003. 2. 17. 선고 2002노2611 판결.

있는 일정 범위의 자들과 그들로부터 정보를 받은 자에 한정하여 규제하고 있다고 볼 수 있다. 그러나 이와 같은 규제태도는 외국에 비하여 그 규제범위가 지나치게 좁은 것이므로 입법적 검토가 필요하다.

Ⅱ. 보호법익

나라마다 조금씩 차이는 있으나 미국, 유럽, 호주, 일본 등에서는 내부자거래를 규제하면서 금지행위를 위반하면 행정제재와 민사규제 외에 형사처벌을 가하고 있고 우리나라도 마찬가지이다. 따라서 범죄로서의 미공개중요정보 이용행위의 보호법익이 무엇인지를 살펴볼 필요가 있다. 범죄의 본질은 1차적으로 보호법익의 관점에서 규명되고 보호법익은 범죄의 해석원리이며 실질적 범죄개념을 제공함으로써 입법원리의 기능도 수행하기 때문이다.[13]

1. 사회적 법익

대부분의 나라에서는 내부자거래의 규제목적을 어느 쪽에 중심을 두고 있는지의 차이는 있으나 대체로 자본시장의 공정성이나 투자자의 신뢰보호에 두고 있다. 일본은 '증권시장의 공정성과 건전성에 대한 통상의 투자자의 신뢰확보',[14] 미국은 '증권시장의 공정성과 효율성',[15] 1989년 EC 지침은 '투자자의 시장에 대한 신뢰',[16] 영국

---

13) 임웅, 형법총론, 법문사(2007), 82면.

14) 松本眞輔, "最新インサイダー取引規制—解釈·事例·執務對応", 商事法務(2006). 9~10頁; 葉玉匡美, "インサイダー取引と重要事實の發生時期", TAmaster No.224(2007), 40頁; 한편, 일본 증권거래법 166조(내부자거래) 취지에 대하여, 거래 공정성의 확보라는 법익 실현의 관점에서 내부자거래가 행하여진 경우 우연히 그 상대방이 된 자가 향후 형성되어야 될 공정한 가격에서 괴리된 부당하게 불리한 가격으로 매수 또는 매도하는 병폐를 방지함에 있다고 설명한다. 野村証券株式会社法務部, 神田秀樹(監修), 注解証券取引法(1984), 1198頁.

15) 미국도 증권시장의 공정성과 효율성을 규제목적으로 하고 신인의무 위반이

은 '시장의 공정성',[17] 호주는 '증권시장의 공정성과 투자자의 신뢰보호', 독일은 '자본시장의 기능보호'[18] 등을 규제목적으로 설명하고 있다. 이러한 규제목적은 범죄로서의 미공개중요정보 이용행위 규제의 보호법익으로 보아도 무방할 것이다.

따라서 자본시장법상 범죄로서의 미공개중요정보 이용행위의 보호법익은 자본시장의 공정성과 투자자의 신뢰보호라는 사회적 법익이라고 할 수 있다. 헌법재판소 결정[19]이나 시세조종행위와 관련한 대법원 판례[20]에서 증권시장에서의 공정성이 보호법익이라고 한 경우도 있으나 투자자의 신뢰보호도 보호법익으로 보는 것이 타당하다. 불공정한 정보격차의 이용행위를 규제하는 것은 자본시장의 공

나 부정유용이론을 규제근거로 보는 것 같다. James D. Cox · Rovert W. Hillman·Donald C. Langevoort, Securities Regulation: Cases and Materials (3rd ed.), Aspen Law & Business(2001), pp. 966~967.

16) '유가증권시장에 대한 투자자의 신뢰보호'라고 판시한 사례가 있다, European court of Justice, Criminal Proceedings against Grongaard(C384/02) 2007. 5. 10.

17) Barry Rider · Kern Alexander · Lisa Linklater · Stuart Bazley, Market Abuse and Insider Dealing, Tottel(2009), p. 6.

18) 전통적 견해는 투자자보호이며 종종 회사 이익보호가 언급되었으나, 최근에는 증권시장의 기능 보호가 지배적이다. 내부자거래는 단지 조직화된 자본시장의 기능수행능력인 초개인적 법익을 보호하는 것이므로 제14조의 내부자거래금지 위반을 이유로 직접적으로 민사적 책임을 이끌어 낼 수 없고 개개의 투자자는 간접적으로 보호될 뿐이다. 자본시장의 기능수행능력 보장은 반사적 효과로 투자자에게 이익이 되고, 모든 시장참가자들이 평등하게 취급되며 내부자정보의 위법한 사용으로부터 보호된다는 신뢰에 근거한다. Assmann, in: Assmann/Schneider(Hrsg), §14, Rz. 6 7, und 10.

19) 시세조종행위나 미공개정보 이용행위와 같은 범죄의 주된 보호법익은 개인적 법익이 아닌 유가증권시장의 공정한 거래질서라는 사회적 법익이며 유가증권시장의 공정성을 저해하는 행위를 효과적으로 규제하고 그에 대한 처벌의 실효성을 높이기 위해 벌금형의 상한이 변동되는 연동제를 채택한 것이다. 헌법재판소 2003. 9. 25. 선고 2002헌바69, 2003헌바41(병합) 결정.

20) 시세조종의 경우 보호법익이 증권시장에서의 거래 공정성 및 유통의 원활성 확보라는 사회적 법익이고 각각의 유가증권 소유자나 발행자 등 개개인의 재산적 법익은 직접적인 보호법익이 아니다. 대법원 2002. 6. 14. 선고 2002도1256 판결.

정성에 대한 투자자의 신뢰를 보호하고 궁극적으로는 자본시장의 공정성을 확보하기 위한 것이기 때문이다.

거래소가 증권의 매매를 위하여 개설한 증권시장이나 장내파생상품의 매매를 위하여 개설한 파생상품시장 외에서의 거래행위 즉, 금융기관의 전국 점포에서 수많은 투자자들을 대상으로 증권을 창구판매하는 경우나 개인적으로 매도하는 상대거래의 경우 등과 같은 장외거래의 경우에도 불공정한 정보의 격차를 이용한 거래는 발생한다. 예컨대 거래금액이 막대할 경우 그 거래가 장내거래의 주가에 반영되어 영향을 미치기도 한다. 따라서 증권시장이나 파생상품시장보다 넓은 장외거래까지 포함하는 자본시장에서의 거래의 공정성과 투자자의 신뢰도 보호하여야 할 것이다. 자본시장법도 자본시장에서의 공정한 경쟁과 투자자 보호 그리고 자본시장의 공정성·신뢰성 및 효율성 등을 규제 목적으로 하고 있음을 밝히고 있다.

자본시장법은 타인에게 미공개중요정보를 이용하게 하는 행위도 금지하고 있는데 그것은 타인에 의한 정보격차의 불공정한 이용가능성을 증가시켜 자본시장의 공정성과 투자자의 신뢰를 해할 우려가 있기 때문이다.

2. 재산적 법익

재산권도 보호법익으로 하는지가 문제된다. 대법원은 시세조종의 경우 개개인의 재산적 법익은 직접적인 보호법익이 아니라고 판시한 사례가 있고,[21] 헌법재판소는 시세조종행위나 미공개정보 이용행위의 경우 주된 보호법익은 개인적 법익이 아니라는 취지로 결정한 사례[22]가 있다. 그렇다면 미공개중요정보 이용행위에서의 투자자의 재산권은 직접적이거나 주된 보호법익이 아니지만 부차적인 보호

21) 대법원 2002. 6. 14. 선고 2002도1256 판결 참조.
22) 헌법재판소 2003. 9. 25. 2002헌바69, 2003헌바41(병합) 결정 참조.

법익은 될 수 있다는 반대해석이 가능할 수 있다.

자본시장법은 미공개중요정보 이용행위를 기본적 구성요건과 부당이익액의 정도에 따른 가중처벌 구성요건으로 구분하여 규제하고 있다. 자본시장법 제443조는 미공개중요정보 이용행위로 인한 부당이익이나 회피손실이 일정한 금액을 초과하는 경우 벌금형의 상한을 높이고 있기 때문에(법 제443조 제1항) 그 금액은 구성요건의 일부가 되고,[23] 또한 그 부당이익이나 회피손실액의 정도에 따라 징역형도 최고 무기징역까지 처하도록 하고 있으므로(법 제443조 제2항), '일정액 이상의 부당이익액이나 회피손실액'은 가중처벌 구성요건요소이다. 따라서 이 경우에는 불공정한 정보격차의 이용으로 인한 거래가 현실적으로 성립하여야 하고 그 거래로 인한 부당이익이나 회피손실이 존재하여야 한다. 그 거래에 응한 투자자는 손실을 입을 것이므로 투자자의 재산권도 부차적인 보호법익이 된다고 할 수 있다.

반면, 자본시장법은 기본적인 구성요건에 해당하는 미공개중요정보 이용행위에 있어서는 이익의 취득이나 손실의 회피를 구성요건으로 하고 있지 않기 때문에 투자자의 재산권을 보호법익이라고 할 수 없다.

한편, 이에 대하여 거래상대방인 투자자의 손실이 없다는 견해도 있으나, 자본시장법에서 미공개중요정보 이용행위자의 그 거래상대방에 대한 손해배상책임을 인정하고 있는 점에 비추어 투자자의 손해가 있다고 보는 것이 타당하다고 본다.

3. 보호의 정도

자본시장의 공정성과 투자자의 신뢰보호라는 사회적 법익은 그 보호법익을 해할 우려가 있으면 충분하고 현실적으로 침해되어야 하

23) 대법원 2004. 3. 26. 선고 2003도7112 판결; 2002. 7. 26. 선고 2002도1855호 판결; 대법원 2000. 11. 24. 선고 2000도2827 판결(한국주강주식사건); 대법원 2002. 7. 26. 선고 2001도4947 판결.

는 것은 아니다. 불공정한 정보격차의 이용이 있으면 충분하고 구성요건상 행위자가 부당이익을 취득하거나 손실을 회피하여야 할 필요는 없기 때문이다. 또한 구성요건상 구체적인 위험 발생을 요건으로 하지 않기 때문에 추상적 위험범이다.[24)]

한편, 자본시장의 공정성과 투자자의 신뢰보호라는 사회적 법익을 해할 우려가 발생하려면 불공정한 정보의 격차를 이용한 행위로 실제 거래가 성립되어야 하는지 문제된다. 증권시장에서 정보지득자의 매매호가를 그 정보를 모르는 통상의 투자자가 받아들여 거래가 성립하여야 불공정한 정보의 격차를 이용한 행위가 기수에 이른다는 계약시설과 자본시장법은 '정보를 이용하여 거래한' 행위가 아닌 '정보를 거래에 이용하는' 행위를 규제하고 있으므로 거래를 위해서 증권시장에 매매호가를 내는 순간 그 정보를 이용한 것이므로 그때 범죄가 기수에 이른다는 호가시설에 따라 나누어 살펴본다.[25)]

계약시설에 따르면 계약성립 시에 즉 거래가 존재하여야 자본시장의 공정성과 그에 대한 투자자의 신뢰가 손상될 위험이 발생할 우려가 생긴다고 할 수 있을 것이나, 계약이 성립하지 않더라도 매매호가가 증권시장에 제출될 때 정보를 모르는 투자자들이 그 불공정거래에 응할 위험에 노출되므로 그 때 자본시장의 공정성과 투자자의 신뢰를 해할 우려가 있다고 보는 것이 추상적 위험범의 성격에 부합한다. 계약시설은 계약체결이라는 결과를 창출하여 이미 사회적 법익침해가 발생한 것이어서 침해범적 성격을 띠게 되므로 사회적 법익을 침해할 우려 때문에 처벌하는 추상적 위험범의 성격에 부합하지 않는다. 형사상의 책임과는 달리 자본시장법이 실제 거래를 하

24) 독일은 내부자거래(제38조 제1항) 위반행위자는 거동범(Tätigkeitsdelikt)이며, 자본시장의 기능수행능력이 구체적으로 위험하게 되었다는 것을 요구하지 않는 추상적 위험범(abstraktes Gefährdungsdelikt)으로 해석한다. Vogel, in: Assmann/Schneider(Hrsg), §38, Rz. 2.

25) 자세한 내용은 제4장/제4절/Ⅰ./2. 매매, 그 밖의 거래의 범위와 제4장/제5절/Ⅰ./1. 착수시기 및 기수시기 참조.

여 손해를 입은 자에 대하여 손해배상을 하도록 규정하고 있는 민사상의 책임과는 구별할 필요가 있다.

그러나 가중처벌 구성요건의 경우에는 현실적으로 거래가 존재하고 그로 인하여 일정금액 이상의 부당이익을 얻거나 손실회피를 하여야 하므로 통상의 투자자의 재산권을 침해하는 침해범적 성격을 갖게 된다. 호가시설에 의할 경우, 미공개중요정보 이용행위가 기본적 구성요건에 해당하면 사회적 법익만을 보호법익으로 하며, 가중처벌 구성요건에 해당하면 1차적으로 사회적 법익을, 2차적으로 투자자의 재산권을 보호법익으로 한다고 할 수 있다.

제 2 절 형법의 적용

Ⅰ. 법적 성질

앞서 설명한 보호법익을 기초로 미공개중요정보 이용행위의 범죄로서의 법적 성질과 형법 적용범위 등을 살펴본다. 첫째 범죄로서 미공개중요정보 이용행위는 법정범이다. 법률의 규정을 기다릴 필요 없이 행위 그 자체가 반윤리적이고 반사회적 성격을 띠는 자연범(또는 형사범)과는 달리 국가가 자본시장의 효율적 기능 수행이라는 행정목적을 달성하기 위해서 법률에 처벌 규정을 둠으로써 범죄가 되는 법정범(또는 행정범)이다. 따라서 그 규제 근거와 규제 목적의 취지를 감안하여 해석하는 것이 필요하다.

둘째 범죄로서 미공개중요정보 이용행위는 진정신분범이다. 자본시장법은 행위주체를 '당해 법인의 임직원은 직무와 관련하여, 주요주주는 그 권리를 행사하는 과정에서, 법령상의 권한을 가진 자는 그 권한을 행사하는 과정에서, 계약을 체결하고 있거나 체결을 교섭하고 있는 자는 그 계약을 체결·교섭 또는 이행하는 과정에서, 이들의 대리인·사용인 기타 종업원은 그 직무와 관련하여 미공개중요정보를 알게 된 자' 또는 '이들로부터 미공개중요정보를 받은 자'라고 규정하여, 신분을 구성요건으로 하는 진정신분범으로 규정하고 있다. 또한 공개매수정보나 주식등의 대량취득·처분 정보를 이용한 행위에 있어서도 그 행위주체를 마찬가지로 진정신분범으로 규정하고 있다.

셋째 범죄로서 미공개중요정보 이용행위는 원칙적으로 작위범이다. 형법상의 행위개념에는 일정한 동작을 한다는 적극적인 태도로서의 작위와 규범적으로 요구된 일정한 동작을 하지 않는다는 소극적 태도로서의 부작위가 있다. 그런데 고의범에 있어 작위와 부작위가 병존하고 있는 경우에는 사회적 행위개념에 따라 사회적 의미의 중점이 어디 있느냐에 따라 판단해야 할 것이다.[1] 미공개중요정보 이용행위는 중요정보를 공시하지 않고 이용하는 행위로서 '공시의무 불이행'이라는 부작위와 '미공개중요정보를 거래에 이용하는 행위'인 작위가 결합되어 있다. 이때 공시의무 불이행은 정보이용행위를 위한 기망수단일 뿐이고 그 중점은 정보이용행위에 있으므로 작위범에 해당할 것이다. 다만 부작위범의 형태로는 소극적 정보이용행위가 있으나 후술하는 바와 같이 처벌하지 않는 것이 타당하다.

넷째 범죄로서 미공개중요정보 이용행위는 기본적으로 추상적 위험범이다. 불공정한 정보격차의 이용이 있으면 충분하고 그로 인하여 행위자가 부당한 이익을 취득하여야 할 필요는 없으며 구체적인 위험 발생을 요건으로 하지 않는다. 그러나 가중처벌 구성요건의 경우에는 현실적으로 거래가 존재하고 그로 인하여 일정 금액 이상의 부당이익액이나 손실회피액이 있어야 하므로 통상의 투자자의 재산권을 침해하는 침해범적 성격을 갖는다.

Ⅱ. 적용범위

형법총칙은 타 법령에서 정한 죄에도 적용되고 다만 그 법령에 특별한 규정이 있는 경우에는 예외로 한다(형법 제8조)고 규정하고

1) 임웅, 앞의 책, 519, 522면.

있으므로 자본시장법에서 규정하고 있는 미공개중요정보 이용행위라는 범죄에 대하여도 원칙적으로 형법총칙이 적용된다. 따라서 죄형법정주의, 구성요건해당성, 위법성, 책임, 실행의 착수와 기수, 공범, 결과적 가중범이나 부작위범 등에 관한 형법총칙의 규정뿐만 아니라 범죄이론이나 형벌이론 등 형법이론도 적용된다. 또한 미공개중요정보 이용행위를 해석함에 있어 자본시장법의 입법정책이나 행정목적 등을 감안하여 죄형법정주의의 원칙에 따라 해석을 하여야 하고 유추해석은 금지된다.

한편 형법상의 관할권에 관한 규정도 적용되는데 형법은 장소적 적용범위에 있어 속지주의를 원칙으로 하면서 속인주의와 보호주의를 보충적으로 채택하고 있다. 먼저 속지주의에 입각하여 대한민국 영역 내에서 내국인과 외국인이 미공개중요정보 이용행위를 범한 경우에 적용되며(형법 제2조), 이때 미공개중요정보 이용행위나 그 결과 중 어느 것이 대한민국 영역 내에 있으면 된다. 속지주의의 연장으로 기국주의에 입각하여 대한민국 영역 외에 있는 대한민국의 선박 또는 항공기 내에서 외국인이 미공개중요정보 이용행위를 범한 경우에도 적용된다(형법 제4조). 그리고 속인주의에 입각하여 대한민국 영역 외에서 내국인이 미공개중요정보 이용행위를 범한 경우에도 적용된다(형법 제3조). 한편 외국인이 대한민국 영역 외에서 대한민국이나 대한민국 국민에 대하여 미공개중요정보 이용행위를 범한 경우에 적용되지만 행위지의 법률에 의하여 범죄를 구성하지 아니하거나 소추 또는 형의 집행을 면제할 경우에는 예외로 함으로써(형법 제6조) 외국인의 국외범에 대하여 보호주의에 입각하고 있다. 그런데 자본시장법은 관할권과 관련하여 국외에서 이루어진 행위로서 그 효과가 국내에 미치는 경우에도 적용된다(법 제2조)는 규정을 두고 있어 관할권의 범위가 확장된 것으로 볼 수 있다.

그리고 범죄의 성립과 처벌은 행위시 법률에 의하며(행위시법주의), 범죄 후 법률의 변경에 의하여 그 행위가 범죄를 구성하지 아니하거나 형이 구법보다 경한 경우에는 신법에 의한다. 자본시장법 시행 이후의 범죄는 자본시장법이 적용되고 그 이전의 행위는 구 증권거래법이 적용된다(법 부칙 제41조).

최근 국제교류가 활발해짐에 따라 외국 거래소에 상장된 국내주식이나 국내에서 외국회사가 관여된 불공정거래행위도 발생하고 있기 때문에 관할권 문제가 발생할 수 있다. 구성요건의 일부 행위나 구성요건 결과의 일부가 국내인 경우에는 관할권이 있다. 예컨대 국내에서 외국 증권거래소에 매매호가를 하거나 국외에서 한국거래소에 매매호가를 하는 경우이다. 그러나 국내에서 미공개중요정보를 알게 된 회사관계자나 1차 정보수령자가 외국에서 그 정보를 거래에 이용하는 경우에, 미공개중요정보를 지득하는 것은 신분을 취득하는 것에 지나지 않아 범죄 실행행위라고 할 수 없기 때문에 국내에 관할권이 없어 국내법이 적용되지 않을 수 있다.

한편, 공범자가 있는 경우에 우선 정범이 국내에서 실행행위를 하거나 국내에서 공모가 이루어진 경우에는 국내법이 적용된다. 교사범과 방조범의 경우에 정범의 범죄지가 아닌 나라에서 이루어진 교사행위와 방조행위는 그 교사범과 방조범의 범죄지는 되지만 정범의 범죄지는 되지 않는다. 그리고 정범의 범죄지가 국내인 경우에는 정범과 공범 모두 처벌된다. 그런데 정범의 범죄지가 외국이고 공범의 행위지가 국내인 경우에는, 정범은 원칙적으로 처벌되지 않으나 공범자가 공동정범일 경우에는 처벌되는 반면 공범은 원칙적으로 처벌되지만 정범자가 범죄지법에 따를 경우 처벌되지 않은 경우에는 처벌되지 않는다.[2] 어느 경우이건 국외에서 이루어진 행위이더라도 그 효과가 국내에 미치는 경우에도 국내법이 적용된다.

2) 松本眞輔, 前揭書, 264頁.

제3장

각국의 입법례와 자본시장법의 태도

제 1 절 각국의 입법례

내부자거래를 규제하는 각국의 입법례는 규제대상 정보의 범위나 금지행위의 유형에도 차이가 있으나 기본적으로 규제대상자인 행위주체를 중심으로 분류하면 다음과 같이 3가지 모델로 분류해 볼 수 있다.

첫째 회사관계 중심의 규제 모델로서 일본과 미국이 있다. 일본은 회사의 내부자와 그 회사와 법률상·계약상 관계에 있는 회사관계자와 그로부터 정보를 수령한 1차 정보수령자의 내부자거래를 금지하고, 미국은 회사나 주주에 대하여 신인관계에 있는 내부자의 거래를 원칙적으로 규제하면서 부정유용이론에 따라 정보원에 대한 신인관계를 위반한 회사외부자의 거래도 규제하고 있다.

둘째 정보이용 중심의 모델로서 영국과 EU 지침이 있다. 영국은 1989년 EC지침에 따라 기본적으로 회사의 임직원이나 주주, 그리고 직무나 업무수행 과정에서 정보를 알고 있는 1차 내부자의 거래행위를 금지하면서 그들로부터 직·간접적으로 정보를 받은 2차 내부자도 규제대상으로 하며, 2003년 EU지침은 1차 내부자는 영국과 같으나 2차 내부자를 1차 내부자 외에 정보를 알고 있는 자로 규정하여 1차 내부자와의 관련성을 단절하였다. 그러나 기본적으로 회사와 관계가 있는 자를 1차 내부자로 규제함으로써 완전한 의미의 내부정보의 이용 그 자체를 금지하고 있는 것은 아니다.

셋째 정보이용 규제의 모델로서 호주와 독일이 있는데 1차, 2차 내부자를 구별하지 않고 내부정보에 근거한 거래 그 자체를 금지하고 있다. 호주는 내부정보를 보유한 자의 거래행위 등이 금지되며 독일은 누구든지 내부정보의 이용 또는 전달 행위, 내부정보에 기초한 추천행위가 금지된다.

각국은 회사의 내부자나 그 회사와 일정한 관계에 있는 자들의 불공정한 정보격차에 근거한 거래를 금지하는 '내부자의 거래' 금지 중심의 규제에서 점차적으로 불공정한 정보격차에 근거한 거래 그 자체를 금지하는 '내부정보의 이용' 금지의 규제로 나아가고 있다.

Ⅰ. 회사관계 중심의 규제 모델

1. 일 본

일본은 1987. 9. 다테호 화학공업사건을 계기로 1988. 5. 31. 증권거래법을 일부 개정하여 내부자거래를 금지하게 되었다.[1] 1998년 상장회사등의 모회사 및 자회사의 회사관계자와 계약체결한 자 외에 계약체결 교섭중인 자를 추가로 규제하고 상장회사등의 자회사의 중요사실을 규제대상으로 추가하고, 필요적 몰수·추징 규정을 신설하였고, 2006년 폭넓은 금융상품에 대한 포괄적인 제도 정비를 하고 내부자거래의 벌칙을 강화하면서 증권거래소를 금융상품거래소로, 증권거래법을 금융상품거래법으로 변경하여 현재에 이르고 있다. 이하 금융상품거래법을 중심으로 살펴본다.

가. 회사관계자와 정보수령자

행위주체로서 회사관계자는 ① 상장회사등(당해 상장회사등의 모

1) 松本眞輔, 前揭書, 2頁.

회사 및 자회사 포함)의 임원, 대리인, 사용인 기타 종업원은 직무에 관하여 ② 회계장부 열람청구권을 가지는 발행주식 총수의 100분의 3 이상을 가진 주주는 그 권리의 행사에 관하여 ③ 상장회사 등에 법령에 의거한 권한을 가지는 자는 그 권한의 행사에 관하여 ④ 상장회사 등과 계약을 체결하고 있는 자 또는 체결의 교섭을 하고 있는 자는 당해 계약의 체결이나 그 교섭 또는 이행에 관하여 ⑤ 위 ②항 내지 ④항에 해당하는 자로서 법인의 임원등은 직무에 관하여 각 상장회사등에 관련되는 업무등에 관한 중요사실을 지득하여야 한다(제166조 제1항). 그리고 회사관계자에 해당되지 아니하게 된 후 1년 이내의 자도 규제대상이며, 공개매수자는 제167조에서 별도로 규정하고 있다. 회사관계자가 직무 등에 관하여 지득한 상장회사의 업무 등에 관한 중요사실을 동인으로부터 전달받은(제166조 제3항 전단) 1차 정보수령자도 규제대상이다. 회사관계자 이외의 자로부터 정보를 전달받은 자나 우연하게 정보를 엿듣는 경우 또는 2차 정보수령자는 회사관계자로부터 정보전달을 받은 것이 아니므로 규제대상이 아니다. 직무상 정보를 전달받은 자가 소속된 법인의 다른 임원등도 직무에 관하여 정보를 지득하면 정보수령자가 된다(제166조 제3항 후단).

나. 중요사실

일본의 금융상품거래법 제166조 제2항은 상장회사등에 관련되는 업무 등에 관한 중요사실을 구체적으로 규정하고 있는데 당해 상장회사등과 그 자회사에 관한 중요사실을 발생사실, 결정사실 그리고 회사의 결산정보사실로 나누어 열거하면서 그 외 상장회사등이나 그 자회사의 운영, 업무 또는 재산에 관한 중요한 사실로서 투자자의 투자판단에 현저한 영향을 미치는 사실이라고 규정하고 있다.[2)]

2) 업무집행기관의 결정사실을 금융상품거래법에서 15가지(제1호), 정령에서 11가지, 발생사실을 동법에서 4가지(제2호) 정령에서 12가지 그리고 당해

또한 최고재판소는 어떤 사실이 결정사실, 발생사실, 결산정보사실에 해당하는 면이 있지만 투자자의 투자판단에 현저한 영향을 미칠 수 있는 면도 있다면 바스켓조항을 적용할 수 있다고 판시하고 있다.[3)]

모자회사의 결정사실과 발생사실은 그에 해당하면 투자자의 투자판단에 실제 영향을 미치는지와 관계없이 중요사실이 되고 그 중에서 투자자의 투자판단에 미치는 영향이 경미한 것으로 내각부령으로 정하는 기준에 해당하면 중요사실에서 제외되는 형식 판단을 한다. 모자회사와 관련된 포괄조항은 실제로 투자자의 투자판단에 현저한 영향을 미치는 사실로서 그 실질에 착안하여 중요사실로 규정하였다. 경미기준에 해당하는 결정사실과 발생사실은 투자자의 투자판단에 현저한 영향을 미치는 것이라 할 수 없기 때문에 포괄조항이 적용되지 않는다.[4)] 한편, 모자회사의 결산정보는 투자자의 투자판단

상장회사등의 회사의 결산정보에 관한 사실(제3호)을 동법에서열거하고 있고, 제4호에서는 상장회사등의 운영, 업무 또는 재산에 관한 중요한 사실로 투자자의 투자판단에 현저한 영향을 미치는 사실(포괄조항 또는 basket 조항이라 한다)을 규정하고 있다. 또한 상장회사등의 자회사도 동일한 규정방식으로, 그 자회사의 업무집행기관의 결정사실을 법에서 8가지(제5호) 그리고 정령에서 8가지, 그 자회사의 발생사실을 동법에서 2가지(제6호) 그리고 정령에서 10가지, 자회사의 결산정보에 관한 사실(제7호)을 동법에서 열거하고 있고, 위와 같은 바스켓 조항(제8호)을 규정하고 있다.

3) 最高裁判所 1999. 2. 16. 宣告, 1997年 第1232号, 第1245号 判決(商事法務 182号, 212頁); 제1심(大阪 地方裁判所 1996. 5. 24. 宣告 判例時報 1609号 153頁)에서는 포괄조항(제166조 제2항 제4호)에 해당한다고 판시하였으나 항소심(大阪 高等裁判所 1997. 10. 24. 宣告, 判例時報 1625号 3頁)에서는 제166조 제2항 제1호 내지 제3호에 나열된 개별항목에 해당되는 사실에 대해서는 포괄조항(제4호)이 적용되지 않는다는 취지의 판결을 하였다; 최고재판소는 어느 사실이 제1호 내지 제3호에 열거된 사실뿐만 아니라 제4호로 포섭될 수 있는 성격이 아울러 존재할 수도 있고 그 경우 포괄조항을 적용할 수도 있다는 다소 기교적인 판결을 하였다. 黒沼悦郎, “インサイダー取引規制における重要事實の定義の問題点”, 商事法務 No.1687(2004. 2. 5.), 41頁; 자본시장법은 중요정보를 포괄조항 하나로만 규정하고 있으나, 일본은 중요사실을 열거하면서 동시에 포괄조항을 함께 규정함으로써 발생하는 논쟁이다.

에 미치는 영향이 중요한 것으로 내각부령으로 정하는 기준에 해당하는 것에 한하여 중요사실로 규정하고 있다.[5)]

발생사실의 경우 재해, 주요주주의 이동, 상장폐지 또는 등록취소 등 당해 회사의 외부요인에 의한 경우도 중요사실로 규정하고 있다. 그러나 소위 정책정보나 증권발행기업 일반이나 증권 일반에 관한 외부정보는 중요정보로 규정하고 있지 않다. 한편, 주식매수청구 또는 법령상의 의무에 의한 거래 등 일정한 경우에는 규제대상에서 제외하고 있다(제166조 제6항).

정보를 지득한 자는 공개된 후가 아니면 매매 등이 금지된다. 공개란 증권등의 발행인(공개매수인 포함)이나 그로부터 공표를 위임받은 자에 의해 다수의 자가 알 수 있는 상태에 두는 것으로 둘 이상의 보도기관에 알리고 12시간의 주지기간을 경과하거나 금융상품거래소에 통지하여 그 거래소에서 공중의 열람에 공여된 때이다.

다. 금지행위

회사관계자와 정보수령자는 당해 상장회사등의 특정증권등에 관하여 매매, 기타 유상의 양도 또는 양수를 해서는 안 된다. 공개회사가 발행하는 특정증권등에 대해서 장내거래나 장외거래에 모두 적용되며 금지행위는 유통시장에서의 기발행증권의 매매 등을 염두에 둔 규정이다.[6)] 중요사실을 알고 있으면 충분하고 그 중요사실을 이용하거나 그에 근거하여 증권을 거래할 필요가 없다.

정보전달행위 자체가 금지되지 않는데 상장회사 임원등에게 특별한 직책에 있는 공무원과 같은 비밀누설죄를 만드는 것은 적당하

---

4) 川口恭弘·前田雅弘·川濱 昇·洲崎博史·山田純子·黑沼悅郎, “インサイダー取引規制の比較法研究”, 民商法雜誌 第125巻 第4·5号(2002. 2.), 442頁.

5) 일본은 1989년 증권거래법 개정시 상장회사들이 연결결산제도로 이행함에 따라 결산정보에 연결결산제도를 추가하고 자회사와 관련된 결정사실과 발생사실을 추가하게 되었다. 松本眞輔, 前揭書, 62頁.

6) 川口恭弘 등 6인, 前揭論文, 507頁.

지 않고 증권시장의 공정성에 대한 투자자의 신뢰 확보의 관점에서 단순한 정보전달행위를 바로 처벌할 필요가 없기 때문이다.[7] 추천행위도 규제대상이 아니다.

상장회사등과 그 모회사의 각 회사관계자는 상장회사등뿐만 아니라 그 자회사의 중요사실을 알고 상장회사등의 특정증권등을 거래하는 행위가 규제되지만, 상장회사등의 자회사의 회사관계자는 자회사의 중요사실을 알고 상장회사등의 특정증권등을 거래한 경우에 규제대상이 된다.

2. 미 국

1934년 증권거래법의 §10(b)은 증권거래와 관련된 사기적 행위를 일반적으로 금지하는 규정이었으나 SEC가 1942년 동 규정을 근거로 Rule 10b-5를 제정하여 내부자거래를 규제하게 되었고 다시 1980년 Rule 14e-3을 제정하여 공개매수 관련 내부자거래를 규제하였다. 이후 1984년에는 민사제재금을 부과하는 내용의 The Insider Trading Sanctions Act of 1984(ITSA)를, 1988년에는 The Insider Trading and Securities Fraud Enforcement Act of 1988(ITSFEA)을 제정하여 동시기 거래자에 대하여 손해배상청구권을 인정하고 형사처벌을 대폭 강화하고 내부자거래 제보에 대한 포상제도 등을 신설하였다. 또한 2000년에는 주로 회사외부자의 내부자거래를 규제하기 위하여 판례법상의 부정유용이론을 반영하여 Rule 10b5-1과 10b5-2를 제정하였다. 미국에서는 SEC Rule 10b5-1에서 「1934년 SEA §10(b)와 SEC Rule 10b-5에서 금지하는 '시세조종적이고 사기적 수단'은 증권의 발행인, 주주 또는 미공개중요정보원에게 직·간접적으로 또는 파생적으로 부담하는 신인의무를 위반하면서 당해 증

7) 横畠裕介, 逐條解說インサイダー取引規制と罰則, 商事法務硏究会(1989), 127頁; 松本眞輔, 前揭書, 174頁.

권이나 발행인에 관한 미공개중요정보를 기초로 이루어진 당해 발행인의 증권의 매매를 포함한다.」 라고 규정하고 있다. 그리고 구체적인 개념이나 내용은 판례를 통해 이루어지고 있다.

가. 내부자(Insider Trading)와 외부자(Outsider Trading)

SEC는 1968년 Cady, Robert 사건[8]에서 "누구든지 중요한 미공개의 회사정보를 보유하면 이를 거래상대방에게 공시하여야 하고, 공시하지 않거나 공시할 수 없는 경우에는 그 정보를 모르는 상대방과 거래해서는 안 된다."라는 '공시 또는 포기'(disclosure or abstain rule) 원칙을 채택하였고 1968년 Texas Gulf Sulphur 판결[9]을 통하여 법원에서 최초로 인정되었으며 1974년 Merrill Lynch 판결[10]에서 그 법리가 확립되었다. 이 정보평등이론(the Equal Access or Parity of information Theory)은 개인적 이익이 아닌 회사의 이익을 위하여 정보에 직접 또는 간접으로 접근할 수 있는 관계에 있는 자가 그 정보를 모르는 거래상대방과 하는 거래는 내재적으로 불공정하지만 공개된 정보들을 분석하여 얻은 정보는 공시하지 않고도 이용할 수 있다는 것이다. 정보 취득 경위나 내부자 또는 정보수령자인지 여부 등과 관계없이 내부정보를 보유하면 규제대상인 내부자가 된다.

이 이론은 내부자의 범위가 광범위하여 증권거래의 자유를 지나치게 제한한다는 비판이 제기되었고 연방대법원은 1980년 Chiarella 판결[11]과 1983년 Dirks v. SEC 판결에서 신인의무 이론(The Fidu-

---

8) In re Cady, Robert & Co, 40 SEC 907(1961).

9) SEC v. Texas Gulf Sulphur Co., 401 F. 2d 833(2d Cir. 1968).

10) Shapiro v. Merrill Lynch, Pierce, Fenner & Smith, Inc., 495 F. 2d(2d Cir. 1974).

11) 인쇄소의 직원이 공개매수에 관한 서류를 인쇄하던 중에 알게 된 공개매수 정보를 이용한 행위에 대하여 그는 대상회사의 내부자나 정보수령자가 아닌 외부자로서 거래상대방과의 사이에 신인관계가 존재하지 않아 공시의무가 없다. Chiarela v. United States, 445 U.S. 222(1980); 제2항소법원에서

ciary Duty Theory)을 채택하였다. 이 이론은 공시의무의 근거를 정보를 보유하고 있는 자와 그 정보를 모르는 거래 당사자 사이에 이전부터 존재하는 믿음과 신뢰의 관계에서 찾는다.[12] 즉 거래 당사자 사이에 신인관계(fiduciary relationship)가 있는 경우 내부정보를 거래 상대방에게 공시할 의무가 있음에도 공시하지 않고 거래한 행위를 처벌하는 것이다.[13] 회사와 주주에 대하여 신인의무를 부담하는 자는 임원이나 지배주주이며, 정보 접근이 가능하여야 하므로 지배주주가 아닌 주주는 내부자가 아니다. 그리고 Texas Gulf Sulphur 판결에서와 같이 직무의 과정에서 정보를 취득한 발행회사의 종업원도 내부자가 된다. 회사가 자기주식을 취득하는 경우에 회사 자체도 이러한 의미의 내부자 범위에 포함된다는 판례[14]도 있지만 이론적으로 회사 자체가 그 주주에 대하여 신인관계에 있다고 보는 것이 옳은지는 의문이다.[15] 회사나 거래당사자와 사이에 신인관계를 가지고 있지 않은 외부자는 처벌하지 못하지만 변호사, 공인회계사 등과 같이 외부자가 일시적으로 회사로부터 개별적 업무를 위임받아 수행함에 있어서 회사의 정보를 접할 수 있는 경우에는 일시적으로 주주에 대한 신인의무를 인수하여 일시적 내부자(temporary insider)가 될 수 있다.[16]

는 유죄판결을 하였으나 연방대법원에서 무죄판결을 선고하였다.

12) 김건식, 앞의 논문, 161면.

13) 신인의무 이론은 가해자의 위반행위로 신인관계에 손상을 당하는 것은 회사이지만 손해를 입는 자는 거래상대방으로 서로 일치하지 않는다는 문제점이 있다. Barry Rider · Kern Alexander · Lisa Linklater · Stuart Bazley, op. cit., pp. 20∼21.

14) Shaw v. Equipment Corp. 82 F. 3d 1194, 1203∼1204(1st Cir. 1996).

15) 유진희, "미국법상 내부자거래의 규제", 비교사법 제9권 제3호(2001. 8), 42면.

16) 내부자거래 규제는 주식회사 제도의 보호와 밀접한 관계가 있다. 주식회사 제도에서는 개인이 회사재산을 직접 소유하지 못하고 주식을 통해서 간접적으로 소유할 수밖에 없으므로, 주식은 그 자체의 가치보다는 거래가치가 중요한 의미를 갖는다. 따라서 다른 사람들이 주식을 매수 또는 매도할 것

연방대법원은 1997년 O'Hagan 판결[17]에서 내부정보를 보유한 자가 거래상대방에 대해서 신인의무 관계에 있지 않더라도 정보원(information source)에 대한 의무를 위반하여 그 받은 정보를 유용한 경우에는 외부자도 규제대상으로 포함시켰다. 신인의무 이론처럼 거래상대방에 대한 기망이 아니라 내부정보에 대한 권리를 가진 자에 대하여 한 기망에 중점을 두는 것으로 정보를 제공한 자에 대한 신뢰를 저버리고 그 정보를 유용한 것이 기망이라는 것이다. 이 부정유용이론(The Misappropriation Theory)[18]은 Chiarella 사건에서와 같이 신인의무 이론으로는 규제할 수 없는 외부자에 의한 거래(Outsider Trading)를 규제하기 위한 것으로 신인의무 이론을 배제하는 것이 아니라 보완하기 위한 것이다.[19] 정보원에 대한 기망행위가 있어야 내부자거래로 인한 책임을 물을 수 있기 때문에 불법적 수단으로 내부정보를 얻은 경우 또는 정보원에게 자신의 거래의사를 알리거나 정보원으로부터 거래 승낙을 받은 경우에는 규제할 수 없다는 문제점이 있다.[20] 이후 SEC는 Rule 10b5-2를 제정하여 정보의 비밀유지

인지를 아는 것은 매우 중요한데, 회사정보를 지득할 수 있는 우월적 지위에 있는 회사 경영자 등이 그 정보를 이용하는 것은 주식회사 제도를 위협할 수 있다. 이런 면에서 신인관계 이론도 위법행위와 적법행위를 구별하기 위한 구성요건적 기준을 신인관계에서 찾는 것이고 그 바탕은 주식회사 제도의 보호라고 할 수 있을 것이다. Barry Rider · Kern Alexander · Lisa Linklater · Stuart Bazley, op. cit., pp. 20~21.

17) United States v. O'Hagan, 521 U.S. 642(1997).

18) 부정유용이론은 Chiarela 판결에서 Burger 대법원장의 소수의견으로 시발되었고 이후 이를 채택한 일부 판결도 있었으나, 1987년 연방대법원은 Carpenter v. United States 판결(484 U.S. 19(1987))에서 4대 4로 의견이 나뉘어 이 이론을 채택하지 못하다가 1988년 제정된 내부자거래 및 증권사기규제법(the Insider Trading and Securities Fraud Enforcement Act)에서 부정유용의 피해자들에게 소권을 인정함으로써 부정유용이론을 채택하였고 1997년 연방대법원은 정식으로 O'Hagan 판결에서 부정유용이론을 채택하였다. 김건식 · 정순섭, 앞의 책, 278면.

19) 김건식, 앞의 논문, 162면.

20) 이에 대하여 부정유용이론은 처벌범위가 불명확하므로, 중요사항에 대해서 공시의무를 강화하고 공시위무 위반을 내부자거래 처벌의 근거로 삼는 것

를 약속하거나 합리적으로 기대할 수 있는 경우에 부정유용이론에 의한 신인의무가 발생한다고 규정하였다.

내부자를 회사와의 관계에 따라 협의의 내부자, 준내부자, 외부자로 구별할 수 있으며, 협의의 내부자는 회사의 임직원이고 준내부자는 회계법인, 투자은행의 직원 등과 같이 대상회사와의 업무관계가 있는 자로서 이들은 SEC 10b-5에 의해서 정보를 공개하거나 공개 전에 거래를 하지 않을 의무를 부담하며, 외부자는 회사와는 업무상 및 계약상 관계가 없으나 정보원에 대한 신인의무 또는 비밀보장 의무에 기하여 위와 같은 의무를 부담하는 것이다.[21]

한편, 정보수령자와 관련하여 연방대법원은 1983년 Dirks v. SEC 사건[22]에서 Chiarella 사건의 판결을 재확인하였는데 "내부정보를 제공한 정보제공자의 신인의무 위반은 정보제공의 목적이 개인적 이익을 위한 것인지 여부에 따라 결정되고,[23][24] 정보수령자는 정보제공자의 정보제공이 신인의무에 위반한 것임을 알았거나 알 수 있었을 때에 한하여 그 정보제공자의 신인의무를 승계한다. 그러나 부정을 폭로할 목적으로 정보를 전달한 경우에는 정보제공자의 신인의

이 처벌의 명확성을 높일 수 있다는 견해가 있다. Roberta S. Karmel, "Outsider Trading on Confidential Information-A Breach in Search of a Duty", Cardozo Law Review 132(1998), p. 25.

21) Alan R. Palmiter, Corporations(4th edition), ASPEN(2003), p.395.

22) Dirks v. SEC, 463 U.S. 656(1983).

23) 전통적인 내부자거래 규제이론, 부정유용이론 그리고 SEC Rule 14e-3 규정 모두 '공개 또는 회피의 원칙'이 적용되는데 각 이론과 규정에는 '개인적 수익여부'를 중시한다. Nelson S. Ebaugh, "Insider Trading Liability for Tippers and Tippees: A Call for the Consistent Application of the Personal Benefit Test", Texis Jounal of Business Law, Vol. 39, No. 2(Fall, 2003), p. 293.

24) 정보제공자는 적어도 정보제공으로 정보원에 대하여 손해를 발생시키거나 개인적으로 이익을 얻게 되는 것에 대하여 전혀 개의치 않아야 한다. David T. Cohen, Old Rule, New Theory: Revising the Personal Benefit Requirement for Tipper/Tippee Liability under the Misappropriation Theory of Insider Trading, 47 B.C.L. REV 547(May, 2006), p. 580.

무위반이 없기 때문에 그 정보수령자는 처벌받지 않는다."라고 하였다. 내부자가 주주에게 부담하는 신인의무를 정보수령자가 승계하는 이유는 내부정보가 정보수령자에게 부당하게 주어진 사실에서 비롯되는 것이다.[25] 따라서 정보수령자나 외부자는 내부자가 신인의무에 위반하여 정보를 제공하는 것을 알면서 내부정보를 수령하여야 처벌되므로, 정보를 우연히 알게 되거나 스스로의 노력으로 취득하게 된 경우에는 처벌할 수 없다.[26]

이후 O'Hagan 판결, United States v. Kim 판결,[27] SEC v. Yun 판결[28] 등은 부정유용이론에 따라 부정유용자로부터의 정보수령자도 규제대상으로 하였고, 또한 SEC Rule 10b-5를 제정하여 정보제공자와 정보수령자간의 '신탁 또는 비밀준수의 의무'(Duty of Trust or Confidence)에 관하여 합의하거나 일정한 상황에서 이를 기대할 수 있는 경우 그리고 가족관계와 같이 밀접한 관계에 있어서는 정보수령자를 규제대상으로 하고 있고, 공개매수 관련정보를 이용한 내부자거래를 규제하고 있는 SEC Rule 14e-3는 간접적으로 정보를 얻

25) Louis Loss · Joel Seligman, Fundamentals of Securities Regulation, Aspen Law & Business(2001), pp. 813~814.

26) 그 이후에도 "정보에 관하여 신인의무를 부담할 때에만 내부자가 되고, 단지 친지로부터 정보를 수령한 사실만으로는 신인의무가 발생하지 않는다."라고 판결하였다. United States v. Chestman, 947 F. 2d 551(2d Cir. 1991).

27) 모임에서 논의된 사안을 외부인에게 누설하지 않는다는 동의를 하고 회원으로 가입한 후 모임에서 중요정보를 지득하고 그에 근거하여 주식을 매집한 후 그 정보를 형 등에게 알린 것으로 기소되었다. United States v. Kim 184 F. Supp. 2d 1006(N.D. Cal. 2002).

28) 남편에게 외부에 발설하지 않겠다는 동의를 하고 남편으로부터 동인이 임원으로 재직하는 회사의 악재성 정보를 들은 처가 그 정보를 변호사에게 말하였고, 그 과정에서 그 정보를 엿들은 직원이 그 정보에 근거하여 거래행위를 하여 처와 직원이 기소되었다. SEC v. Yun 327 F.3d 1263(11th Cir. 2003); 자세한 내용은 하삼주, "최근 미국 판례상 내부자거래 요건의 동향—연국 제11순회구 고등법원판결(SEC v. Yun)과 관련하여—", 비교사법 제14권 제3호(2007. 9.) 참조.

은 경우도 규제하고 있다. 이와 같이 정보수령자의 의무가 내부자·일시적 내부자의 신인의무에서 유래한다고 해석되는 이상 이론상으로는 2차, 3차의 원격 정보수령자에 의한 거래도 규제될 수 있다.

신인의무 이론 및 부정유용 이론은 모두 행위자의 신뢰관계에 기초한 의무위반을 전제로 한 것이나 최근 하급심 판례[29)][30)][31)] 및

29) SEC는 컴퓨터 해킹을 통해서 회사 정보를 빼내어 이를 거래에 이용한 행위 3건을 제소하였는데, 2건은 모두 SEC가 신청대로 1심에서 재산에 대한 가처분 등이 받아들여져서 SEC와 상대방과 합의가 이루어졌다(SEC v. Blue Bottle Ltd. & Stokes, Litigation Release No. 20,018, 2007 WL 580798(Feb. 26, 2007)/(SEC v. Lohmus Haavel & Viisemann, Litigation Realease No. 19,450, 2005 WL 2861257(Nov. 1, 2005); 나머지 1건도 전산망에 침입하여 회사의 악재성 정보를 지득하고 put option을 취득하고 공개 후 매각한 행위에 대하여 SEC는 피고를 상대로 거래이익을 가압류하는 일시적 정지명령을 신청하였는데 1심에서는 컴퓨터 해킹에 의한 정보취득은 신인의무 위반이 아니라고 하였으나, 항소심에서는 SEC Rule 10b-5에서 요구하는 신인의무 위반은 침묵 등 부작위에 의한 사기와의 관계에서 요구되는 것이고, 작위에 의한 적극적인 사기나 허위진술은 신인의무가 없더라도 성립될 수 있다는 취지로 판시하였다. SEC v. Dorozhko, Litigation Realse No. 20, 349(Oct. 30, 2007); 위 판결들은 신인의무 이론을 엄격히 적용할 경우 나올 수 없는 판결이며, SEC v. Blue Bottle에 관해서 SEC가 배포한 자료에는 판결내용이 '미공개중요정보를 부정하게 취득함으로써(deceptive conduct in obtaining material, non-public information)' Rule 10b-5를 위반하였다고 인용되어 있다. Donna M. Nagy, "Insider Trading and the Gradual Demise of Fiduciary Principles", Iowa Law Review (2009), pp. 1340~1344.

30) CEO인 남편으로부터 회사정보를 들은 처가 그 사실을 처남에게 전달한 사안에서, 처는 남편에게 '동 정보를 처남에게 알리겠다.'고 말하고 전달한 것이므로 신인의무가 없다고 하였으나, 법원은 처와 처남이 정보를 얻게 될 경우 전달해 주기로 사전에 합의가 있었고 남편이 그 합의의 존재를 모르는 상태에서 처가 정보를 취득하는 것은 정보원에 대한 신인의무 위반이라고 하였다(SEC v. Rocklage, 470 F.3d 1(1st Cir, 2006)); 동 판결도 정보이용 행위의 부당성에 근거한 것이라고 볼 수 있다. Donna M. Nagy, op. cit., pp. 1344~1346.

31) 투자은행의 애널리스트인 친구로부터 정보를 들은 사안에서, Dirks 판결에 따르면 정보전달자가 스스로 개인적 이익을 위해서 신인의무를 위반한 것이 인정되고 정보수령자는 정보전달자가 신인의무를 위반했다는 것을 알았거나 알 수 있었어야 하나, 이 사건에서는 정보전달자가 자신의 정보공개가 부당하다는 것을 알지 못했다고 하더라도 정보수령자가 그 사실을 알았

SEC는 행위자가 회사나 주주 또는 정보원에 대한 신뢰관계가 없더라도 미공개정보의 부정한 이용(wrongful misuse)이 있는 것으로 보아 규제하는 경향이 있어 신인의무 이론이 약화되고 있다.[32]

나. 내부정보

1934년 미국 SEA §10(b) 및 SEC Rule 10b-5는 중요사실(material fact)에 대한 허위표시나 누락을 위법행위로 규정하고 있고, SEC Rule 10b5-1은 정보를 '증권이나 발행자에 대한 미공개중요정보(material nonpublic information fact about security or issuer)'라고 규정하고 있으며 SEC Rule 14e-3에서 공개매수에 관한 것을 중요한 미공개정보로 명시하고 있으므로 위 규정과 판례에 따르면 규제대상은 미공개중요정보이다. 신인의무이론에서는 정보를 공시하지 않고 거래하는 것이 회사나 주주에 대한 신인의무 위반으로 평가되는 정보이므로 원칙적으로 증권 발행회사로부터 유래하는 내부정보일 것이나, 부정유용이론에 의할 경우 외부정보나 시장정보도 행위자가 정보원에 대하여 비밀유지의무를 부담하는 한 내부정보에 해당된다. 미공개정보는 중요한 정보여야 하는데 그 판단기준에 대하여 Texas Gulf Sulphur 판결에서는 개연성/중대성 기준을 최초로 제시하였고, 이후 TSC Industries, Inc. v. Northway, Inc. 판결[33] 등에서 실질적 개연성 기준을 채택하였다. 한편, 공개방법이나 주지기간에 대하여는 규정을 두고 있지 않다.[34] Texas Gulf Sulphur 판결에서는 미디어에 정보 공개 후 20분 지나서 내부자가 증권거래를 하였는데 거래 시점에서 그 정보가 뉴스에 보도되지 않은 경우에는 공개된 것으

더라면 위법하다고 판시하였다(United States v. Evans, 486 F.3d 315(7th Cir. 2007)), Donna M. Nagy, op. cit., pp. 1344~1348.

32) Donna M. Nagy, op. cit., p. 1315.

33) TSC Industries, Inc. v. Northway, Inc., 426 U.S. 438(1976).

34) 정보를 소수만이 보유하고 있더라도 그들의 거래가 특정 주식의 가격에 충분히 반영된 때에는 정보는 공개된 것으로 판시한 판례도 있다. United States v. Libera, 989 F.2d 596(2d Cir. 1993).

로 보지 않았다.

다. 금지행위

내부자나 정보수령자는 정보를 지득한 상태에서의 거래행위가 금지된다. 정보제공행위는 내부자의 신인의무 위반 또는 정보의 부정유용에 해당되는 경우에 금지된다. SEC Rule 10b-5 위반의 주관적 요건과 관련하여, 내부정보를 이용하여야 하는 것인지, 거래하기 전에 그 정보를 알고 있으면 되는 것인지가 문제되었다. 전자는 내부자거래가 사기를 요건으로 하고 있고 내부정보와 거래 사이에 인과관계가 필요하기 때문이라는 것이고, 후자는 공시 또는 거래단념 원칙에 부합하고 정보이용에 대한 입증이 곤란하다는 이유 등을 근거로 하고 있다. SEC는 원래 정보의 보유를 요건으로 해석하고 일부 법원의 판례[35]에서도 지지를 받아왔으나 정보의 보유와 증권거래 사이의 인과관계를 요구하는 판결[36]이 있자, SEC는 2000년 이 문제를 해결하기 위하여 보유기준을 중심으로 하는 SEC Rule 10b5-1과 10b5-2를 제정하면서 일정한 항변을 인정하였다. 즉 정보를 알기 전에 거래를 지시하였거나 계약 체결이 예정되어 있는 경우 또는 거래 계획을 문서화한 경우, 실제 발생한 거래가 그 지시, 계획 등에 따라 이루어졌다면 규제대상이 아니다.

Ⅱ. 정보이용 중심의 규제 모델

1. 영 국

영국은 1980년대에 Companies Act에서 형벌로 내부자거래를 규제하는 방식으로 도입하였고 1985년 Company Securities(Insider

35) United States v. Teicher, 987 F. 2d 112(2d Cir. 1993).

36) SEC v. Adler, 137 F. 3d(11th Cir. 1998); United States v. Smith, 155 F.3d 1051(9th Cir 1998).

Dealing) Act로 계수되었으며 이후 1989년 EC지침을 수용하여 1993년 Criminal Justice Act(이하 CJA라 한다)를 제정하면서 증권 및 내부자의 범위를 확대하고 정보제공행위 및 추천행위까지 규제대상으로 하였다. 한편, 2000년 금융서비스및시장법(Financial Service and Markets Act of 2000; FSMA2000)[37]을 제정하여 엄격한 절차를 거치는 형사제재와는 별도로 내부자거래를 시장남용행위로 간주하여 과징금의 부과나 피해자를 위한 원상회복명령 등 형사처벌 이외의 규제조치를 하게 되었다. 이하 CJA를 중심으로 살펴본다.

가. 내 부 자

내부자란 내부정보원으로부터 내부정보를 보유하게 된 자로서 그 정보가 내부정보라는 점 및 내부정보원(inside source)으로부터 유래하였다는 점을 인식하고 있는 자이다. ① 거래대상이 되는 증권을 발행한 회사의 이사, 종업원 또는 주주로서 내부정보를 취득하거나 ② 고용(employment), 업무(office), 직무(profession)를 원인으로 한 접근수단을 통해서 내부정보를 취득한 자 그리고 ③ 직접 또는 간접적으로 위 ① 또는 ②에 해당하는 자로부터 내부정보를 취득한 자를 말한다. 자신이 직접 정보를 취득한 ①, ②에 해당하는 자를 1차 내부자, 그들로부터 정보를 수령한 ③에 해당하는 자를 2차 내부자라고 구별한다.

1차 내부자는 증권 발행회사에 관련한 고용, 업무, 직무를 원인으로 그 발행회사의 내부정보를 취득하게 된 회사외부자도 포함하므

37) 동법은 기존의 은행법(Banking Act), 보험회사법(Insurance Companies Act), 금융서비스법(Financial Service Act) 등을 전면적으로 철폐하고, 은행, 증권, 보험, 자산운용 등 금융산업과 증권시장, 상품시장 등 금융시장을 총망라하여 이를 통합적으로 규제하며, 금융감독청(Financial Services Authority)에 통합금융감독권한을 부여한 금융통합법이라고 할 수 있다. 심영·정순섭, "금융산업의 환경 변화와 법적대응—영국의 개혁법을 중심으로—", 법학 제44권 제1호(2003. 3.), 25면; 안수현, "외국의 불공정거래규제와 입법동향", 법학연구 제16권 2호(2006), 93면.

로 반드시 증권 발행회사의 내부자일 필요는 없다. 2차 내부자는 간접적인 정보수령도 포함하기 때문에 정보의 전달이 여러 단계에 걸쳐 이루어지더라도 각 정보 보유자들이 그 정보가 내부정보원으로부터 파생된 것이라는 점을 인식하면 모두 금지의무를 부담하게 된다. 이때 최초 또는 중간 단계의 정보전달이 적법하다면 그 적법사유가 있는 정보전달자는 면책되지만 그로부터 정보를 수령한 자들은 규제대상이 될 수 있다. 정보제공이 위법한 경우에만 그로부터 정보를 수령한 자에게 거래금지 의무가 있는 것으로 보는 미국과는 다른 점이다.[38] 정보수령자에는 의도적으로 정보를 취득한 자뿐만 아니라 우연히 정보를 알게 된 자도 포함된다.

나. 내부정보

내부정보(Inside information)란 증권의 특정 발행인(들) 또는 특정 증권과 관련된 특정하고(specific) 정확한(precise) 그리고 공개되지 않는 정보로서 공개된다면 증권의 가격에 중대한 영향을 미칠 수 있는 것을 의미하며, 증권 일반 또는 증권발행인들 일반에 관한 정보는 제외된다(제56조 제1항). 내부정보란 내부정보원으로부터 나온 것으로 회사뿐만 아니라 정보 그 자체에 대한 신인의무나 비밀유지의무가 있는 경우도 포함하기 때문에 예컨대 A사가 B사에 대한 호재성 정보를 갖고 있을 경우에 A사의 이사가 그 정보를 이용하여 B사의 주식를 매수하는 경우에도 내부자거래가 된다.[39] 특정 증권이나 특정 증권발행인에 관한 정보이면 회사의 실적 등 회사에서 생성된 정보뿐만 아니라 회사 외부에서 생성된 정보나 시장정보도 내부정보가 될 수 있고 특정산업 부분에 관한 정보도 내부정보가 된다. 정부의 정책정보는 비밀성이 있더라도 특정증권이나 특정발행인에 관한 것이 아닌 일반적인 정보이므로 내부정보가 될 수 없다.

---

38) Barry Rider · Kern Alexander · Lisa Linklater · Stuart Bazley, op. cit., p. 59.
39) Barry Rider · Kern Alexander · Lisa Linklater · Stuart Bazley, op. cit., p. 6.

영국은 CJA 이전에는 정보의 특정성을 요건으로 하였고 1989년 EC지침은 정보의 정확성을 요건으로 하였는데 1993년 CJA는 특정하고 정확한 정보를 요건으로 한다. 특정성과 정확성을 요구하는 이유는 단순한 소문, 풍문을 내부정보의 범위에서 제외하기 위한 것이다.[40] 정보는 공개될 경우 증권의 가격에 중대한 영향을 미칠 수 있는 것이어야 한다. 증권의 가격에 영향을 미치지 않는 사소한 정보는 적용을 제외하기 위함이다.[41] 이는 행위시점을 기준으로 판단하여야 한다.

공개란 정보를 투자자 및 전문적 조언자에게 알리기 위하여 정규시장의 규칙에 따라 공개되거나 법령에 의하여 공중의 열람에 제공되는 기록에 기재된 때, 정보와 관련된 증권이나 정보와 관련된 발행인의 증권을 거래하는 사람들에 의해 쉽게 지득될 수 있는 때, 이미 공시된 정보로부터 작성된 것인 때 공개된 것으로 간주한다(제58조 제2항).

다. 금지행위

내부자로서 정보를 보유하는 자는 내부정보로 인하여 가격에 영향을 받는 증권을 거래하거나(제52조 제1항), 타인에게 그 거래를 추천하는 행위(제52조 제2항(a)), 그리고 그 내부정보를 전달하는 행위(제52조 제2항(b))가 금지된다. 거래란 증권의 직접적인 취득(acquire)·처분(dispose), 또는 취득·처분을 위한 계약을 의미하며 반드시 증권의 소유권을 취득할 필요는 없다.[42] 계약에는 발행계약·발행계약의 취소를 포함하고, 본인이 직접 거래를 하는 것은 물론이고 대리인·차명인(nominee) 등을 통해 거래하는 것도 포함된다(제55조). 취득에

40) Barry Rider·Kern Alexander·Lisa Linklater·Stuart Bazley, op. cit., p. 53.
41) Gil Brazier, Insider Dealing: Law & Regulation, Cavendish Publishing Limited(1996). p. 110.
42) Emilios Avgouleas, The Mechanics and Regulation of Market Abuse, Oxford(2005), p. 321.

는 증권의 발행 계약을 체결하는 것을 포함하는데[43] 이는 주로 옵션과 같은 파생상품의 경우에는 이미 존재하는 증권을 취득하는 경우뿐만 아니라 새로운 증권을 발행하는 계약의 체결을 포섭할 필요가 있기 때문이다.[44] 마찬가지로 처분의 경우에도 증권의 발행계약을 종료시키는 것[45]도 포함된다. 동 규정은 특히 인덱스계약이나 차익정산 형태의 계약을 중간에 종료시키고 종료시점에서 정산하는 행위를 규제하기 위한 것이다.[46]

그리고 고용, 업무, 직업에 따른 적절한 수행이 아닌 방법으로 타인에게 정보를 제공하는 행위가 금지된다. 추천행위는 타인으로 하여금 내부정보에 의해서 가격의 영향을 받는 증권을 거래하도록 권유하는 행위로서 정보의 전달은 필요하지 않고 그 타인이 그 정보를 알고 있는지 여부와 상관이 없다. 추천행위에 있어서 타인이 실제로 거래에 나아갔는지 여부는 추천자의 범죄성립에 영향이 없다.[47]

금지행위는 취득 또는 처분이 정규시장에서 이루어지거나, 개인간 거래가 전문중개인(Professional Intermediary)을 거치거나 그 자신이 전문중개인으로 행동한 경우에 한하여 규제된다(제52조 제3항). 직업적 중개자가 한 거래라면 규제시장 밖에서도 규제되는데 이는 시장의 완전성과 시장에 대한 신뢰 유지를 위해서 탈법을 방지하고 적용범위를 장외파생상품시장으로 확장해가기 위한 것이다.[48]

내부자거래의 금지유형을 형식적으로 규정하고 있기 때문에 정보를 가진 자가 정보와 무관하게 거래를 하더라도 처벌될 수 있다.

---

43) 'acquire' includes 'entering into a contract which creates the security.' (section 55(2)(b)CJA).

44) Gil Brazier, op. cit., p. 133.

45) 'dispose' includes 'bringing to an end of a contract which created the security'(section 55(3)(b)CJA).

46) Gil Brazier, op. cit., p. 133.

47) Barry Rider · Kern Alexander · Lisa Linklater · Stuart Bazley, op. cit., p. 58.

48) 川口恭弘 등 6인, 前揭論文, 516頁.

이러한 경우에는 형법상 책임을 부과할 수 있는 비난가능성이 없기 때문에 CJA는 항변사유(defence)로 규정하여 면책하고 있다. 예컨대 거래 당시 내부정보로 인한 이익을 기대하지 않은 경우, 그 정보가 충분히 공개되었다고 믿은 경우, 당해 정보가 없더라도 거래를 하였을 경우 등이다(제53조 제1항). 추천행위나 정보제공행위의 경우에도 유사하게 그 타인이 거래를 할 것이라고 예상할 수 없었다는 점을 항변사유로 인정하고 있다(제53조 제2항 제3항). 또한 원활한 업무수행과 관련하여 특별항변을 규정하고 있는데 시장조성자 또는 그 종업원이 업무집행 과정에서 성실하게 행동한 경우, 거래 시점에 특정 종류의 증권들의 취득·처분 등에 관한 시장정보를 보유하였음에도 불구하고 그와 같이 행동하는 것이 합리적인 경우, 적법한 안정조작 등의 경우이다.

2. EU 지침

과거 내부자거래에 대하여 EC 회원국은 국가별로 사정이 상이하였다. 1989. 11. 13. EC 이사회가 내부자거래의 규제를 담은 1989년 EC 지침[49]을 채택하고 EC 회원국들이 동 지침을 최소기준으로 하여 1992. 6. 1. 전에 국내법으로 수용할 것을 의무화하였다(동 지침 제6조, 제14조). 이후 EU 위원회는 2003. 4. 12. 유럽 금융시장의 통합을 촉진하고 시장남용행위에 관한 공동기준을 마련하였고 증권시장에 대한 투자자의 신뢰 확보를 위하여 내부자거래와 주가조작행위를 규제하는 내용의 2003년 EU 지침[50]을 마련한 후 2004. 10. 12.까지 각 회원국이 수용하도록 하였다.

49) Council Directive 89/592/EEC of 13 November 1989 coordinating regulations on insider dealing.

50) 지침의 명칭은 “DIRECTIVE 2003/6 EC OF EUROPEAN PARLIAMENT AND OF COUNCIL of 28 January 2003 on insider dealing and market manipulation(market abuse)”이다.

가. 내 부 자

2003년 EU 지침은 내부정보(Inside Information)를 보유한 자를 규제대상으로 하면서 그 보유방법을 다음 4가지로 정의하고 있다. ① 발행인의 관리(administrative), 경영(management) 또는 감독(supervisory) 기관의 구성원의 지위에 의하여, ② 발행인의 자본에 대한 지분에 의하여, ③ 고용(employment), 직무(profession) 또는 업무(duties)의 수행과정을 통하여 정보에 접근할 수 있는 수단을 보유함으로써, ④ 범죄행위에 의하여, 그 내부정보를 보유하게 되는 경우이다(제2조 제1항).

①과 관련하여 발행회사의 임원과 모든 주주가 규제대상이고, ③과 관련하여, 내부정보는 당해 회사의 재산이나 경영 등에 관한 정보뿐만 아니라 시장정보도 포함되기 때문에 회사와 계약관계나 그에 준하는 관계가 존재하지 않는 회사외부자라도 직무 등의 수행에 기하여 정보를 지득하면 규제대상이 된다.[51] 적법한 직무수행의 방법으로 정보를 보유한 경우에 규제대상이 되고 있음을 감안하여 불법적인 방법으로 정보를 보유한 경우에도 규제대상으로 하고 있다. 또한 위 4가지 유형에 해당하는 자가 법인인 경우에 법인의 계산으로 거래하는 의사결정에 참여한 자연인에게도 금지규정이 적용된다(제2조 제2항). 이는 회원국 중에서 법인에 대하여 형사소추를 허용하지 않는 국가가 있는 점을 고려한 것으로 보인다.[52]

한편, 위 규정된 자 이외에 내부정보를 보유하고 있는 자로서 당해 정보가 내부정보임을 알았거나 알 수 있었던 자도 규제대상이다(제4조).

1989 EC지침의 원안에는 내부자로부터 내부정보를 지득한 자

51) 川口恭弘 등 6인, 前揭論文, 484頁.

52) 주영락, "EC에 있어서의 내부자거래의 규제", 현대상법의 과제와 전망(1994), 159면.

로 하였으나 그 규제범위가 좁다는 이유로 정보의 원천이 내부자라는 것을 알면서 내부자를 직·간접적인 정보원으로 하여 내부정보를 보유하는 자를 규제대상으로 하였다. 그러나 2003년 EU 지침에서는 내부자와의 관련성도 삭제하여 그 정보원을 모르더라도 내부정보에 대한 인식만 있으면 규제대상이 된다. 1차 내부자와 관계없이 회사의 장부로부터 내부정보를 취득하거나 절도 등 불법적인 방법으로 취득한 경우에도 규제대상이 되는 것이다. 그러한 경우를 규제대상에서 제외한다면 내부자거래 규제의 취지가 희석될 수 있기 때문이다.

나. 내부정보

내부정보(Inside Information)는 하나 혹은 다수의 금융상품 발행인(Issuer) 또는 금융상품(financial instruments)과 직·간접적으로 관련된 공개되지 아니한 정보로서 공개되는 경우에 이들 금융상품의 가격이나 관련 파생상품의 가격에 중대한 영향(significant effect)을 줄 수 있는 정확한(precise) 정보를 말한다(제1조 제1항).

발행인과 관련된 정보에는 발행인의 재산이나 경영상태 등에 관한 정보인 내부정보와 다른 회사가 발행인에 대하여 공개매수를 하는 경우와 같은 외부정보, 그리고 금융상품에 관한 정보에는 거래소의 상장결정 등 증권에 대한 상황이나 재할인율 변경 등 시장자체에 영향을 미칠 우려가 있는 정보가 포함되는 등 정보의 범위가 광범위하게 인정되고 있다.

내부정보는 금융상품의 가격에 중대한 영향을 미칠 수 있는 것(likely to have a significant effect on the price)이어야 하는데 '중대한 영향'에 대하여 어떠한 지침도 주고 있지 않다. 내부정보는 정확한(precise) 정보이어야 하므로 단순한 루머나 추측, 억측 등은 내부정보가 아니다.[53] 내부정보는 공개되지 않은 것이어야 하며 그 정보의

53) Moloney, op. cit., p. 953.

공개방법이나 주지기간에 대하여는 아무런 규정을 두지 않고 있다.

다. 금지행위

내부정보를 보유하는 위 4가지 유형에 해당하는 자는 직·간접적으로 자신의 계산 또는 제3자의 계산으로 그 정보를 이용하여(use) 그 정보와 관련된 금융상품을 취득하거나(acquire) 처분하는(dispoes) 행위가 금지된다(제2조 제1항). 그러나 내부정보를 보유하기 이전에 체결된 계약상의 의무에 따라 금융상품을 취득하거나 처분하는 경우에는 적용되지 않는다(제2조 제3항).

증권매매가 시장에서 이루어지는 경우뿐만 아니라 원칙적으로 장외의 거래에도 미친다.[54] 자신의 고용, 직무 또는 업무에 따라 통상적으로 수행하는 과정에서 정보를 제공하는 경우가 아닌 상황에서 내부정보를 제3자에게 제공하는 행위가 금지되고(제3조(a)) 또한 내부정보에 근거하여 제3자에게 내부정보와 관련된 당해 금융상품의 취득이나 처분을 추천(recommend)하거나 권유(induce)하는 행위도 금지된다(제3조(b)). 그리고 위 4가지 유형에 해당하는 자 이외에 내부정보를 보유하고 있는 자[55]도 위와 같은 거래행위나 정보제공행위 및 추천행위가 금지된다(제4조).

Ⅲ. 정보이용의 규제 모델

1. 호 주

내부자거래[56]의 규제는 1970년 The Securities Industry Act에

54) 1989 EC지침에는 '각 가맹국은 증권업자가 개재되지 않는 시장외 거래에는 금지가 미치지 않는다는 취지를 규정해도 좋다.'고 규정하였다(제2조 제3항).

55) 1989 EC지침에서는 거래행위만을 규제하였고 정보제공행위와 추천행위는 규제하지 않았으나(제4조) 2003년 EU지침에서는 그 규제범위를 더욱 확대하였다.

56) '내부자 거래'라는 용어는 거래대상 주식의 발행회사와 관련된 자의 행위라

도입되었는데 어떤 회사와 관련된 일반적으로 알려지지 않은, 특정하고 가격에 민감한 정보를 보유한 그 회사와 관련된 자가 금전적 이익을 목적으로 거래하는 경우에 형사 및 민사책임을 부과하는 것이었다. 그 이후 여러 차례의 개정을 거치다가 1989. 10. 발행된 Griffiths Committee[57]의 보고서에 따른 1991년 The Corporational Legislation Amendment Act에 의해서 근본적으로 개정되었다. 동법에서 도입된 규정들은 2002년 3월 11일에 발효된 금융서비스개혁법(Financial Services Reform Act)에 의해서 도입된 The Corporation Act 제3장으로 계수되었다. 금융서비스개혁법은 호주 정부가 기획하고 현재도 진행하고 있는 회사법 개혁 프로그램 6단계의 실행계획의 결과물로서 이들 규정들은 원칙적으로 증권을 포함한 일체의 금융상품을 적용대상으로 한다.[58] 이하 The Corporation Act를 중심으로 살펴본다.

가. 내 부 자

어떤 사람(a person)이 ① 일반적으로 이용가능하지 않은 정보를 보유하고 ② 합리적인 사람이라면 만일 그 정보가 일반적으로 이용가능하다면 그 정보가 금융상품의 가치나 가격에 중대한 영향을 미칠 것으로 예측할 수 있고 ③ 그 사람이 그 정보가 일반적으로 이용이 불가능하다는 사실과 만약 그 정보가 일반적으로 이용가능하다면 합리적인 사람은 그 정보가 금융상품의 가격과 가치에 중요한 영향을 미칠 것이라는 점을 알고 있거나 합리적으로 알고 있어야만 하는 경우에 그 정보를 보유하는 자는 내부자가 된다(제1043A조).[59] 즉

고 오해할 수 있으나, 호주법제 하에서는 누구든지 내부 정보를 보유하면서 거래하는 경우 내부자 거래의 규제대상이 된다. Gregory Lyon·Jean J du Plessis, The Law of Insider Trading in Australia, The Federation Press(2005), p. 2.

57) 호주의 the House of Representatives Standing Committee on Legal and Constitutional Affairs를 말한다.

58) 안수현, 앞의 논문, 103면.

그 정보가 일반적으로 이용가능하지 않은 정보이고 합리적인 인간이라면 그 정보가 금융상품의 가격이나 가치에 중요한 영향을 미칠 것이라는 것을 예측할 수 있었을 경우에 금지규정이 적용된다.

내부자는 스스로 또는 대리인을 통해서 거래행위나 정보전달행위, 추천행위를 할 수 없다. 내부자는 내부정보를 보유하고 있으면 되고 거래에 그 정보를 사용했는지 여부는 묻지 않기 때문에, 내부정보를 보유하고 있는 동안에는 금지행위를 하여서는 안 되며 수익목적이 아니라 헤지(Hedge) 목적으로 또는 그 정보와 무관하게 거래를 하였다 하더라도 마찬가지이다. 그리고 내부정보 보유자와 금융상품 발행인 사이에 어떤 관계가 있을 것을 요구하지 않는다.[60] 금지규정은 자연인뿐만 아니라 회사, 조합에도 적용된다.[61]

정보수령자도 그 정보를 최초로 지득한 내부자와 마찬가지로 통상의 투자자들 보다 정보 우위의 상태에서 매우 낮은 시장위험으로 거래할 수 있다. 정보수령자의 연구나 분석의 결과가 아니라 시장의 다른 참여자들은 접근할 수 없는 이점을 이용한 것이므로 최초 내부자의 거래와 똑같이 바람직하지 않기 때문이다.[62] 금지규정은 내부자와 정보의 소통을 위한 의도적인 계획이 없었으나 내부자와 다른 사람의 대화를 우연히 엿듣거나 내부자의 우연한 발설의 결과로 정보를 알게 된 자에게도 만약 그 사람이 그 정보가 미공개중요정보라

59) SECT 1043A; (a) a person (the insider) possesses inside information; and (b) the insider knows, or ought reasonably to know, that the matters specified in paragraphs(a) and (b) of the definition of inside information in section 1042A are satisfied in relation to the information.

60) Griffths Committee는 개인과 회사의 관계보다는 정보의 사용이 내부자거래가 발생했는지 여부를 결정하기 위한 기초가 되어야 한다고 제안했다. Robert Baxt · Ashley Black · Pamela Hanrahan, op. cit., p. 513.

61) 자연인에 한정할 것인지 논의가 있었으나 단체의 내부정보 이용행위에 대한 내부통제 기능이 약해질 수 있어 규제하고 있다. Corporations and Markets Advisory Committee of Australian Government(이하 CAMAC이라 한다),“Insider Trading report”(2003), p. 28.

62) Robert Baxt · Ashley Black · Pamela Hanrahan, op. cit., pp. 528～529.

는 것을 알았거나 합리적으로 알고 있었어야 한다면 적용된다. 내부정보를 지득한 자가 일정한 금지행위를 하면 규제되는 것이고 그가 최초의 정보지득자이건 정보수령자이건 나아가 그 정보를 어떤 경위로 지득하였는지 묻지 않는다.

내부자거래의 규제에 있어서 회사와의 관계성을 단절하고 미공개정보의 이용 그 자체를 규제하고 있는 것이다.[63)]

나. 내부정보

내부정보(Inside information)란 일반적으로 이용가능하지 않은 정보로서 만일 그 정보가 일반적으로 이용가능할 경우 합리적인 사람이라면 그러한 정보가 금융상품의 가치나 가격에 중대한 영향을 미칠 것으로 예측할 수 있는 것이다(제1042A조).

그 정보가 금융상품의 취득이나 처분을 결정함에 있어 통상적으로 금융상품을 취득하는 사람들에게 영향을 미치거나 미치기 쉬운 정보일 경우에, 합리적인 사람이라면 그 정보가 금융상품의 가격에 중대한 영향을 미친다고 예상하는 경우(제1042D조)에 정보의 중요성이 인정된다.[64)] 그리고 정보는 일반적으로 이용가능한 경우에 공개된 것으로 하고 있는데[65)] 이를 3가지로 나누어 규정하고 있다(제

63) 호주에서 회사와 아무런 인적관계가 없더라도 중요정보를 보유하고 있으면 내부자로 인정된다는 점은 판례에서도 확립되었다. R v Evans & Doyle (1999) VSC 488(15. November 1999).

64) 호주에서 시장의 예상과 다른 전환사채의 주식으로의 전환비율(Amploex (N02)(1996) 14 ACLC 1514), 광산회사의 임차지에서 니켈이 발견되었다는 정보(R v Evans & Doyle(1999) VSC 488(15. November 1999), 시장가격으로 인수합병이 있을 것이라는 정보(R v Hannes(2000) 36 ACSR 72) 등에 대하여 정보의 중요성을 인정한 판례가 있는 반면, 특정 주식을 주당 40센트에 매도할 수 있는 풋옵션을 보유한 상태에서 풋옵션 행사 당시 주가는 주당 10센트에 불과하여 주당 30센트의 차익을 얻게 되었다면 그 풋옵션 행사 당시 그 회사의 악재성 정보를 보유하고 있었더라도 중요정보가 아니라고 판시하였다(Westgold Resources NL v St George Bank Ltd (1998) 29 ACSR 396).

65) 정보가 담긴 서면이 신문에 실린 경우(Kinwat Holdings Pty Ltd. v Plat-

1042C조).

첫째는 먼저 정보가 쉽게 관찰할 수 있는 사항으로 구성되어 있는 경우이다. 둘째는 정보에 의해서 가격에 영향을 받게 되는 종류의 금융상품에 통상적으로 투자하고 있는 사람들의 관심을 불러일으킬 만한 수단을 통해 공개하여야만 하고 정보가 공개된 후 그러한 사람들 사이에 정보가 전파될 수 있는 합리적인 기간이 경과하여야 한다. 예컨대 대중매체를 통한 공개가 그 예이고 특별한 고객을 위한 애널리스트들의 추천은 공개에 해당되지 않는다.[66] 셋째 위와 같은 공개된 정보들로부터 도출된 추론, 결론 또는 추측으로 구성되어 있는 경우이다. 즉 대중에게 공개된 정보를 분석하여 획득한 정보를 말한다. 내부정보를 이용한 거래는 다른 사람들이 내부자의 정보이용 방법을 합법적으로 극복할 수 있는 기회를 차단하기 때문에 부당하지만 분석정보는 다른 사람들도 노력하면 얻어낼 수 있으므로 부당하지 않다.[67] 따라서 투자분석가가 투자분석을 통해 얻은 정보는 내부정보가 아니지만 회사의 임원과의 사적인 계약에 따라 지득한 정보는 규제대상이 된다.

또한 규제대상 금융상품의 범위는 증권, 파생상품, 간접투자상품, 정부가 발행한 또는 발행할 예정인 주식·채권 또는 후순위무담보증권 기타 금융시장에서 거래될 수 있는 금융상품이다(제1042A조). 그리고 정보에는 일반에게 알려졌다고 하기에는 불충분한 추측 및 기타 사항 또는 개인의 의도도 포함된다(제1042A조).[68]

form Pty Ltd.(1982) 1ACLC 194)나 개인의 노력이나 능력에 따라서 일반인에게도 검색이 가능한 경우(Leadenhall Australia Ltd v Peptech Ltd.(1999) 33 ACSR 307)에는 일반적으로 이용가능한 정보라고 판시한 반면 회사의 회장이 정기주주총회에서 보고를 한 것만으로는 일반적으로 이용가능한 정보라고 볼 수 없다고 판시했다(Killen v Brierley(1980) ACLC 34).

66) Robert Baxt · Ashley Black · Pamela Hanrahan, op. cit., p. 521.

67) Robert Baxt · Ashley Black · Pamela Hanrahan, op. cit., p. 522.

68) information includes; (a) matters of supposition and other matters that are insufficiently definite to warrant being made known to the public;

다. 내부정보 보유자의 금지행위

내부정보 보유자의 거래행위, 추천행위, 정보의 전달행위가 금지된다(제1043조). 첫째 내부정보를 보유한 자는 금융상품의 신청(apply for), 취득(acquire) 또는 처분(dispose), 그리고 금융상품의 신청, 취득 또는 처분을 위한 계약체결행위가 금지된다.[69] 예컨대 U. S. v. Chiarella 사건에서처럼 인쇄공이 문서 인쇄과정에서 정보를 알고 거래를 하거나 Carpenter 사건에서처럼 컬럼니스트가 그 컬럼 내용을 미리 중개인에게 주고 컬럼에 나온 정보의 유사 시장효과를 기대하고 거래하는 행위 등은 금지된다.[70] 또한 금융중개업자가 고객들에게 금융상품을 추천하기 전에 또는 제3자에 의해서 어떤 금융상품이 대량으로 거래된다는 미공개정보를 알고 선행매매(front running)하는 경우, 또는 다른 시장에서 다른 사람이 거래하려는 의도를 알고 거래하는 시장간 선행매매(inter-market front running)도 금지된다.

둘째 타인으로 하여금 금융상품을 신청, 취득 또는 처분하게 하거나(procure) 또는 금융상품의 신청, 취득 또는 처분을 위한 계약체결을 하게 하는 행위가 금지된다. 이는 타인의 작위나 부작위를 선동, 권유, 추천하는 행위 등을 의미하고(제1042F조) 나아가 지시하는 것도 포함한다. 내부자가 타인에게 내부정보를 알리지 않아 그 타인이 정보수령자로서 그 정보를 지득하지 않게 되어 내부자거래가 성립하지 않더라도 그 타인에게 추천함으로써 금지규정을 위반하게 된다.

---

and (b) matters relating to the intentions, or likely intentions, of a person.

69) 기존의 subscribe for, purchase, sell이었던 것이 2001년 개정시 apply for, acquire, dispose로 개정되었다. acquire와 dispose는 계약의 성립을 전제하나 apply for는 거래소에 호가하는 것을 의미하는 것으로 해석하는 견해가 있다. Juliette Overland, “Back to the Future? The impact of financial services reform on insider trading in Australia”, MqJBL, Vol 4(2007), pp. 182～183.

70) Robert Baxt · Ashley Black · Pamela Hanrahan, op. cit., p. 523.

호주는 내부정보로 인하여 거래를 그만두거나 거래 주문(order to trade)을 취소하는 행위를 금지하지 않으며,[71] 내부정보를 취득한 후 제3자로 하여금 거래를 하지 않도록 유도하거나 그러한 목적으로 정보를 공개하는 행위는 금지되지 않는데, 정보력의 균등 입장에서만 본다면 내부정보를 보유하지 않았더라면 일어났을 거래가 일어나지 않음으로써 잠재적인 상대방에게 손해를 주었다고 볼 여지도 있으나 다수 입장은 잠재적 손해는 형사처벌의 근거로 미약하고 거래를 하지 않은 행위는 사실상 발견 및 입증이 어렵다는 점에서 현행 규정을 지지하는 입장이다.[72] 거래행위나 추천행위는 상장여부와 관계없이 모든 회사가 발행한 금융상품에 적용되므로 비공개회사 또는 비상장회사가 발행한 금융상품에도 적용된다.[73]

셋째 금융상품이 재판권이 미치는 금융시장에서 거래될 수 있는 경우에는, 내부자는 다른 사람이 금지행위를 할 것이라는 것을 알고 있거나 예견할 수 있는 상황에서 직접적이든 간접적이든 정보를 전달하거나 전달되도록 하는 행위가 금지된다(제1043조(2)). 금융시장이란 합법적으로 금융상품을 매매할 수 있거나 직·간접적으로 금융상품을 매매할 수 있도록 주문과 권유를 할 수 있는 시설을 의미한다(제767A조(1)). 회사 임원이 사업파트너에게 비밀준수와 정보이용금지를 약속받고 중요정보를 전달하였는데 그 사업파트너가 그 미공개정보를 이용하여 거래한 경우에, 회사 임원은 그 사업파트너의 그 정보이용행위를 예견하지 못했으므로 규제대상이 아니다. 인수대상회사에 고용된 상업은행이 공개되지 않은 인수 가격에 관한 정보를 인수 경쟁관계에 있는 잠재적인 입찰자에게 전달한 행위는 인수대상회사나 상업은행의 임원등이 인수가격의 최고가를 찾는 것으로 충실의무에 부합하므로 정보전달행위가 규제되지 않는다. 상장기업이 미

71) Robert Baxt · Ashley Black · Pamela Hanrahan, op. cit., p. 523.
72) CAMAC, op. cit., p. 31.
73) Robert Baxt · Ashley Black · Pamela Hanrahan, op. cit., p. 525.

공개중요정보를 애널리스트에게 전달하는 행위는 금지된다. 그러한 선택적 공개는 애널리스트와 그들의 회사나 고객에게 정보상의 이점을 제공하는 것이므로 바람직하지 못하기 때문이다.[74)]

2. 독 일

1994년 제2차 자본시장육성법(Zweites Finanzmarkeförderungsgesetz)에 따라서 1989년 EC지침이 반영된 증권거래법(Wertpapierhandelsgesetz, 이하 'WpHG'라 한다)이 제정되었고, 동법 제3장 '내부자의 감시'라는 제목하에 내부자증권, 내부자, 내부자거래의 금지 등에 대하여 규정하였다. 또한 자본시장육성법에 따라 내부자거래의 적발 등을 목적으로 연방기관인 연방증권거래감독청(BAWe)을 설립하여 감독기관을 단일화하였고, 2002년 5월 BAWe는 은행 및 보험감독기구와 통합하여 감독기관 BaFin(Bundesanstalt Finanzdienstleistungsaufsicht)이 설립되어 내부자거래에 대한 감독을 담당하게 되었고 그 후 독일은 2002년 제4차 자본시장육성법에서 EU 시장남용지침 초안을 반영하여 불공정거래규제에 대한 실체적인 정비를 행하였다.

한편, 인터넷 이용증가, 파생상품의 발달, 금융거래의 연계화 및 국제화 현상 심화 등을 규정에 반영하고 시장의 투명성 제고 및 회원국들 간의 규정 일치 등을 위해 2003. 4. 12. 발표된 유럽연합의 시장남용지침[75)]을 수용하여 2004. 10. 28. '투자자보호 향상을 위한

74) ASIC(호주증권투자위원회)는 2000. 8. "Better Disclose Investors"에서 회사는 지속적인 공시요구에 부응하고 기업정보에 대한 접근수단을 투자자들에게 제공하며 애널리스트에게 정보를 공개하자마자 인터넷 웹사이트를 통해 그 정보를 게시하고, 그리고 고위 임원들에게는 회사의 공개의무 준수에 대한 책임을 부과하는 데 초점을 맞추는 정책의 채택을 권유하였다. Robert Baxt · Ashley Black · Pamela Hanrahan, op. cit., p. 527.

75) Richtlinie 2003/6/EG über die Insider-Geschäfte und Marktmanipulation (Marktmissbrauch) ABl. EU Nr. L 96 v. 12. 4. 2003. S. 16.

법률(AnSVG)'[76]을 통해 관련 법률을 개정하면서 WpHG 시행 이래 처음으로 내부자거래의 본질 규정인 종전 제13조를 개정하였다.[77] 동조는 EU지침에 따라 인적 관련성 요소(personenbezogene Merkmale)에 기초하여 신분범으로 내부자를 행위주체로 규정하였으나 법 개정으로 그 개념을 제거하였다. 그에 따라 1차 내부자와 2차 내부자는 구성요건면에서 더 이상 의미가 없으며 누구나 내부자정보를 알고 금지행위를 하면 규제대상이 되고[78] 다만, 제재에 있어서 차이가 있을 뿐이다.

가. 내부자정보(Insiderinformation)

WpHG 제13조는 내부자정보를, '내부자증권(Insiderpapier)의 하나 또는 복수의 발행인 또는 내부자증권에 관련되고, 공표될 경우 내부자증권의 시장가격에 상당한 영향을 미칠 수 있는 공표되지 않은 상황(Umstände)에 대한 구체적 정보로서, 합리적 투자자가 그의 투자결정에 고려할 수 있도록 그러한 상황이 미래에 발생할 충분한 개연성이 있어야 한다. 다만, 전적으로 공개된 상황을 근거로 작성된 평가는 내부자증권의 시세에 중대한 영향을 미칠 수 있는 경우라도 내부자정보가 되지 않는다.'라고 규정하고 있다.

내부자정보란 '하나 또는 복수의 내부자증권의 발행인 또는 내부자증권에 관해 미공표된 것으로 공표된다면 내부자증권의 시세에 중대한 영향을 미칠 수 있는 개연성이 큰 상황에 대한 구체적 정보'를 지칭하는 것으로 시세에 대한 중대한 영향은 내부자정보 판단의 본질적 기준이다.[79] 중대한 영향에 대한 판단기준은 내부자거래의 시점을 기준으로 객관적으로 판단하여야 하며[80] 이때 객관적인 예

76) Anlegerschutzverbesserungsgesetz vom 28. 10. 2004(AnSVG), BGBl. I 2004.

77) Mennicke/Jakovou: Fuchs(Hrsg), §13, Rn 10.

78) Mennicke/Jakovou: Fuchs(Hrsg), §13, Rn 16.

79) Mennicke/Jakovou: Fuchs(Hrsg), §13, Rn 121.

측은 일반적으로 평균적인 이성이 있는 투자자로 보고 있다. 그리고 개연성에 대하여는 일치하지는 않으나 단순한 가능성만으로는 충분하지 않고 고도의 개연성 내지 확실성은 필요하지 않다고 본다.[81]

그리고 '상황'의 개념은 개정전 내부사실에서의 '사실'의 개념보다 넓은 것이어서 내부자정보는 종전보다 확대되어 적용될 수 있다.[82] 특정한 증권에 관한 정보는 회사 외부에서 생긴 것이라도 당연히 내부자정보가 된다. 재할인율의 변경 등 회사 외에서 발생한 정보로서 증권시장 일반 또는 증권의 발행기업 일반에 영향을 미치는 정보는 '발행인이나 내부자증권에 관한' 정보에 포함된다는 것이 다수 견해이다.[83] 특정 증권뿐만 아니라 시장전체와 관계되는 회사외부정보라도 '발행인 또는 내부자증권의 관계'라는 표지에 구애되어 내부자정보성을 판단하면 적절한 결론을 얻을 수 없으며 그러한 사실이 시세에 중대한 영향을 미치는지 여부를 기준으로 해야 한다고 한다.[84]

내부자정보는 상황에 대한 구체적 정보(konkrete Information über die Umstände)이어야 한다.[85] 따라서 단순한 루머는 내부자정보의 구성요건에 포함되지 않는다. WpHG에는 공개에 대하여 규정되어 있지 않지만, 불특정 다수인이 사실을 아는 것이 가능해진 시점에서 공개된 것으로 보며, 구체적으로는 거래소 규정에 따라 정보가 공개되거나 '권내(圈內)에서의 공개(Bereichöffentlichkeit)'가 확립된 경우이다. '권내(圈內)에서의 공개'는 일반적으로 접근가능한 정보시

---

80) Assmann, in: Assmann/Schneider(Hrsg), §13, Rz. 56.

81) Assmann/Schneider(Hrsg), §13, Rz. 60.

82) Begründung RegE AnSVG, BT-Drucks, 15/3174, S. 33; Mennicke/Jakovou: Fuchs(Hrsg), §13, Rn 15.

83) 川口恭弘 등 6인, 前揭論文, 460頁.

84) Assmann, in: Assmann/Schneider(Hrsg), §13, Rz. 47.

85) EU지침의 확실한 정보(information of a precise nature)와 실질적으로 같은 의미이다. Assmann, in: Assmann/Schneider(Hrsg), §13, Rz. 6 und 7.

스템을 통한 정보의 유포가 있었던 경우를 의미한다.[86] 정보의 공개는 반드시 매스미디어를 통하여 이루어질 필요는 없다.

나. 내부자거래 금지

누구든지 내부자정보를 이용하여 자기 또는 타인의 계산으로 혹은 타인을 위하여 내부자증권을 취득하거나 처분하는 행위, 권한 없이 내부자정보를 타인에게 알려주거나 접근 가능하게 하는 행위, 내부자정보를 알고 있는 점에 기초하여 내부자증권의 취득이나 처분을 타인에게 추천하거나 그 밖의 다른 방법으로 유인을 하는 행위가 금지되며(제14조 제1항 제1호 내지 제3호), 행위주체는 비신분범이다.

내부자정보를 이용하여 내부자증권을 취득(erwerben) 또는 처분(veräußern)하는 것이 금지되지만 내부자증권의 취득이나 매각을 생각하는 것에 그치거나 또는 일단 제출한 매매주문을 철회하거나 보유하고 있는 옵션을 행사하지 않는 것은 마찬가지로 취득 또는 처분에 해당되지 않으므로 규제되지 않는다.[87] 취득 또는 처분을 생각하는 것에 그치는 경우도 내부정보를 이용하여 이익을 얻고 있는 것에는 변함이 없으나, 법률이 취득 또는 양도로 명기하고 있는 이상 이러한 결론은 부득이한 것이다.

'내부자정보를 이용하여'란 만약 그 정보가 공표되어 있다면 얻을 수 없었을 경제상의 특별이익을 얻기 위하여 자기 또는 타인을 위해 사실을 이용하는 것을 말한다. 내부자정보를 알고 거래하는 경우이더라도 그 거래가 내부자정보를 몰랐더라도 이루어졌을 경우 또는 내부자정보를 취득하는 것이 직업상 부득이한 것으로서 그 정보를 직업상의 의무에 따라 이용하게 된 경우에는 내부자정보의 이용에 해당하지 않는다.[88]

---

86) RegE 2. FFG, BT-Drucks. 12/6679, S. 46; Assmann, in: Assmann/Schneider(Hrsg), §13, Rz. 34.

87) Assmann, in: Assmann/Schneider(Hrsg), §14, Rz. 16 und 17.

88) 중개인이나 시장조정자, 금융기관이 유가증권 거래에 관하여 고객으로부터

권한없이 내부자정보를 전달하는 행위는 정보수령자가 그 정보를 현실적으로 아는 것이 필요하지만 그 정보가 내부자정보인 사실을 인식하고 있을 필요는 없다.89)

따라서 정보를 전달받은 자가 그 정보가 공표된 것으로 생각하고 있더라도 전달은 있었던 것이 된다. '권한 없이'란 EU지침 제3조(a)의 '직무를 이행하는 통상적인 과정에서 이루어지는 것이 아닌 것'에 대응하는 것으로 그 직무를 이행하는 통상적인 과정에서 직무상 정보가 전달되는 것이 아닌 경우이다. 통상적으로 정보의 전달이 직무상으로 이루어지는 경우에는 권한에 의거한 전달로서 취급된다. 그런데 이 경우 통상 그 정보를 받는 쪽도 그 직무상 수령하므로 1차 내부자가 아닌 자에 대한 정보의 전달은 특단의 정당화 사유가 존재하지 않는 한 권한없이 정보를 전달한 것으로 해석해야 한다는 견해가 있다.90)

내부자증권의 취득이나 처분을 추천하는 행위는 내부자정보를 기초로 할 필요는 있으나 그 정보 자체를 전달할 필요는 없다. 그 정보를 몰랐더라도 추천하였을 경우에는 추천자가 내부자정보를 알고 추천하더라도 위법한 추천이 되지 않는다.91) 또한 증권의 취득이나 처분을 그만두게 하는 조언행위는 취득이나 처분의 추천은 아니기 때문에 금지되지 않는다.92)

다. 제재의 차별

WpHG는 ① 발행인 또는 발행인의 결합기업의 업무집행기관

위탁받은 주문을 실행하는 경우에는 통상적인 업무과정에서 이루어지는 것이므로 내부자정보의 이용이 아니지만 고객의 주문이 내부자정보에 의거하고 있다는 점을 알고 주문을 실행하는 경우에는 내부자거래의 방조가 될 수 있다. Assmann, in: Assmann/Schneider(Hrsg), §14, Rz. 55.

89) Assmann, in: Assmann/Schneider(Hrsg), §14, Rz. 69.

90) Assmann, in: Assmann/Schneider(Hrsg), §14, Rz. 77.

91) Assmann, in: Assmann/Schneider(Hrsg), §14, Rz. 120.

92) Assmann, in: Assmann/Schneider(Hrsg), §14, Rz. 122.

혹은 감독기관의 구성원 또는 무한책임사원으로서 ② 발행인 또는 발행인의 결합기업의 자본참가에 기하여,[93] 또는 ③ 그 직업, 업무 또는 직무에 기한 통상적인 과정에서 내부자정보를 알게 된 자, 즉 1차 내부자가 내부자정보의 이용행위, 전달행위, 추천행위 등의 금지행위를 하면 형사처벌을 받게 된다. 한편, 그 이외의 내부자정보를 알고 있는 제3자의 경우, 즉 2차 내부자가 내부자정보의 이용행위를 하면 형사처벌을 받고 전달행위나 추천행위를 하면 과태료가 부과된다(제38조 제1항, 제39조 제2항 제3호 및 제4호 참조).[94] 이와 같이 제재를 차별화하여 전자에 대하여 금지행위를 넓게 한 것은 1차 내부자는 증권발행인과의 거리가 가깝고 내부자정보에 보다 직접적인 접근을 할 수 있는 점을 고려한 것이다.[95] 개정 전에 신분범인 행위주체로서의 1차 내부자와 2차 내부자의 범위와 동일하며 개정 전에는 2차 내부자의 정보의 전달행위와 추천행위를 제재하지 않았는데(개정전 WpHG 제13조 제1항과 제14조 제2항 참조) 개정 후에는 과태료를 부과할 수 있게 하였다. 2차 내부자는 내부자정보를 알고 있는 1차 내부자 이외의 자를 말하며[96] 2차 내부자는 내부자정보를 알고 있으면 충분하고 정보원으로부터 직·간접적으로 또는 우연히 들었는지는 문제되지 않는다. 2차 내부자가 정보의 직접 또는 간접의 원천이 1차 내부자라는 사실을 인식할 것을 요구하는 영국에 비하여 2차 내부자의 범위가 넓다.

---

93) '자본참가에 기하여'란 그 자본참가가 내부정보 취득의 원인이 되는 것으로 지분량이나 주주라는 사실 그 자체가 중요한 것은 아니다. 대주주가 대주주라는 이유로 내부사실을 알게 된 때 또는 소액주주가 주주총회에 참석하여 이사의 정보발표를 통해 정보를 알게 되는 때에 1차 내부자가 된다. 주주가 내부정보를 취득하였다고 모두 1차 내부자가 되는 것은 아니다. Vogel, in: Assmann/Schneider(Hrsg), §38, Rz. 16.

94) 학설도 1차 내부자와 2차 내부자로 나누어 설명하고 있다. Carsten Peter Claussen, a.a.O, S. 495.

95) Assmann, in: Assmann/Schneider(Hrsg), §13, Rz 10.

96) Vogel, in: Assmann/Schneider(Hrsg), §38, Rz. 40.

1차 내부자 중 '직업, 업무 또는 직무에 기한 통상적인 과정(bestimmungsgemäß)에서 알게 된 자'란 EU 지침 제2조 제1항의 '정보에 대한 접근을 가지는 자'라는 표현에 대응하는 개념인데, 우연히 내부사실을 아는 경우는 '통상의 과정에서'에 해당되지 않는다.[97] 내부자정보의 원천은 그 정보가 관계되는 발행인에게 존재할 필요는 없고 발행인 이외의 자라도 족하기 때문에, 예컨대 정부나 법원 등에서 내부자정보를 생성하는 결정을 하는 경우 그 결정과정에 참여하는 자도 해당된다.[98] 당해 회사의 임직원이나 대주주의 지위에서 소속기업이 아닌 다른 기업에 관한 내부자정보를 알게 된 경우 위 ①, ②의 지위가 아닌 위 ③의 지위에서 1차 내부자가 되는 것이다.[99]

97) Vogel, in: Assmann/Schneider(Hrsg), §38, Rz. 20, 23 und 30.
98) Vogel, in: Assmann/Schneider(Hrsg), §38, Rz. 22 und 30.
99) Vogel, in: Assmann/Schneider(Hrsg), §38, Rz. 16.

제 2 절 자본시장법의 규제태도

Ⅰ. 규제내용

자본시장법은 원칙적으로 업무정보를 이용한 미공개중요정보 이용행위를 규제하면서 예외적으로 시장정보를 이용한 미공개정보 이용행위를 특칙으로 규제한다.

먼저 전자의 경우 자본시장법은 상장법인의 업무등에 관련된 미공개중요정보를 그 법인의 회사관계자나 전(前)회사관계자 또는 그들로부터 정보를 받은 정보수령자가 특정증권등의 매매, 그 밖의 거래에 이용하거나 타인에게 이용하게 하는 행위를 금지하고 있다. 그런데 구 증권거래법과 마찬가지로 통상의 투자자에 비하여 당해 법인의 정보에 접근할 수 있는 우월적 지위에 있는 상장법인, 상장법인의 임직원 및 대리인, 주요주주, 그 법인과 법률상 또는 계약상의 관계가 있는 자, 이들의 대리인·사용인 등을 행위주체로 규정하면서, 계열회사의 임직원·대리인과 주요주주를 행위주체로 추가하였다. 그리고 회사관계자별로 정보접근의 우월적 지위에 따라 정보지득의 경위를 세분화하였다. 또한 특정증권등의 개념을 도입하여 당해 법인이 발행한 증권뿐만 아니라 타법인 발행의 증권예탁증권, 파생결합증권, 파생상품 등을 포함시킴으로써 그 규제범위를 확대하였다.

한편, 자본시장법은 시장정보를 이용한 미공개정보 이용행위와 관련하여 공개매수의 실시나 중지 정보를 이용하거나 이용하게 하는 행위 외에 주권등의 대량취득·처분의 실시나 중지 정보를 이용하거나 이용하게 하는 행위도 규제하는 특칙을 신설하였다. 원칙적으로 이들 정보는 증권의 수급에 관한 시장정보로서 회사외부자가 그 정보를 생성한 것이고 그 대상 회사의 업무등과 관련한 정보가 아님에도 특칙을 두어 규제하고 있는 것이다. 시장정보는 상장법인의 주가에 영향을 미치므로 규제대상 정보로 포함시켜야 할 필요가 있다.

Ⅱ. 규제태도

자본시장법은 행위주체를 상장법인을 중심으로 정보접근의 우월적 지위가 있는 자들과 그들로부터 직접 정보를 수령한 자에 한정하고 또한 규제대상 정보의 범위도 상장법인의 업무 등에 관한 정보에 한정하며 시장정보는 예외적으로 규제하고 있으므로 기본적으로 회사관계 중심의 모델이라고 할 수 있다. 다만 자본시장법은 상장법인 외에 그 계열회사의 임원등과 주요주주를, 당해 법인이 아닌 타법인이 발행한 증권 등을, 그리고 주식등의 대량취득·처분 정보인 시장정보 등을 규제대상에 포함시킴에 따라 당해 법인과의 관련성을 완화하면서 불공정한 정보격차 이용의 규제범위를 확대하고 있다.[1)]

판례도 증권시장의 공정성과 그에 대한 투자자의 신뢰보호라는 규제목적에 기준을 두고 미공개중요정보 이용행위를 해석함으로써 형식적인 측면보다 실질적인 측면에서 불공정한 정보격차의 이용행위를 규제하여 왔다. 예컨대 구 증권거래법은 중요정보를 수시공시사항 중 투자자의 투자판단에 중대한 영향을 미치는 정보라고 규정하고 있음에도 이를 예시적 규정으로 해석하고 투자자의 투자판단에

1) 회사관계자의 개념을 중심으로 한 법제를 유지하면서 이를 개선하는 방식을 취하고 있다. 김병연·김유석·김은집·안수현, 자본시장과 금융투자업에 관한 법률 이해, 증권연수원(2008), 235면.

중대한 영향을 미치면 중요정보라고 해석한 사례[2] 등[3]이다.

한편, 미국은 내부자거래규제의 근거를 회사, 주주 등에 대한 신인의무 위반으로 보고 정보에 접근이 가능한 내부자의 거래를 규제함으로써 그에 대한 통상의 투자자의 불공평감을 없앰으로써 증권시장의 공정성을 확보하려고 한다. 따라서 규제의 중점은 '내부자는 거래를 해서는 안 된다.' 즉 '내부자에 의한 거래'의 금지에 있다.

반면, 규제근거를 불공정한 정보격차의 이용에 둔다면 규제의 중점은 '내부정보에 근거한 거래'의 금지에 있게 되고 누구든지 내부정보에 근거한 거래가 금지될 것이다.[4] 유럽 등은 당초 회사정보 접근의 우월적 지위의 여부에 따라 1차, 2차 내부자를 구별하였으나, 최근 호주, 독일에서는 1차, 2차 내부자의 구별없이 정보를 보유한 상태에서의 거래행위를 규제하여 불공정한 정보격차에 따른 금지행위를 모두 규제하게 되었다. 즉 증권거래 시의 불공정한 정보격차가 있으면 규제되는 것이고 정보접근에의 우월적 지위가 있었는지 여부나 정보접근에의 불공정성이나 정보접근의 평등은 의미가 없어졌다고 할 수 있다.[5]

그런데 우리나라는 일본의 경우와 같이, 정보 접근에의 우월적 지위가 있는 자를 기준으로 회사의 임원등이나 회사와 법률상 또는

---

2) 대법원 1995. 6. 29. 선고 95도467 판결.

3) 상장회사의 자회사의 화재로 인한 상당한 손실을 모회사의 중요한 정보로 인정한 사례, 대법원 1995. 6. 30. 선고 94도2792 판결(대미실업사건); 공동개발 계약을 체결한 A와 B사의 경우 개발정보는 양 회사 모두의 정보라고 한 사례, 서울중앙지방법원 2008. 11. 27. 선고 2008고합236 판결; 회사 홍보자료를 신문사에 보낸 경우 그 기자뿐만 아니라 그 상급자도 1차 정보수령자로 해석한 사례, 대법원 2002. 1. 25. 선고 2000도90 판결.

4) 平山幹子, インサイダー取引規制と共犯の成立範囲, 早稲田大学21世紀COE "企業法制と法創造" Ⅳ—A 第14回研究会報告書(2006. 10.), 84頁.

5) 내부정보를 우월적 정보(privileged information)라고 표현하는데, 이는 정보내용보다는 정보취득과정에서의 우월적 지위에 초점을 맞춘 것으로 적절치 못한 표현이다. Barry Rider · Kern Alexander · Lisa Linklater · Stuart Bazley, op. cit., p. 6.

계약상의 관련성이 있는 자들을 규제하므로 '회사관계자에 의한 거래'를 금지하는 것으로 볼 여지가 있다. 그러나 그렇게 해석할 경우 정보접근의 우월적 지위가 없는 1차 정보수령자를 처벌하는 이유를 설명하기 어렵다.[6]

자본시장법은 자본시장의 공정성과 투자자의 신뢰를 보호하기 위해서 불공정한 정보격차의 이용을 규제하고 있고 입법정책상 그 규제범위를 제한하기 위하여 그 중에서 회사의 정보에 접근할 수 있는 특별한 지위에 있는 회사관계자들과 그들로부터 정보를 받은 1차 정보수령자만 규제하는 것으로 보아야 할 것이다.[7] 모든 불공정한 정보격차의 이용행위 중에서 정보접근에 우월적 지위에 있는 자와 1차 정보수령자의 거래만을 규제하는 것이므로 원칙적으로 '정보에 근거한 거래'를 규제하는 것이다.

그런데 회사중심의 입법모델로는 불공정한 정보격차의 이용을 규제하지 못하는 사각지대가 너무 넓다. 예컨대 당해 법인의 회사관계자가 아닌 회사외부자가 당해 법인에 관한 정보를 생성하여 거래에 이용하거나 이용하게 하는 행위 또는 정보접근의 우월적 지위에 있지 않은 자의 이용행위는 규제할 수 없다. 또한 자본시장법은 정보제공행위나 추천행위는 금지하고 있지 않다. 따라서 자본시장법은 외국에 비하여 규제의 범위가 협소하여 현행과 같은 입법태도를 계속하여 견지할 것인지에 대하여는 의문이 있다.

위와 같은 규제태도와 관련하여 '내부자거래'라는 용어의 적정성을 살펴본다. 원래 '내부자거래'는 상장회사의 '내부자'가 그 회사의 미공개 '내부정보'를 그 회사 발행의 증권 거래에 이용하는 것을

6) 미국은 정보제공자의 신인의무 위반을 정보수령자가 승계하므로 '내부자에 의한 거래'에 중점이 있다.

7) 독일은 1차 내부자는 증권발행인과의 거리가 가깝고 내부자정보에 보다 직접적인 접근을 할 수 있는 점을 고려하여 2차 내부자보다 엄하게 규제한다. Assmann, in: Assmann/Schneider(Hrsg), §13, Rz 10.

의미하는 것으로 그 회사와 관계있는 내부자나 내부정보 중심의 개념이었다. 그런데 이제는 회사관계의 범위에서 벗어나는 행위주체나 회사외부정보 또는 그 회사 발행이 아닌 특정증권등도 규제대상이 되고 있다.

상장법인의 업무등에 관한 정보에는 회사내부정보뿐만 아니라 후술하는 바와 같이 회사외부정보도 포함되고 시장정보의 일부도 규제대상이므로 당해 법인의 내부에서 생성된 회사내부정보만을 의미하는 듯한 '내부정보'보다는 '미공개중요정보'[8] 라는 표현이 더 적절하다. 또한 행위주체도 전통적 의미의 내부자라고 할 수 있는 당해 법인의 임원등과 주요주주 외에 회사외부자에 해당하는 회사와 법령상 또는 계약상의 관계에 있는 자, 공개매수자 또는 주식등의 대량취득자 그리고 정보수령자도 규제대상이고,[9] 당해 법인이 아닌 타 법인이 발행한 증권이나 파생상품도 규제대상에 포함되었다. 따라서 이제는 '내부자거래'라는 표현으로는 자본시장법상의 모든 미공개중요정보 이용행위의 규제대상을 포섭하기 어렵게 되었다.

한편, 입법적으로도 1991. 12. 개정 시에만 '내부자거래의 금지'

---

8) 이 책에서는 내부정보를 미공개중요정보로 표현하고 그 정보를 업무정보(상장법인의 업무등에 관한 정보)와 시장정보(공개매수 또는 주권등 대량취득·처분 정보 등)로 구별한다.

9) 내부자는 미국 판례법의 회사내부자(corporate insider)로서 처음에는 이사(director), 임원(officer)과 지배주주(controlling shareholder)를 의미하였다. Louis Loss · Joel Seligman, op. cit., p. 930; 그러나 최근에는 전통적 의미의 내부자뿐만 아니라 회사내부자에 해당되지 않는 준내부자(quasi-insider)와 정보수령자(tippee)도 규제대상이 되었다. 이 책에서는 행위주체를 회사관계자와 정보수령자로 나누고 회사관계자는 편의상 원(原)내부자(상장법인과 계열회사의 임직원·대리인과 주요주주 등)와 준내부자(당해 법인과 계약이나 법령상의 관계가 있는 자 등)로 구별하고, 상장법인의 임직원 및 대리인을 '임원등'으로 표현한다. 그리고 회사관계자의 지위에 해당하지 아니하게 된 날로부터 1년을 경과하지 아니한 자를 전(前)회사관계자라고 표현한다. 한편 일본에서는 회사관계자의 지위에 해당하지 아니하게 된 날로부터 1년을 경과하지 아니한 자에 대하여 원(元)내부자나 원(元)회사관계자라는 표현을 사용하고 있으므로 주의를 요한다.

라는 용어를 사용하고 1997년 개정 이후에는 '미공개정보 이용행위의 금지'라는 용어를 사용하여 왔다. 그리고 자본시장법 제174조의 법문에도 '내부자거래'라는 표현이 없고,[10] '미공개중요정보 이용행위'라는 표제 하에 일반적인 미공개중요정보 이용행위(동조 제1항), 공개매수의 특칙(동조 제2항), 주식등의 대량취득·처분의 특칙(동조 제3항)을 규정하고 있다. 이는 정보이용행위 중심의 규제를 염두에 둔 것이라고 할 수 있다. 규제의 목적이나 근거는 내부자나 외부자의 구별 없이 불공정한 정보의 격차에 근거한 미공개중요정보의 이용이므로 '내부자거래'보다는 '미공개중요정보 이용행위'라는 표현이 적절하다고 본다.[11]

---

10) 자본시장법은 제4편 불공정거래의 규제 제1장 '내부자 거래 등'이라는 제목하에 제172조(내부자의 단기매매차익의 반환), 제173조(임원 등의 특정증권등 소유상황 보고), 제172조의2(장내파생상품의 대량보유 보고 등), 제173조의2(장내파생상품의 대량보유 보고 등), 제174조(미공개중요정보 이용행위 금지)라고 규정하고 있는데, 그 중 제172조, 제173조의 주체는 회사내부자인 임직원이나 주요주주만이므로 위 제목 중 '내부자거래'는 이 경우만을 의미하고, '내부자거래 등'의 '등'은 나머지 조문들을 의미한다고 해석함이 타당하다.

11) EU 지침, 영국, 호주, 독일, 미국에서 내부정보(Insider Information) 또는 내부자거래(Insider dealing, Insider trading, Insidergeschäft)라는 표현을 법이나 판례에서 사용하고 있고, 우리나라 판례나 학술서적에도 그와 같은 표현을 사용하고 있다. 이하에서는 외국의 입법례나 판례, 국내의 판례 등을 원용할 경우에는 내부정보, 내부자거래라는 표현을 사용하고, 자본시장법과 관련하여 설명할 경우에는 미공개중요정보 또는 미공개중요정보 이용행위라는 표현을 사용하기로 한다.

제4장

업무정보를 이용한 미공개중요정보 이용행위

제 1 절 규제범위

구 증권거래법에서는 상장법인(코스닥상장법인 포함)의 업무등과 관련된 미공개중요정보를 직무와 관련하여 알게 된 당해 법인의 회사관계자나 그로부터 정보를 받은 자가 당해 법인이 발행한 유가증권의 매매 기타 거래에 이용하는 것을 금지하고 있었다. 그런데 자본시장법에서는 회사관계자의 정보지득 경위를 그 지위에 맞게 세분화하는 한편, 회사관계자의 범위에 계열회사의 임직원·대리인과 주요주주를 포함시키고 규제대상도 상장법인 발행의 유가증권에 한정하지 않고 그 상장법인 발행의 증권과 관련된 증권예탁증권이나 타법인 발행의 교환사채권, 이들을 기초자산으로 하는 금융투자상품 등으로 확대하였다. 구 증권거래법과 자본시장법에 따른 규제범위를 구체적으로 살펴보면 다음과 같다(도표1 참조).

먼저 상장법인의 원내부자가 그 법인의 업무등에 관한 미공개중요정보를 이용하여 그 법인이 발행한 증권을 거래하는 경우(㉮①)는 구 증권거래법이나 자본시장법의 규제범위가 동일하다. 그런데 자본시장법은 타법인 발행의 금융투자상품을 거래한 경우(㉮②③)와 상장법인의 계열회사 원내부자가 상장법인의 정보를 이용하여 특정증권등을 거래한 경우(㉰①②③)를 새로이 규제대상으로 하였다.[1)]

1) 다만 계열회사가 상장법인의 주요주주인 경우, 그 계열회사 임원등이 직무

도표 1

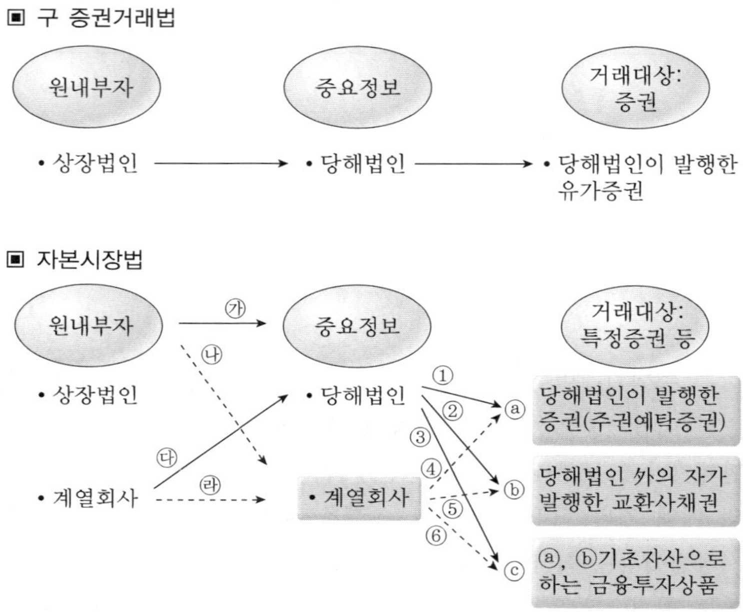

그런데 상장법인의 원내부자가 계열회사의 정보를 이용하여 상장법인의 주식을 거래하거나(㉯④⑤⑥) 계열회사의 원내부자가 계열회사의 정보를 이용하여 상장법인의 주식을 거래한 경우(㉱④⑤⑥)에, 계열회사의 정보는 직접 규제대상이 아니지만 계열회사의 정보가 동시에 상장법인의 정보가 되면 규제대상이 된다.

와 관련하여 지득한 상장법인의 미공개중요정보를 상장법인 발행의 증권의 거래에 이용한 경우에는 구 증권거래법(제188조의2 제1항 제5호 참조)에서도 처벌이 가능하였고 자본시장법에서도 마찬가지이다(법 제174조 제1항 제5호 참조).

제 2 절 행위주체

자본시장법은 상장법인의 원내부자와 준내부자인 회사관계자, 미공개중요정보를 알고 있던 회사관계자가 그 지위에 해당하지 아니하게 된 날로부터 1년이 경과하지 않은 자인 전회사관계자, 회사관계자나 전회사관계자로부터 미공개중요정보를 받은 1차 정보수령자를 진정신분범으로서의 행위주체로 규정하고 있다.

Ⅰ. 회사관계자

1. 정보접근의 우월적 지위

자본시장법은 상장법인의 미공개중요정보에 접근할 수 있는 우월적 지위에 있는 자를 열거하면서 그들이 그 직무관련등으로 업무정보를 알게 되었을 때 행위주체가 되는 것으로 규정함으로써 진정신분범으로 규정하고 있다.

가. 진정신분범

자본시장법은 미공개중요정보 이용행위의 행위주체를 ① 상장법인·계열회사 및 그 법인·계열회사의 임직원·대리인으로서 직무와 관련하여 미공개중요정보를 알게 된 자, ② 상장법인·계열회사 및 그 법인·계열회사의 주요주주로서 그 권리를 행사하는 과정에서 미공개중요정보를 알게 된 자, ③ 그 법인에 대하여 법령에 따른 허가·인가·지도·감독, 그 밖에 권한을 가지는 자로서 그 권한을 행사하는 과정에서 미공개중요정보를 알게 된 자, ④ 그 법인과 계약을 체결하고 있거나 체결을 교섭하고 있는 자로서 그 계약을 체결·교섭 또는 이행하는 과정에서 미공개중요정보를 알게 된 자, ⑤ 위 ② 내지 ④에 해당하는 자의 대리인·사용인, 그 밖의 종업원(법인일 경우 그 임직원·대리인)으로서 그 직무와 관련하여 미공개중요정보를 알게 된 자[1] 그리고 위와 같은 자에 해당하지 아니하게 된 날로부터 1년을 경과하지 아니한 자라고 규정하고 있으며(법 제174조 제1항), 이들은 정보접근에 우월적 지위를 가진 자들이다.

원내부자 중에서 임직원·대리인은 회사정보를 생성하기도 하고 회사에서 생성되거나 발생한 정보에 접근하기도 쉬운 지위에 있으며, 주요주주는 회사의 업무를 담당하는 자가 아니므로 정보를 생성하는 지위보다는 회사정보에 쉽게 접근할 수 있는 지위에 있다. 그리고 회사와 계약상의 관계에 있는 자는 그 계약이 합병의 경우처럼 당해 회사와 함께 정보를 생성하는 지위에 있거나 계약의 체결이나 이행 과정에서 당해 회사의 정보에 접근할 수 있는 지위에 있고, 회사와 법령상의 관계에 있는 자도 마찬가지로 허가를 내주는 경우처럼 정보를 생성하는 지위에 있거나 회사에 대한 감독 등으로 회사정보에 접근할 수 있는 지위에 있다.

그리고 일반적으로 준내부자는 회사외부자이기 때문에 회사와의 관계에 있어 원내부자보다는 밀접하지 않으나 계약상 또는 법령상의 관계에서 비롯되는 정보를 생성할 경우에는 그 회사정보에 대

1) 주요주주의 대리인·사용인, 그 밖의 종업원(법인일 경우 그 임직원·대리인)은 원내부자에, 준내부자의 대리인·사용인, 그 밖의 종업원(법인일 경우 그 임직원·대리인)은 준내부자에 포함시키기로 한다. 자본시장법이 상장법인의 임직원과 그 대리인을 동일하게 취급하는 것과 같다.

한 접근성이 떨어지는 것이 아니다. 준내부자는 회사외부자이기 때문에 원내부자처럼 상시적으로 그 회사정보에 접근할 수 있는 것이 아니라 계약이나 법령상의 권한에 근거하여 일시적으로 접근할 수 있다는 점에서 차이가 있을 뿐이다. 자본시장법도 원내부자와 준내부자를 달리 취급하지 않고 있다. 자본시장법은 계열회사의 임직원·대리인 및 주요주주와 그 대리인·사용인, 그 밖의 종업원(법인일 경우 그 임직원·대리인)은 회사외부자이지만 계열회사 상호간의 회사정보에 대한 호환이나 접근성이 용이하므로 그 규제 필요성 및 입증의 어려움을 고려하여 회사관계자로서 규제하고 있다.[2]

그리고 이들은 업무정보 지득 및 그 지득 경위에 대하여 일정한 요건을 충족할 때에만 행위주체가 되는 진정신분범이다. 그 신분범의 요건은 첫째 내부자나 준내부자가 법 제174조 제1항 제1호 내지 제5호에 규정된 지위 및 그 지위에 해당하지 아니하게 된 날로부터 1년이 경과하지 않은 지위에 있어야 하고(회사관계자 및 전회사관계자의 지위) 둘째 미공개중요정보를 지득하고 있어야 하며(정보의 지득) 셋째 회사관계자가 각 지위에서 그 직무와 관련하거나 또는 권리나 권한을 행사하는 과정이나 계약의 체결·교섭 또는 이행 과정에서 그 정보를 알게 되어야 한다(이하, '직무관련등'이라고 한다).

그리고 신분은 미공개정보 생성 이후 공개 전에 취득하여야 하며 그 신분 성립가능기간 중에 회사관계자가 직무관련등으로 정보를 알게 되면 그때부터 신분을 취득하게 되고 그 정보가 공개되면 신분이 해제된다. 하지만 이용행위나 이용하게 하는 행위 시까지 회사관계자의 신분이 유지될 필요는 없다. 왜냐하면 회사관계자의 지위에서 정보를 지득하여 신분을 취득하고 그 지위에서 떠난 후 1년이 경과하지 않은 전회사관계자의 이용행위나 이용하게 하는 행위도 처벌

---

2) 회사외부자이지만 당해 회사와 밀접하고 상시적인 업무관계에 있는 점을 고려하여 원내부자로 분류한다.

하고 있기 때문이다. 그리고 전회사관계자의 신분기간을 1년으로 한 것은 통상적으로 1년 이내에 회사의 중요정보가 증권보고서 등에 의하여 공개되기 때문이다.[3] 회사관계자의 지위에서 정보를 알게 되어야 하므로 회사관계자가 아닌 시점에서 정보를 알게 되는 경우에는 정보수령자의 해당 여부가 문제될 뿐이다. 그리고 전회사관계자도 원내부자나 준내부자의 지위에 있을 때 미공개중요정보를 알게 된 자이어야 하므로 진정신분범이다.

나. '직무관련등'으로 '알게 된' 자의 의미

(1) 직무관련등의 의미

자본시장법상 회사관계자는 직무관련등으로 회사정보를 알게 되어야 규제대상이 되므로 직무관련등의 지득경위를 거치지 않고 미공개중요정보를 알게 되면 정보수령자가 될 수 있을 뿐 회사관계자로서의 행위주체가 될 수는 없다. 구 증권거래법에서는 내부자나 준내부자의 지위나 각 업무의 특성을 고려하지 않고 모두 '직무와 관련하여' 미공개정보를 알게 된 경우로 규정하였으나 자본시장법에서는 회사관계자의 직무나 권한, 계약관계에 따라 정보 지득경위를 세분하였다.

구 증권거래법하에서 '직무와 관련하여'의 구체적 의미가 무엇인지에 대한 확립된 이론이나 판례는 아직 없다. 그러나 직무관련등은 신분범의 요건으로 범죄성립에 필요한 구성요건요소이고 회사관계자와 정보수령자의 지위를 구별하는 기준이 되고 있기 때문에 매우 중요한 개념이므로 그 의미를 명백히 하는 것이 필요하다.

편의상 위 논의를 미공개중요정보를 임원등이 '그 직무와 관련하여' 알게 된 경우를 중심으로 살펴본다. 일본에서 임원등이 '직무에 관하여' 지득한 때의 의미에 관하여 직무 자체로부터 알게 되거

---

3) 横畠裕介, 前揭書, 47頁.

나 직무와 밀접하게 관련된 행위로 알게 되는 경우라는 견해[4]와 증권의 투자판단에 영향을 미치는 특별한 정보에 관여하거나 접근할 수 있는 특별한 입장에 있는 자가 그 특별한 입장 때문에 중요한 정보를 알게 되는 경우라고 해석하는 견해가 유력한데,[5][6] 전자는 '직무의 의미나 내용'을 중심으로, 후자는 '정보에의 접근성'을 중심으로 해석한 것이다. 「'직무와 관련하여' 알게 된」은 「'정보의 내용 자체가 직무와 관련되어서' 알게 된」이라는 의미나 「'직무수행 과정에서' 알게 된」이라는 의미로 문언해석이 모두 가능하며 전자는 정보내용과 직무내용의 관련성에, 후자는 정보에 접근할 수 있는 지위와의 관련성에 중점을 둔다.

자본시장법은 자본시장의 공정성과 시장에 대한 투자자의 신뢰를 보호하기 위하여 불공정한 정보격차의 이용행위를 규제하면서 회사 정보에 접근할 수 있는 우월적 지위에 있는 자에 한정하여 규제하고 있다. 그런데 회사의 모든 임원등이 통상의 투자자들에 비하여 정보접근에 있어 우월적 지위에 있는 것이 아니고 회사정보와 직무관련이 있는 자가 정보접근의 우월적 지위에 있다. 원래 내부자란 내부정보에 접근할 수 있는 우월적 지위가 있는 자를 의미하고,[7] 헌법재판소[8]나 판례[9]도 직무 또는 지위에 의한 정보지득이나 그

4) 横畠裕介, 前掲書, 36頁; 松本眞輔, 前掲書, 45頁.

5) 服部秀一, "インサイダー取引規制のすべて", 商事法務研究会(2001), 29頁.

6) 그 외 직무관련성에 관하여 ① 직무행위 자체로부터 알게 된 자 외에 직무와 밀접하게 관련된 행위에 의해 알게 된 경우를 포함하지만, 그 자의 직무가 당해 중요사실을 알 수 있어야 한다는 견해(東京辯護士会会社部, インサイダー取引規制ガイドライン, 商事法務研究会(1989), 25頁) ② 그 직무의 실행에 관하여 알 필요가 있는 정보 또는 알 수 있는 입장에 있는 정보를 알게 된 경우라는 견해(松本眞輔, 前掲書, 45頁)도 있다.

7) Barry Rider · Kern Alexander · Lisa Linklater · Stuart Bazley, op. cit., p. 5.

8) 구 증권거래법(1991. 12. 31. 법률 제4469호) 제188조의 2는 내부자를 미공개중요정보를 직무와 관련하여 알게 된 자라고 규정하고 있었고, 그 규정에 위반된 사건에서, '내부자거래란 내부자가 그 직무 또는 지위에 의하여 얻은 내부정보를 이용하여 자기 회사의 주식을 거래하는 것으로 내부자

정보접근의 용이성으로 표현하고 있다.

미공개중요정보 이용행위에 대한 자본시장법의 규제 태도, 내부자의 본래 의미는 정보접근의 우월적 지위에 있는 자인 점, 판례 등의 태도 등에 비추어 볼 때 '직무와 관련하여'의 의미는 정보에 접근할 수 있는 지위와의 관련성으로 해석하는 것이 타당하다. 즉 '직무수행의 과정에서 정보에 접근할 수 있는 것' 또는 '정보에 접근할 수 있는 우월적 지위가 있는 것'을 의미하는 것이다.[10)][11)]

는 자기회사의 중요한 정보를 알게 될 기회가 많기 때문에 일반투자자보다 유리하고 일반투자자는 손해를 보게 될 가능성이 많아서 규제한다.'는 취지로 판시하고 있다. 헌법재판소 1997. 3. 27. 94헌바24 결정.

9) "기업내부의 정보에 접근하기 쉬운 내부자와 이로부터 정보를 전해들은 자가 당해 정보가 미공개된 점을 이용하여~", 서울고등법원 2003. 2. 17. 선고 2002노2611 판결; "~내부자가 당해 법인의 업무 등과 관련하여 접근이 허용되었던 법인의 공개되지 아니한 내부정보 중 증권의 투자판단에 영향을 미칠 수 있는 중요한 정보를 이용하여~", 대법원 1994. 4. 26. 선고 93도695 판결.

10) 한편 자본시장법은 내부자거래의 한 유형인 단기매매차익반환과 관련하여 규제대상인 직원의 범위를 '직무상 법 제174조 제1항의 미공개중요정보를 알 수 있는 자'(법 제172조 제1항)라고 규정하고 있는데 그 의미는 '정보에 접근할 수 있는 자'로 해석된다.

11) 영국, EU 지침은 '증권발행회사 임원등은 그 지위에 의해서 알게 된 경우/그 외에 고용, 직무, 업무과정에서 정보에의 접근 수단에 의하여 정보를 알게 된' 경우로 규정하고 있다. (영국) he has it through being a director, employee of an issuer of securities / having access to the information by virtue of his employment, office or profession, (EU 지침) possess that information by virtue of his membership of administrative, management or supervisory bodies of the issuer / by virtue of his having access to the information of his employment, profession, or duties; 독일은 '증권발행회사의 임원등은 그 지위에 의해서 알게 된 경우/그 외에 고용, 직무, 업무에 따른 통상의 과정에서 알게 된' 경우로 해석하고 있다. als Mitglied des Geschaäftsführungs-oder Aufsichtsorgans oder als persönlich haftender Gesellschafter des Emittenten oder eines mit dem Emitten verbundenen Unternehmens / auf Grund seines Berufs oder seiner Tätigkeit oder seiner Aufgabe bestimmungsgemaäß, 한편, '통상의 과정에서(bestimmungsgemäß) 알게 된'은 EU지침 제2조 제1항의 having access to the information (Zugang zu der betreffenden Information)와 문맥상 연관이 있는 것으로 본다. Vogel, in: Assmann/Schneider(Hrsg), §38, Rz. 20, 23 und 30.

이때 정보에 접근할 수 있는 지위에서 정보를 취득하면 족하지 그 정보의 내용이 직무의 내용과 반드시 동일하거나 관련성이 있을 필요는 없다.[12] 예컨대 사장이 회사의 태양광 에너지 개발정보를 전체 임원회의에서 처음으로 태양광 판매업무를 담당하는 임원과 그 직무와 관련성이 없는 부서의 임원 등에게 말한 경우에 전자는 규제대상으로 하고 후자는 규제대상으로 하지 않는 것(정보수령자의 지위는 별론으로 함)은 비합리적이다. 후자의 경우에도 임원회의에 참석하는 직무 수행 과정에서 정보에 접근할 수 있는 우월적 지위가 인정되기 때문이다. 그리고 정보접근의 우월적 지위는 직무의 정상적인 수행과정에서 일반적으로 정보에의 접근가능성을 예측할 수 있어야 할 것이다. 왜냐하면 우연한 기회에 정보에 접근할 수 있게 되는 경우는 특별한 지위에 있다고 보기 어렵기 때문이다. 다만 정보의 내용이 직무의 내용과 관련성이 높을수록 정보 접근에 대한 우월적 지위를 인정하기가 수월할 것이나 관련성이 없는 경우에는 우월적 지위를 쉽게 인정하기 어려울 것이다.

임원등의 직무관련뿐만 아니라 주요주주나 법령상 권한을 가진 자의 '그 권리나 권한을 행사하는 과정에서 알게 된'의 의미 및 계약체결자나 그 교섭 중인 자의 '그 계약의 교섭·체결·이행 과정에서 알게 된'의 의미도 미공개중요정보에 접근할 수 있는 우월적 지위라는 의미로 해석함이 상당하다. 미공개중요정보의 이용행위가 불공정하다면 그 정보지득 경위와는 관계없이 자본시장의 공정성과 투자자의 신뢰 보호에 미치는 영향이 다르지 않음에도 직무관련성을 요건으로 할 필요가 있는지는 의문이다.

---

12) 직무관련성을 특정한 내부정보에 관여하거나 접근할 수 있는 특별한 지위가 있고, 또한 그의 직무와 내부정보가 관련성을 갖는 것이라는 견해도 있다. 박임출, "내부자거래 규제에 관한 비교법적 연구", 성균관대학교 박사학위논문(2003), 124면.

(2) 직무관련등으로 '알게 된' 자의 의미

구 증권거래법에서와 마찬가지로 자본시장법에서도 행위주체로서의 회사관계자를 직무관련등으로 정보를 '알게 된' 자로 규정하고 있다. 정보를 알게 되는 경우는 정보를 적극적으로 생성하거나 그 생성과정에 관여하여 알게 된 경우와 이미 생성된 정보를 수동적으로 수령하여 알게 된 경우가 있다. 전자의 경우에 정보생성자나 그 정보생성에 관여한 자는 당연히 그 정보를 '알게 된' 자에 해당한다. 예컨대 회사의 임원들이 모여서 영업양도를 결정한 후 그 정보를 이용하는 경우로서 전형적인 회사관계자의 미공개중요정보 이용행위이다.

후자의 경우에는 '알게 된' 자의 범위 즉 회사관계자의 범위에 포함되는지가 문제될 수 있다. 왜냐하면 자본시장법은 회사관계자 외에 정보수령자를 별도의 행위주체로서 「회사관계자로부터 정보를 '받은' 자」로 규정하고 있기 때문이다. 그런데 전체 임원회의에서 사장으로부터 태양광 에너지 개발정보를 처음 들은 태양광 판매업무 담당임원 등의 경우는 생성된 정보를 수령하였지만 직무와 관련하여 정보를 수령하였으므로 정보수령자가 아닌 회사관계자가 된다.[13] 따라서 정보를 '알게 된'이란 정보를 생성하거나 그 생성과정에 관여하여 알게 되는 경우뿐만 아니라 이미 생성된 정보를 수동적으로 수령하여 알게 되는 경우도 포함한다.

회사의 원내부자뿐만 아니라 회사와 계약을 체결한 자나 교섭하고 있는 자의 경우에도 그 회사의 임원등과 그 계약내용에 해당하는 정보를 생성하거나 그 회사의 정보에 접근하거나 수령할 수 있는 지위에 있고, 법령상의 권한을 가진 자도 스스로 정보를 생성하거나 당해 회사의 정보에 쉽게 접근하거나 수령할 수 있는 지위에 있다.

13) 예컨대, 감사인 계약에 따라 감사한 회계법인으로부터 거절의견을 미리 통보받은 경우, 피감회사의 원내부자는 회계법인이 생성한 정보를 수동적으로 수령하였지만 계약의 이행과정에서 그 정보를 알게 된 경우이다.

따라서 회사관계자는 정보를 생성하건 수령하건 회사정보에 대해 접근할 수 있는 지위에 있으면 충분하며 반드시 정보생성자일 필요는 없다.

반면 정보수령자는 「정보를 '받은' 자」라고 규정하고 있으므로 존재하는 정보를 수령하는 경우만 의미하고 직무관련등을 요건으로 하지 않는다. 정보를 직무관련등으로 받으면 회사관계자가 되고 직무관련등 없이 받으면 정보수령자가 된다. 예컨대 결재라인에 있거나 원내부자 사이에 직무와 관련하여 정보의 전달이 이루어지는 경우에는 정보수령자가 아닌 회사관계자로 본다.

2. 상장법인과 계열회사의 원내부자

가. 상장법인 및 그 임직원·대리인

(1) 의 의

상장법인이란 증권시장에 상장된 증권, 즉 상장증권을 발행한 법인(법 제9조 제15항 제1호)을 말한다. 상장법인도 자기주식 취득이나 처분이 가능하므로(법 제165조의2) 미공개중요정보를 이용할 수 있다. 따라서 법인의 임원등이 법인의 업무에 관하여 미공개중요정보 이용행위를 하면 규제대상이 되고 다만 법인은 미공개중요정보 이용행위의 처벌규정인 법 제443조 제1항으로 직접 의율되는 것이 아니라 법 제448조의 양벌규정에 의하여 처벌된다.

임원은 원래 이사와 감사를 의미하지만(법 제9조 제2항) 미공개중요정보 이용행위의 경우에는 회사에 대한 자신의 영향력을 이용하여 이사에게 업무집행을 지시한 자, 이사의 이름으로 직접 업무를 집행한 자, 이사가 아니면서 명예회장·회장·사장·부사장·전무·상무·이사 기타 회사의 업무를 집행할 권한이 있는 것으로 인정될 만한 명칭을 사용하여 회사의 업무를 집행한 자 등이 포함된다[14](법

14) 판례상 대표이사(서울중앙지방법원 2007. 3. 23. 선고 2006고합1341 판결),

제172조 제1항, 상법 제401조의2 제1항). 구 증권거래법에서는 임원에 대한 정의 규정이 없었으나 이사·감사 기타 사실상 이에 준하는 자(구 증권거래법 시행령 제2조의4 제3항 제2호 참조)로 해석하여 실제 임원이 아니면서 고문·상담역 등으로 회사업무의 의사결정에 관여하는 자의 경우, 내부정보의 접근이 가능하다는 이유로 임원에 포함된다거나 그 명칭에 관계없이 사실상의 직책과 기능이 임원에 해당하면 임원으로 보는 견해, 또는 이들은 직원이나 대리인 또는 준내부자의 범위에 포함시킬 수 있기 때문에 구별의 실익이 없다는 견해가 있었으나 자본시장법은 임원의 범위를 입법적으로 해결하였다.

직원[15]은 통상 회사의 지휘·명령 하에 실제로 그 회사의 업무에 종사하는 자로서 고용관계, 계약관계의 유무를 불문한다. 그 지위나 직무에 의하여 회사정보에 접근할 수 있는 자는 모두 포함된다고 할 것이다. 고용관계 유무와 상관없이 사실상 회사의 지휘·감독하에 그 회사의 업무를 담당하고 있으면 청소부, 임시 고용인, 파견사원, 아르바이트 사원 등도 모두 포함된다.[16] 파견 사원도 포함되는데 파견처의 업무에 종사하는 자로서는 원내부자에 속하지만 동시에 파견처와 소속회사와의 사이에 파견계약 등의 관계에 따른 계약체결자의 임원등으로 준내부자의 지위에 해당될 수도 있다.[17]

⑵ '그 직무와 관련하여'의 의미

직무란 그 자의 직위에 상응한 임무로서 취급하는 모든 직무를

전무이사(서울중앙지방법원 2003. 6. 25. 선고 2002노9772 판결), 부사장(창원지방법원 2003. 8. 14. 선고 2003고단951 판결), 생산본부장(서울중앙지방법원 2007. 12. 26. 선고 2007노3274 판결), 영업담당상무보(수원지방법원 2008. 7. 30. 선고 2008노1134 판결), 감사(서울중앙지방법원 2007. 1. 12. 선고 2006고합836 판결) 등을 임원으로 처벌한 사례가 있다.

15) 판례상 재무팀장(인천지방법원 부천지원 2005. 12. 2. 선고 2005고단1391 판결), 총무과 대리(서울지방법원 2002. 1. 23. 선고 2001고단10894 판결) 등을 직원으로 처벌한 사례가 있다.

16) 川村和夫, 註解證券取人法, 有斐閣(1997), 413頁.

17) 松本眞輔, 前揭書, 5頁.

의미하며 현실적으로 담당할 필요는 없다. 당해 회사의 내규에 의해 정해져 있는 것에 한정되지 않고 특명 등에 의해 사실상 담당하는 것도 포함된다. 독립적인 결정권을 가질 필요도 없고 상사의 지휘감독 하에서 종속적·보조적으로 하는 것도 포함한다.[18)]

여기서 직무와 '관련하여'라는 의미는 앞서 언급한 바와 같이 임원등이 직무상 그 정보에 접근할 수 있는 특별한 지위에 있는 것을 의미하며 정보의 내용과 직무내용과의 관련성은 요구되지 않는다. 그러나 구체적인 경우에 있어 그 범위가 어디까지인지는 명확하지 않다. 예컨대 유상증자 업무를 회사의 기획부에서 추진하는 경우 그 기획부의 결재라인에 해당하는 임원등은 당연히 직무관련성이 있으나 위 업무와 상관이 없는 영업부 임원이 간부회의에 참석하여 위 정보를 알게 된 경우 나아가 회의장에서 회의 진행을 돕던 행정요원이 위 정보를 알게 된 경우 직무관련성을 인정할 수 있을까. 먼저 영업부 임원은 그 정보의 내용이 영업부의 업무내용과 관련은 적지만 간부회의에 참석하여 타 부서의 업무내용을 듣는 것이 자신의 직무이므로 그 정보에 접근할 수 있는 특별한 지위에 있다고 볼 수 있다.[19)] 그런데 행정요원은 그 직무가 여러 부서의 업무내용을 듣는 것이 아니라 회의 진행을 도와주는 것이므로 정보의 내용과 직무의 내용은 다르다. 직무관련성의 의미에 정보내용과의 관련성까지 요구할 경우에는 정보수령자의 지위에 해당할 수도 있으나 정보내용과의 관련성은 그 요건이 아니다. 행정요원이 회의장 안에서 그 회의내용

18) 松本眞輔, 前揭書, 5頁; 어떤 사용인이 상무회의 내지 이사회 의사록의 작성·정리, 감사의 감사 보조, 결산서류의 초안 작성, 내부검사, 담당거래, 상사의 지시 또는 부하로부터 받은 보고서 등에 의하여 알게 된 경우에는 사용인으로서의 '직무에 관하여 알게 된 경우'라고 본다. 神崎克郎·志谷匡史·川口恭弘, 証券取引法, 前揭書, 882頁.

19) 일본의 마크로스(マクロス)의 내부자거래 사건에서 기계공업본부장이 임시이사회에서 대표이사로부터 전자기기부문의 매출중 약 40억엔의 매출이 가공이라는 사실을 듣고 보유주식을 매각한 행위에 대하여 벌금 50만엔을 선고하였다. 東京地方裁判所 1991. 9. 25. 宣告 平成3(特 わ) 1405号 判決.

을 듣게 되는 것은 예측할 수 있기 때문에 그 직무내용과 정보내용이 다르더라도 그 정보에 접근할 수 있는 특별한 위치에 있다고 볼 수 있을 것이다.[20][21] 반면, 회사직원이 회사의 정보가 존재하는 장소나 회사 정보를 담당하는 직원 등에게 물리적으로 접근하여 우연히 그 정보를 알게 된 경우, 예컨대 다른 부서나 회의실 등에 들어갔다가 우연히 정보를 알게 되는 경우 그 직무관련성을 인정하기 어려울 것이다.[22][23][24] 왜냐하면 일반적으로 투자자에 비해서 정보에

20) 제약회사의 생산본부장이 그 업무와 관련성이 적은 신약개발 관련 기술이전 담당임원으로부터 구내식당에서 '다국적 제약회사와 조만간 기술이전 계약을 맺을 것이다'는 정보를 듣고 그 정보를 이용한 행위에 대하여 유죄를 선고하였는데, 정보와 직무내용의 관련성이 적더라도 일반투자자에 비하여 정보 접근가능성이 높다고 판단한 것으로 해석할 수 있다. 서울중앙지방법원 2007. 12. 26. 선고 2007노3274 판결.

21) 자본시장법은 내부자의 단기매매차익 반환과 관련하여, 구 증권거래법과 달리 직원의 경우는 미공개정보이용 개연성이 낮은 직원까지 규제하는 것은 지나친 재산권 행사의 제약이라는 이유 등으로 기업정보에 접근가능성이 높은 직원에 한해서만 규제대상으로 하였다. 그에 따라 '직원은 직무상 법 174조 제1항의 미공개중요정보를 알 수 있는 자로서 대통령령으로 정한 자에 한한다.'(법 제172조 제1항)라고 규정하였다. 그런데 대통령령으로 정하는 자의 범위와 관련하여 자본시장법 시행령 입법 예고기간(2008. 4. 7.~4. 28.)에는 제194조 제3호에 '법 제172조 제1항에 따른 임원의 비서, 운전기사 등 보조업무에 종사하고 있는 직원'이 규정되었으나 입법과정에서 삭제되었다. 즉 임원의 비서 등은 정보에 접근할 수 있는 자에는 해당하지만 대통령령으로 규제대상에서 제외한 것이다. 위 사례에서 위 행정요원은 미공개중요정보에 접근할 수 있는 직원에는 해당하지만 대통령령으로 정한 자에 포함되지 않기 때문에 단기매매차익 반환의 규제대상은 될 수 없을 것이나 미공개정보 이용행위의 주체는 될 수 있을 것이다.

22) 영국 CJA는 자신의 업무수행 과정에서 정보를 접하면 1차 내부자가 될 수 있는 것으로 규정하고 문언상으로는 업무의 내용이 정보를 다루는 것이어야 할 필요는 없기 때문에 경비원, 청소부, 임시직 비서, 우편배달부 등도 해당하는 것처럼 보이는데 이에 대해서는 논란이 있다. Barry Rider · Kern Alexander · Lisa Linklater · Stuart Bazley, op. cit., p. 59.

23) 그와 같은 경우에는 관련 거래를 허용하여도 투자자의 신뢰를 손상시키지 않기 때문에 규제할 필요가 없다. 木目田 裕·山田將之, "インサイダー取引規制における實務上の諸問題(1); 規制の概要と法一六六條の成立要件(上)", 商事法務 No.1840(2008. 8. 5), 97頁; 그러나 이 경우에 정보의 불공정한 이용은 있으므로 투자자의 신뢰는 손상되지만 정보 접근의 특별한 지위를

의 접근가능성이 높다고 볼 수 없기 때문이다.[25] 정보 관련 업무를 보안사항으로 하여 특정한 자만 알고 있었던 경우에는 그 업무담당자 이외의 자는 직무관련성을 인정할 수 없다.[26]

한편, 당해 정보를 담당하는 부서의 임원등이 아닌 자가 직무와 관련하여 그 정보를 알게 된 경우에도 원내부자로서 규제대상이 된다.[27] 법인 내에서는 중요정보가 생성되면 업무와 관련하여 여러 부서로 전달될 가능성이 많고 그 정보는 법인의 정보이므로 최초로 정보를 생성하거나 지득한 부서의 임원만을 원내부자로 해야 될 이유가 없기 때문이다. 예컨대 기획부에서 유상증자 결정 후에 그 업무집행을 위해 타부서의 협조를 얻는 과정에서 그 타부서의 임원등이 그 정보를 알게 된 경우이다.

직무관련성의 판단은 사건마다 구체적인 사정에 따라 다를 수밖에 없으므로 일의적인 판단기준을 제시하는 것은 어렵다. 미공개중요정보의 이용행위를 규제하는 근거인 정보 격차의 불공정한 이용을 기준으로, 직무가 그 정보의 생성에 관여하거나 정보를 수령하거나

인정할 수 없기 때문에 규제할 수 없다고 보아야 할 것이다.

24) 우연히 내부사실을 아는 경우는 '통상의 과정에서' 내부사실을 안 자에 해당하지 않는다. 예를 들면 택시운전사나 스튜어디스가 직무수행 중에 고객의 대화를 듣고 내부사실을 알게 되었다고 하더라도 이는 직업 등의 통상적인 과정에서 내부정보를 취득하는 것은 아니다. Vogel, in: Assmann/Schneider(Hrsg), §38, Rz. 20, 23 und 30.

25) 총무과 사무실에서 총무과 직원이 다른 총무과 직원이 기안 후 파기한 이사회 결의안을 보고 주식을 매수한 경우에 직무관련성을 인정하였는데, 타부서의 정보를 우연히 안 경우와는 달리 같은 부서에 있는 경우 정보 접근가능성이 높다고 판단한 것으로 볼 수 있다. 서울지방법원 2002. 1. 23. 선고 2001고단10894 판결.

26) 영업담당상무보가 회사가 신주인수권증권을 소각 목적으로 매입할 것이라는 정보를 지득하고 회사 주식을 매매한 사례에서 영업담당상무보가 신주인수권증권 소각 업무를 담당하지 않았고 대표이사 등 일부 임원만 동 정보를 알고 있었다는 등의 이유로 직무관련성을 부인하였다. 수원지방법원 2008. 7. 30. 선고 2008노1134 판결.

27) 同旨: 김건식·정순섭, 앞의 책, 282면.

또는 정보와 관련된 업무인지 등 정보와 직무내용의 관련성, 정보전달이나 공유 관계에 있는 자들 간의 관계, 업무시간이나 회사 내에서 정보를 전달하였는지 등 정보의 전달 경위, 직무내용이 정보관련 업무와 관련이 없더라도 그 정보에 대한 접근 가능성을 예측할 수 있는지 여부 등을 종합적으로 고려하여 정보에 접근할 수 있는 특별한 지위가 있었는지를 판단하여야 할 것이다.

한편, 회사관계자가 정보서류를 훔치는 등 불법적으로 회사의 정보를 입수하는 경우에는 그 직무와 관련하여 정보를 알게 된 경우가 아니므로 규제대상이 되지 않는다. 정당한 직무수행 과정에서 정보를 알게 된 자가 규제대상이 되는 것과 비교할 때 불합리하다.

나. 상장법인의 주요주주

(1) 주요주주

주요주주는 첫째 누구의 명의로 하든지 자기의 계산으로 법인의 의결권 있는 발행주식 총수의 100분의 10 이상의 주식(그 주식과 관련된 증권예탁증권을 포함)을 소유한 주주를 말한다. 둘째 임원의 임면 등의 방법으로 법인의 중요한 경영사항에 대하여 사실상의 영향력을 행사하는 주주로서 ① 단독으로 또는 다른 주주와의 합의·계약 등에 따라 대표이사 또는 이사의 과반수를 선임하거나 ② 경영전략·조직변경 등 주요 의사결정이나 업무집행에 지배적인 영향력을 행사한다고 인정되는 임원(상법 제401조의2 제1항의 업무집행지시자 등 포함)인 주주로서 의결권 있는 발행주식 총수의 100분의 1 이상을 소유한 자를 말한다.[28] 이때 '주요주주'에 해당하는지는 개별주주 1인을 기준으로 판단한다.[29]

28) 법 제9조 제1항 제2호, 시행령 제9조, 시행세칙 제1조~제6조 참조.

29) 피고인을 비롯하여 일가 60명이 집합적으로 의결권을 행사하면서 임원의 임면 등 당해 법인의 주요 경영사항에 대하여 영향력을 행사하고 있으므로 피고인은 주요주주에 해당한다고 판시한 1심 판결에 대하여 2심에서는 주요주주에 해당하는지 여부는 개별 주주 1인을 기준으로 판단해야 한다고

의결권 있는 발행주식 총수의 100분의 10 이상을 소유한 주주는 10%의 주식을 소유한 주주보다 더 많은 주식을 소유한 주주가 있는 경우나 주식보유 목적이 경영권 참여가 아니라고 공시한 경우 등 실제 사실상의 영향력을 행사하지 못하는 경우가 아니면 통상적으로 회사에 대하여 사실상의 영향력을 행사하는 것으로 추정될 것이고 실제 그러한 영향력을 행사할 수 없더라도 주요주주에 해당한다.

한편 위 ①과 ②에 해당하는 자는 임원의 임면 등의 방법으로 법인의 중요한 경영사항에 대하여 사실상의 영향력을 행사하는 자로 간주된다고 해석된다. 자본시장법은 임원의 임면 등의 방법으로 법인의 중요한 경영사항에 대하여 사실상의 영향력을 행사하는 자로서 위 ①과 ②의 경우를 구체적으로 열거한 것이다. 왜냐하면 구 증권거래법 하에서는 주요주주를 의결권 있는 발행주식 총수의 10% 이상의 주식 또는 출자증권을 소유하거나 임원의 임면 등 당해 법인의 주요 경영사항에 대하여 사실상의 영향력을 행사하는 자라고 규정하면서 '사실상의 영향력을 행사하는 자'를 구체적으로 규정하지 않아 해석상의 논란이 있었기 때문에[30] 이를 명확히 하고자 구체적인 규정을 두게 된 것이다. ①과 ②의 사실을 입증하면 주요주주가 되며 별도로 법인의 중요한 경영사항에 대하여 사실상의 영향력을 행사한다는 사실을 입증할 필요는 없다고 본다.

개별 사건마다 주요주주가 사실상 영향력을 행사하고 있는지를 입증하는 것은 상당히 어렵기 때문에 자본시장법은 구 증권거래법과는 달리 주요주주를 구체적으로 정의함으로써 사실상의 영향력을 행사하는 것으로 간주하거나 추정하는 것이다.

주요주주가 되기 위해서는 주주의 자격이 있어야 하므로 상장법인의 주식을 최소한 1주 이상 보유하고 있어야 하며 1주밖에 보유

판시하였다. 서울고등법원 2008. 6. 24. 선고 2007노653 판결.

30) 구 증권거래법 제188조 제1항, 시행령 제83조 참조.

하지 못한 주주이더라도 다른 주주들과 공동으로 대표이사나 임원의 과반수를 선임한 경우에는 주요주주가 된다.

주식의 양도는 주식양도의 계약과 주권의 교부가 이루어진 때이고(상법 제336조 제1항) 이는 강행규정으로 주권의 교부는 주식양도의 대항요건이 아니라 효력발생요건이다.[31][32] 또한 주요주주의 요건으로 주식의 소유를 요구하고 있으므로 주권이 교부된 때 주주권을 취득하고 주요주주가 된다. 그리고 현물출자와 신주발행의 경우에는 신주의 인수인이 신주의 납입기일에 현물출자 또는 납입을 하게 되면 그 한도에서 신주발행의 효력이 발생하며 납입기일의 다음 날로부터 주주가 된다.[33]

(2) 주요주주의 '그 권리를 행사하는 과정에서'의 의미

(가) 의 미

구 증권거래법에서는 주요주주의 미공개중요정보를 지득하는 경위에 대하여 '직무와 관련하여'라고 하였으나 자본시장법은 '그 권리를 행사하는 과정에서'라고 규정하고 있다. 주요주주가 그 권리를 행사하는 과정이 아닌 신문 등 다른 경로를 통해서 회사정보를 지득한 경우에는 그 규제대상이 아니다. 이때 주요주주가 '그 권리를 행사하는 과정'의 의미는 무엇인가.

주요주주가 회계장부열람권과 같이 구체적인 주주권을 행사하는 과정에서 직·간접적으로 관련되어 회사정보를 지득하는 경우만을 의미하는지 문제된다.[34] 상법상 구체적인 주주권은 단독주주의 이사회의사록 열람·등사권, 소수주주의 대표소송권과 회계장부열람

31) 이범찬·최준선, 상법(상), 삼영사(2009. 7.), 606면.

32) 대법원 1987. 5. 26. 선고 86다카982·983 판결, 대법원 1993. 12. 28. 선고 93다8719 판결, 대법원 2000. 3. 23. 선고 99다67529 판결.

33) 이범찬·최준선, 앞의 책, 832면.

34) 일본의 경우에는 회계장부열람등의 청구권이 있는 주주, 즉 발행주식 총수의 3% 이상을 보유한 주주가 그 권리의 행사에 관하여 지득한 때라고 규정하고 있다.

권 등[35]이 있으나, 발행주식 총수의 10% 이상을 소유한 주요주주에게만 인정되는 구체적인 주주권은 없다. 주요주주가 단독주주나 소수주주에게 인정되는 구체적인 권리를 행사하는 과정에서 정보를 지득하게 되는 경우에만 처벌할 수 있다면 굳이 행위주체를 주요주주로 할 필요가 없었을 것이다.[36] 자본시장법이 주주가 아닌 주요주주를 행위주체로 규정한 것은 구체적인 주주권의 행사여부와 상관없이 법인의 주요 경영사항에 대하여 사실상 영향력을 행사하는 과정에서 회사의 정보에 접근할 수 있는 우월적 지위에 있기 때문이다.[37] 따라서 '주요주주로서 그 권리를 행사하는 과정에서 알게 된'의 의미는 '주요주주의 지위에서 법률상 또는 사실상 알게 된'이라고 해석하는 것이 타당하다.[38][39] 이때는 주로 주요주주가 아니면 접근할 수 없는 정보인지가 문제될 것이다.[40]

---

35) 대표소송권(발행주식 총수의 1/100, 상법 제403조), 회계장부열람권(발행주식 총수의 3/100, 상법 제466조), 이사의 위법행위유지청구권(발행주식 총수의 5/100, 상법 제402조), 이사·감사 해임청구권(발행주식 총수의 3/100, 상법 제385조 제2항), 회사의 업무·재산상태 검사인청구권(발행주식 총수의 3/100, 상법 제467조 제1항) 등이 있다.

36) CJA는 주요주주가 아니라 주주이면 내부자가 되는데, 이에 대하여 모든 주주가 중요한 정보에 대해서 접근할 수 있는 위치에 있는 것이 아니므로 지나치다는 견해가 있다. Barry Rider·Kern Alexander·Lisa Linklater·Stuart Bazley, op. cit., p. 14.

37) 주요주주가 '그 권리를 행사하는 과정에서'라는 의미를 추상적인 주주권의 지위에서 정보를 알게 되는 경우로 해석하고 있다. 김건식·정순섭, 앞의 책, 282면.

38) 주주는 경영을 하지도 않고 회사에 대한 신인의무나 비밀유지의무도 없으므로 내부자의 개념에 맞지 않지만 대주주는 사실상의 영향력 때문에 내부정보를 취득할 수 있으므로 내부자에 포함시키는 것이 상당하다. Barry Rider·Kern Alexander·Lisa Linklater·Stuart Bazley, op. cit., p. 14.

39) 현실적으로 회사의 임원등이 주요주주에게 회사의 주요사항 등을 여러 가지 경로로 보고하는 것이 일반적이므로 사실상 정보접근의 우월적 지위가 있다.

40) 영국, EU, 독일 등은 주주의 지위에 의해서 알게 되는 것으로 규정하고 있다; 영국(he has it through being shareholder of an issuer of securities); EU(possess that information by virtue of his holding in the capital of th

한편 주요주주가 법인인 경우에는 그 임직원과 대리인도 행위주체가 되는데 이들은 그 직무와 관련하여 미공개중요정보를 알게 되어야 한다. 이때 직무란 주요주주의 업무와 관련하여 미공개중요정보를 알게 되는 경우를 의미한다.

(나) 구 증권거래법 하에서의 판례의 태도

구 증권거래법 하에서 대법원은 화승강업 사건에서 화승으로부터 화승강업에 대한 대주주 지분과 경영권을 양수하는 계약을 체결한 경우, "동 정보는 화승강업의 주요주주인 화승이 그 소유의 주식을 처분함으로써 스스로 생산한 정보이지 화승이 직무와 관련하여 알게 된 정보가 아니다."라고 판시하였는데[41] 위 판결을 '직무와 관련하여 정보를 알게 된 자'의 의미와 관련하여 분석해 볼 필요가 있다.

먼저 이 판결의 의미를 '주요주주인 화승이 스스로 생성한 정보이지 이미 존재하는 정보를 알게 된(수령한) 것이 아니므로 화승은 정보생성자로서 처벌될 수 없다.'라고 해석하는 주장이 실무에서 많았다.[42] 그러나 앞서 언급한 바와 같이 정보생성자는 당연히 '정보를 알게 된 자'에 포함되므로 규제대상이 된다. 다음으로 화승의 화승강업 주식 처분행위는 화승강업 주요주주로서의 직무가 아니기 때문에 주요주주가 그 직무와 관련 없이 생산한 정보이므로 '직무와 관련하여' 알게 된 정보가 아니라고 해석하는 경우이다.[43] 주요주주

issuer); 독일(auf Grund seiner Beteiligung am Kapital des Emitten oder eines mit dem Emittenten verbundenem Unternehmens) 독일의 경우, '자본참가에 기하여'란 대주주는 대주주라는 이유로 내부사실을 알게 된 때 또는 소액주주는 주주총회에 참석하여 이사의 정보발표를 통해 정보를 알게 된 때로 해석하고 있다. Vogel, in: Assmann/Schneider(Hrsg), §38, Rz. 19.

41) 대법원 2003. 11. 14. 선고 2003도686 판결(화승강업 사건).

42) 이와 같은 대법원 판결문의 불분명한 표현 때문에 그 해석을 놓고 실무에서 많은 논란이 있었다.

43) 문용선, "증권거래법 제188조의4 제4항 제2호 소정의 '중요한 사항', '허위의 표시', 제188조의2 제1항 소정의 '당해 정보를 받은 자', 제207조의2 제1항 단서 소정의 '위반행위로 얻은 이익' 등", 대법원 판례해설 2003년 하

는 회사에서 생성된 정보에 가까이 접근할 수 있으나 원칙적으로 직무와 관련하여 정보를 생성할 수 없고, 그 소유 주식의 처분은 개인적인 거래로서 회사의 업무등과도 관련이 없는 주식의 수급에 관한 시장정보이기 때문에 그와 같은 해석은 가능하다.

그러나 개인적 거래로서의 주식 처분행위와 그로 인한 '경영권의 양도'는 구별하여야 한다. 경영권의 양도는 회사 지배구조의 변경으로 시장정보가 아닌 당해 회사의 업무 등과 매우 밀접한 관련이 있는 정보이다. 그리고 주요주주는 당해 회사의 업무에 대하여 사실상의 영향력을 행사할 수 있는 지위에서 경영권의 양도라는 정보를 양수인과 생성하였으므로 주요주주의 지위에서 직무와 관련하여 알게 된 경우에 해당한다고[44] 해석하는 것이 실제에 부합한다.[45] 자본시장법에서도 이와 같은 해석은 마찬가지이며, 다만 주식등의 대량취득·처분 정보를 규제대상으로 신설하여 경영권 양도정보와 상관없이 규제가 가능해졌다. 반면 화승강업의 경영권이나 화승강업주식의 양수인은 구 증권거래법에서는 정보생성자이지만 당해 법인의 양도인과는 달리 회사와 계약상의 관계가 없고 또한 회사관계자로부터 정보를 수령한 자도 아니므로 처벌할 수 없었다. 그러나 자본시장법은 주식등의 대량취득·처분 정보를 이용한 행위를 규제대상으로 하여 그 취득자인 양수인에 대한 처벌도 가능해졌다.

다. 계열회사의 임직원·대리인 및 주요주주

자본시장법은 상장법인의 계열회사 및 그 계열회사의 임직원·대리인, 주요주주 그리고 주요주주가 법인인 경우 그 임직원·대리인

반기 제46호, 433~434면.

44) 당해 법인의 주요주주가 대표이사 등 임원의 지위도 함께 가지고 있을 경우, 경영권 양도의 정보를 주요주주의 지위뿐 아니라 그 임원의 지위에서 직무와 관련하여 알게 된 경우에도 해당된다.

45) 실무에서는 주식처분이 경영권양도를 수반할 경우에는 규제대상 정보로 해석하고 있다.

을 행위주체로 추가하였는데, 그 이유는 계열회사의 원내부자는 당해 법인 정보에의 접근에 우월적 지위가 있기 때문이다. 따라서 기존 규제의 공백지대였던 계열회사 회사관계자의 미공개중요정보 이용행위도 규제할 수 있게 되었다.[46)] [47)]

자본시장법상 '계열회사'는 독점규제 및 공정거래에 관한 법률상의 계열회사를 의미한다.[48)] 2 이상의 회사가 동일한 기업집단에 속하는 경우에 이들 회사는 서로 상대방의 계열회사라 한다. '기업집단'이란 동일인[49)]이 회사인 경우 그 동일인과 그 동일인이 지배하는 하나 이상의 회사의 집단을 말하며, 동일인이 회사가 아닌 경우 그 동일인이 지배하는 2 이상의 회사의 집단을 의미한다. 이러한 계열회사는 첫째 지분율을 기준으로 할 때, 동일인이 단독으로 또는 동일인관련자[50)]와 합하여 당해 회사 발행의 의결권 있는 주식 총수의

46) 상장법인의 종속회사 또는 지분법적용대상회사의 업무 등에 관한 정보는 증권시장에서 투자자의 판단에 미치는 영향이 클 것이므로 그 정보를 먼저 보유하게 되는 그 종속회사 또는 지분법적용대상회사 및 그 회사들의 관련자 및 정보수령자들을 증권거래법상의 내부자거래 규제대상으로 해야 한다. 김병태, "관계회사와 관련된 내부자거래규정 적용상의 문제점", 증권법연구 제3권 제2호, 한국증권법학회(2003. 2.), 213~232면.

47) 규제대상에 계열회사 및 그 임원등을 추가하여 동일한 기업집단에 속하는 두 회사의 임직원·주요주주는 서로 상대방 회사의 내부정보를 이용할 수 없게 되었으나 미국의 부정유용이론에 의한 규제범위까지 확대된 것은 아니다. 노태악, "최근 판례에 나타난 내부자거래 규제의 법리-자본시장과 금융투자업에 관한 법률의 제정에 덧붙여", BFL 제25호 서울대학교 금융법센터(2007. 9.), 27면.

48) 법 제25조 제5항 제4호 참조.

49) 당해 기업집단을 사실상 지배하는 자로서 자연인 또는 법인을 의미한다.

50) 동일인 관련자란 독점규제 및 공정거래에 관한 법률 시행령 제3조 제1호 가목 내지 마목에 해당하는 자로서, 가. 배우자, 6촌 이내의 혈족, 4촌 이내의 인척, 나. 동일인이 단독으로 또는 동일인관련자와 합하여 총출연금액의 100분의 30 이상을 출연한 경우로서 최다출연자가 되거나 동일인 및 동일인관련자중 1인이 설립자인 비영리법인 또는 단체(법인격 없는 사단 또는 재단을 말한다), 다. 동일인이 직접 또는 동일인관련자를 통하여 임원의 구성이나 사업운용 등에 대하여 지배적인 영향력을 행사하고 있는 비영리법인 또는 단체, 라. 동일인이 이 호 또는 제2호의 규정에 의하여 사실상

30% 이상을 소유하는 경우로서 최다출자자인 회사를 의미한다. 둘째 회사에 대한 지배력을 기준으로 할 때[51]에는 동일인이 경영에 지배적인 영향력을 행사하고 있는 회사를 의미한다. 즉 동일인이 다른 주요주주와의 합의에 의하여 대표이사를 임면하거나 임원의 100분의 50 이상을 선임하거나 선임할 수 있는 회사, 동일인이 직접 또는 동일인관련자를 통하여 당해 회사의 주요 의사결정이나 업무집행에 지배적인 영향력을 행사하고 있는 회사, 동일인이 지배하는 회사와 임원의 겸임이 있는 등의 인사교류가 있는 회사, 통상적인 범위를 초과하여 동일인 또는 동일인 관련자와 자금·자산·상품·용역 등의 거래를 하고 있거나 채무보증 관계가 있는 회사, 당해 회사가 동일인의 기업집단의 계열회사로 인정될 수 있는 영업상의 표시행위를 하는 등 사회통념상 경제적 동일체로 인정되는 회사 등을 의미한다.[52]

공정거래위원회에서 자산규모 5조원 이상인 경우 상호출자·채무보증제한 기업집단 지정 등 자산이 일정 규모 이상일 경우 기업집단 지정제도를 운영하고 있으므로[53] 그 지정에 따라 계열회사를 정하면 될 것이나 그 이외의 경우에는 계열회사에 포함되는지 여부에 대한 판단이 필요할 것이다. 계열회사의 정의 규정에 있어 지분율이 30% 이상이거나 대표이사나 과반수의 임원을 선임한 경우 등은 비교적 그 개념이 명확하나 '지배적인 영향력', '사실상 사업내용의 지배', '통상의 범위를 넘어서' 등과 같은 개념은 어느 정도까지의 의미를 내포하는지에 대하여는 사건마다 판단하기가 쉽지 않을 것이다.

사업내용을 지배하는 회사, 마. 동일인 및 동일인과 나목 내지 라목의 관계에 해당하는 자의 사용인(법인인 경우에는 임원, 개인인 경우에는 상업사용인 및 고용계약에 의한 피용인을 말한다) 등을 말한다.

51) 독점규제 및 공정거래에 관한 법률 제3조 제2호 참조.

52) 공정거래위원회, 공정거래제도 입문(2008. 11.), 95~96면 참조.

53) 독점규제 및 공정거래에 관한 법률 제14조 제1항 및 공정거래위원회, 앞의 책, 제93면 참조.

계열회사의 임원등은 직무와 관련하여, 계열회사의 주요주주도 그 권리를 행사하는 과정에서 정보를 알게 되어야 하며 직무관련등에 대한 의미는 상장법인의 임원등 및 주요주주의 경우에 준하여 해석하면 될 것이다.

3. 상장법인과 법률상·계약상의 관계에 있는 준내부자

가. 법령상의 권한을 가진 자

(1) 의 의

법령에 따라 허가·인가·지도·감독, 그 밖의 권한을 가지는 자는 상장법인에 대하여 그 권한을 행사하는 과정에서 그 회사의 정보에 접근할 수 있는 우월적 지위에 있기 때문에 행위주체로 규정하였다. 여기에는 행정권에 속하는 허가·인가·조사·수사 등이 있고 입법권에 속하는 국정감사·국정조사권 등이 있고, 사법권에 속하는 재판권, 문서제출명령 등이 있다. 권한을 갖는 자는 공무원이나 법령의 위임을 받아서 그 권한을 행사하는 민간단체의 임원등도 해당할 것이다. 그런데 법령상의 권한을 가지는 자는 회사의 정보에 접근할 수 있는 우월적 지위가 인정될 수 있는 법령이나 그 법령에 기한 권한이 있으면 충분하다고 본다. 따라서 법률, 시행령, 시행규칙에 한정되지 않고 국가나 지방자치단체, 또는 공공기관이 정하는 각종 규정이 포함되며 법령에 의한 권한에는 법령 및 각종 규정에 명시된 권한뿐만 아니라 관습적으로 인정되어 왔거나 해석상 인정되는 권한도 포함된다고 본다. 그 권한을 행사하는 자는 반드시 공무원일 필요는 없으며 법령상 권한을 가지는 자의 보조자도 포함된다.

(2) '그 권한을 행사하는 과정'의 의미

구 증권거래법에서는 법령에 따른 권한을 가진 자는 '그 직무와 관련하여' 정보를 알게 되어야 한다고 규정하였으나 자본시장법에서는 '그 권한을 행사하는 과정에서' 회사정보를 알게 되어야 한다고 구체적으로 규정하고 있다. 법령에 따른 권한을 가지는 자는 그 권한을 행사하는 과정[54]에서 예컨대 건축허가나 그린벨트 지역 해제 등 당해 법인과 관련된 정보를 생성하거나 당해 법인에서 발생하거나 생성된 회사정보를 지득하는 등 그 정보에 접근할 수 있는 우월적 지위에 있기 때문에 규제대상으로 한 것이다. 권한을 행사하는 과정이 아닌 다른 경로로 회사정보를 지득하면 정보수령자가 될 수는 있으나 회사관계자로서의 규제대상은 아니다.

권한을 행사하는 과정에서 지득한 정보가 권한 행사의 내용과 일치할 필요는 없다. 예컨대, 금융감독원 직원이 상장법인의 공시업무를 담당하면서 공시내용과 다른 중요한 회사정보를 알게 된 경우, 상장법인에 대한 부문검사를 하면서 그 검사범위에서 벗어나는 회사의 중요정보를 지득하게 된 경우이다.

나. 계약체결자 및 계약체결 교섭 중의 자

(1) 의 의

상장법인과 계약을 체결하고 있거나 체결을 교섭하고 있는 자는 그 계약을 체결·교섭 또는 이행하는 과정에서 미공개중요정보를 알게 되어야 행위주체가 된다. 재화 공급이나 용역 제공의 계약, 법률자문이나 회계감사와 관련된 계약 등 어떠한 형태로든지 계약을 체결하고 있거나 체결 교섭 중에 있는 자는 포함된다. 이들을 행위주체로 규정한 취지는 회사와의 그 계약관계에 기인하여 회사정보에 접근할 특별한 지위가 있기 때문이다. 최근 대법원도 법인과 계약을 체결하고 있는 자는 그 법인의 미공개중요정보에 접근할 수 있기 때문에 이를 이용하는 행위를 제한하지 않을 경우 거래의 공정성 내지 증권시장의 건전성을 해할 위험성이 많으므로 규제하고 있다고 판시

54) 법령에 근거한 권한에는 능동적으로 조사·검사하는 권한뿐만 아니라 수동적으로 신청서 등을 수리하고 보고받는 권한도 포함된다고 해석된다. 神崎克郎, "インサイダー取引の禁止(上)", インベストメント41卷 3号(1988), 12頁.

하였다.[55)]

구 증권거래법에서는 '당해 법인과 계약을 체결하고 있는 자'만을 규정하여 '체결 교섭 중에 있는 자'는 규제대상에 포함되지 않았었다. 또한 자본시장법은 상장법인과 계약을 체결하고 있거나 체결을 교섭하고 있는 자가 개인이면 그 대리인, 사용인 기타 종업원을 규제대상으로 하고, 법인일 경우에는 그 법인의 임직원·대리인은 규제대상으로 하고 있으나 주요주주는 규제대상으로 하지 않고 있다. 주요주주는 정보접근의 우월적 지위를 가지고 있으므로 규제대상으로 하는 것이 타당하다.

계약은 그 내용을 불문하고 중요정보를 아는 것을 내용으로 하는 것에 한정되지 않고[56)] 계약의 내용이나 종류, 계약형태, 이행시기, 계약기간의 장단 등은 불문한다.[57)] 가계약이나 구두계약도 무방하고, 상장회사와의 A&D를 추진하면서 주식의 매수, 회사간 합병 등에 관한 정보제공 및 비밀유지, 본 거래의 진행과 관련된 상호 합의사항 등에 관한 비밀유지계약도 A&D 추진이라는 중요한 정보에 접근할 수 있는 계약에 해당한다.[58)] 그리고 회사가 합병 또는 경영권양수도 계약을 체결하는 경우 등 기업간에는 통상 정식 계약을 체결하기 전에 양해각서(MOU)를 체결하는 경우가 많다. 양해각서는 쌍방의 의견을 미리 조율하고 확인하는 상징적 차원에서 이루어지는 것으로 법적 구속력이 없고, 위반하였을 경우에 도덕적 책임만이 따

---

55) 대법원 2010. 5. 13. 선고 2007도9769 판결.

56) 일본 엠·아이·씨 사건에서 계약은 중요사실을 전제로 체결된 것에 한정할 필요가 없다고 판시하였고(最高裁判所 2003. 12. 3. 宣告(商事法務 1696号, 2243頁), 이것이 일본의 다수설이다. 松本眞輔, 前揭書, 50頁.

57) 서울지방법원 2003. 6. 25. 선고 2002노9772 판결.

58) 서울지방법원 2003. 6. 25. 선고 2002노9772 판결(1심에서는 비밀유지계약은 계약에 포함되지 않는다고 하여 무죄를 선고하였다. 서울지방법원 2002. 9. 24. 선고 2002고단6146 판결); 한편, 일본직물가공 주식회사 사건의 판례에서도 M&A계약 교섭에 앞서 체결된 비밀유지계약을 '계약'에 포함시켰다. 最高裁判所 1999. 6. 10. 宣告 1998年 第1146号, 第1229号 判決.

를 뿐이므로 계약이라고 할 수 없다. 구 증권거래법 하에서는 양해각서가 계약의 범위에 포함되지 않아 규제할 수가 없었으나 자본시장법에서는 양해각서의 체결은 계약체결을 교섭하는 과정에 해당하므로 규제대상이 될 수 있다.

하급심에서 상장법인과 제3자배정 유상증자에 참여하는 신주인수계약을 체결한 자가 그 정보를 타인에게 이용하게 한 사건에서, 신주인수계약에 대한 이사회 결의가 서면결의로 부적법하기 때문에 동 계약은 이사회의 결의가 없으므로 무효이고, 한편 죄형법정주의의 원칙에 따라 당해 법인과 계약을 체결하고 있는 자에 해당하려면 그 계약은 유효하게 성립하여야 하므로 동 행위를 처벌할 수 없다고 판시한 사례가 있다.[59] 그러나 계약체결 과정에서 정보를 지득하여 이용행위를 한 경우 그 이후에 계약이 성립하지 않거나 무효가 되었다고 하더라도 미공개중요정보 이용행위의 성립에는 지장이 없다.[60] 왜냐하면 계약 성립과정에서 이미 정보접근의 우월적 지위가 인정되었고 그 정보를 거래에 이용하여 자본시장의 공정성과 투자자의 신뢰를 훼손할 위험이 발생함으로써 범죄가 성립하였고 그 이후 계약이 성립하지 않거나 무효가 되더라도 이미 범죄는 성립하여 그 불공정한 거래가 치유되지는 않기 때문이다. 미공개중요정보 이용행위는 추상적 위험범으로 자본시장의 공정성과 투자자의 신뢰를 훼손할 우

59) 서울중앙지방법원 2007. 7. 20. 선고 2007고합159 판결. 항소심(서울고등법원 2007. 10. 26. 선고 2007노1733 판결)에서는 동 정보가 중요정보가 아니라고 무죄선고를 하며 계약의 유효성 부분은 판단하지 않았음(2007도9769); 한편, 이사회의 결의 없이 현물출자계약에 의하여 신주인수를 하면서 그 인수인과 대리인이 그 정보를 이용한 경우에 준내부자로 보았으나(수원지방법원 2008. 8. 29. 선고 2008고합112, 116(병합)), 항소심(서울고등법원 2009. 1. 22. 선고 2008노2315)에서는 유효한 계약이 아니므로 준내부자가 될 수 없다는 취지로 판시하였으며 현재 대법원에서 재판 계류중(2009도1370)임).

60) 준내부자를 정하는 기준은 정보에 대한 접근가능성이 있기 때문이므로 당해 계약이 사법상 효력이 없더라도 정보에 대한 접근가능성이 있는 한 준내부자로 볼 수 있다. 同旨: 김건식·정순섭, 앞의 책, 284면.

려가 있으면 족하므로 반드시 계약이 유효하게 성립하여야 하는 것은 아니다.[61] 최근 대법원도 위 사례에서 원심을 파기하고 법인과 계약을 체결하여 중요정보에 접근할 수 있는 지위에 있으면 계약의 효력을 발생하기 위한 절차적 요건을 갖추지 않아도 규제대상이 된다고 판시하였다.[62]

(2) '계약을 체결·교섭 또는 이행하는 과정'의 의미

구 증권거래법에서는 '그 직무와 관련하여' 정보를 취득한 경우라고 규정하였으나, 자본시장법에서는 '계약을 체결·교섭 또는 이행하는 과정에서' 정보를 알게 된 경우라고 규정하고 있다. 회사와의 계약 관계나 그 체결 과정에서 비롯되는 지위로 인하여 내부정보에 특별히 접근할 수 있기 때문에 이들이 정보상의 이점을 이용하거나 남용하는 행위를 방지하기 위한 것이다. 미공개중요정보를 계약체결이나 이행 그 자체에서 알게 되는 경우뿐만 아니라 계약체결을 위한 준비·조사·교섭 등의 과정에서 알게 된 경우를 포함한다. 교섭과정이란 계약체결과는 구별되므로 그 계약이 체결되거나 결렬된 것이 확정된 때까지를 의미한다. 통상적으로는 그 계약의 내용 또는 그 계약을 체결하는 과정이나 체결된 계약을 이행하는 과정에서 회사와 함께 정보를 생성하거나 회사에 대한 실사 등의 방법으로 적극적으로 정보를 알게 되는 경우이지만 수동적으로 원내부자 등을 통하여

61) 결정정보를 결정하는 기관은 회사법 소정의 결정권한이 없지만 실질적으로 회사의 의사결정을 할 수 있는 자도 포함되는데 그 이유는 그 결정이 투자자의 투자판단에 영향을 미칠 수 있기 때문이며, 그 결정이 법률상 유효할 필요는 없고 예컨대 이사회의 소집절차나 결의내용에 하자가 있어 법률상 무효인 경우에도 그것이 투자자의 투자판단에 영향을 미치는 경우라면 중요결정에 해당한다고 해석하고 있다. 松本眞輔, 前揭書, 68~69頁.

62) 당해 법인과 계약을 체결하고 있는 자는 그 법인의 중요정보에 쉽게 접근할 수 있기 때문에 이를 규제하지 않으면 거래의 공정성 내지 증권시장의 건전성을 해할 위험성이 많기 때문이므로, 법인과 계약을 체결함으로써 중요정보에 접근할 수 있는 지위에 있게 되면 계약의 효력을 발생하기 위한 절차적 요건을 갖추지 않아도 규제대상이 된다고 판시하였다. 대법원 2010. 5. 13. 선고 2007도9769.

알게 되는 경우도 포함된다.

계약을 체결·교섭 또는 이행하는 과정의 의미는 그 정보에 접근할 수 있는 특별한 지위가 인정되는가의 관점에서 파악하여야 한다.[63] 그 계약내용과 정보내용과의 관련 정도는 그 특별한 지위의 정도를 판단하는 요소일 뿐이다. 계약의 내용이 회사의 중요한 업무를 처리하거나 중요한 정보를 생성하는 것으로 정보내용과 관련성을 갖고 있는 경우뿐만 아니라 계약의 내용이 정보의 내용과 관련성이 적거나 다른 경우, 예컨대 계속적인 거래계약이나 자문계약 관계가 지속되는 과정에서 그 계약의 내용과 관련이 없거나 적은 당해 회사의 중요정보를 알게 된 경우에도 규제대상이 될 수 있다.[64][65][66] 또

63) 당해 법인과 계약을 체결한 자와 관련하여 "계약에는 계약의 내용이나 종류, 계약형태, 이행시기, 계약기간의 장단 등을 불문하고 동 규정의 입법취지는 회사와의 일정한 관계에서 비롯되는 지위로 인하여 내부정보에 특별히 접근할 수 있기 때문에 이들이 정보상의 이점을 이용하거나 남용하여 증권거래를 한다면 이와 같은 정보를 알지 못하는 일반투자자의 희생하에 부당한 이득을 얻게 되므로 이를 방지하기 위한 것이다."라고 판시했다. 서울지방법원 2003. 6. 25. 선고 2002노9772 판결.

64) 일본의 신일본국토공업사건에서 동사의 부도정보를 그 회사와 금전소비대차계약을 체결하고 있는 A회사의 임직원이 이용한 것과 관련하여, 금전소비대차 계약을 직접 체결했던 A회사 임원은 당해계약의 이행에 관하여, 그리고 동 계약과 직접 관련성이 없었던 A회사 재무부장은 '직무에 관하여' 부도사실을 알게 된 것으로 인정하였다. 松本眞輔, 前揭書, 126頁.

65) 기업경영 등의 자문계약을 체결한 자가 당해 회사의 대표이사가 기술절도혐의 등으로 긴급체포된 사실을 직원으로부터 듣고 주식을 매도한 행위에 대하여 준내부자로서 유죄를 선고한 사례가 있는데(수원지방법원 2003. 7. 25. 선고 2003고단1044 판결), 계약내용과 정보의 내용이 전혀 다르지만 회사의 기업경영 등에 관한 자문에 있어 대표이사의 거취는 알 수 있을 것이라고 일반적으로 예측할 수 있으므로 그의 긴급체포 사실을 직무와 관련하여(자본시장법상 계약의 이행과정에서) 알게 된 정보에 해당한다고 본 것으로 볼 수 있다.

66) 일본 엠·아이·씨 사건에서, 상장회사와 IC카드 독점판매계약을 체결하게 된 비상장회사의 임원이 그 상장회사의 대표이사가 독점판매계약의 이행방법으로서 양 회사간 합병을 하기로 결정한 사실을 알고 주식을 매매한 사건에 있어 동 합병정보는 양 회사간 IC카드 독점판매계약의 이행과정에서 알게 된 것이라고 판시하였다. 最高裁判所 2003. 12. 3. 宣告(商事法務

한 그 계약 관계로 인하여 회사정보에의 접근가능성이 투자자들에 비해 높아서 특별한 지위에 있다고 할 수 있다면 원칙적으로 규제대상으로 된다.67)

그러나 예컨대 청소대행계약을 체결한 자가 그 계약을 이행하는 과정에서 당해 법인의 경영권이 양도된다는 사실을 우연히 알게 된 경우에는 그 계약 내용이 정보와 전혀 관련이 없고 일반적으로 그 계약자의 지위에서 동 정보에의 접근가능성을 예측하기 어렵기 때문에 준내부자가 된다고 할 수 없을 것이다. 또한 계약체결 교섭이나 이행의 과정에서 당해 법인을 방문하였을 때 우연히 사내에서 하는 이야기를 듣고 당해 법인의 정보를 알게 된 경우와 같이 단순히 물리적 접근에 기인한 경우에는 그 규제대상이 된다고 볼 수 없을 것이다.68) 그리고 형식적으로 계약의 이행이 끝났으나 그 이행이 불완전하거나 하자가 있어 문제가 있는 경우에는 실질적으로 이행이 완료되었다고 보기 어려우므로 계약을 이행하는 과정이라고 해야 할 것이다.69)

4. 대리인·사용인 등

법 제174조 제1항 제5호의 규정은 상장법인의 주요주주, 상장

1696号, 2243頁).

67) 상장회사에 투자한 은행의 직원으로부터 그 회사의 자금사정을 알아봐 달라고 부탁을 받은 그 회사의 전직 직원이 그 사정을 확인하여 알려준 사안에서 전직 직원은 은행 직원의 부탁을 받아 전달해준 것이므로 1차 정보수령자가 될 수 없고 은행직원은 투자계약에 따라 은행의 직무와 관련하여 그 정보를 알게 된 것이라고 판시한 사례가 있다. 서울중앙지방법원 2006. 8. 18. 선고 2006노1559 판결.

68) 木目田裕·山田將之, 前揭論文, 97頁.

69) 신일본국토공업사건에서 거래처가 신일본국토공업 회사로부터 동사가 발행한 어음의 부도정보를 지득하고 이를 이용한 경우에 거래처가 자기의 채무이행을 완료하였다고 하더라도 채무이행 후 채권확보책의 일환으로 부도정보를 파악한 이상 이행 과정에서 알게 된 것으로 보았다. 松本眞輔, 前揭書, 126頁 참조.

법인과 법령상 또는 계약상의 관계에 있는 자가 ① 자연인인 경우에는 그 대리인(법인인 경우에는 그 임직원 및 대리인), 사용인, 그 밖의 종업원을 ② 법인인 경우에는 그 임직원 및 대리인[70]을 규제대상으로 하고 있다. 이들은 대리권을 수여받거나 지시를 받아 업무를 처리하면서 정보에 우월적으로 접근할 수 있기 때문에 규제대상으로 하는 것이다. ①의 '대리인, 사용인, 그 밖의 종업원'과 ②의 '임직원 및 대리인'은 지휘·감독을 하는 주체가 법인이냐 개인이냐의 차이만 있을 뿐 그 범위는 같다(이하, '대리인·사용인등'이라 한다).

법인의 임직원은 정식의 고용계약을 체결한 자뿐만 아니라 그 법인의 대리인, 사용인 등이 자기의 보조자로 사용하고 있으면서 직접 또는 간접으로 법인의 통제·감독하에 있는 자도 포함하며,[71] 개인의 사용인, 그 밖의 종업원의 경우도 마찬가지이다. 비상장회사의 대리인이 상장회사와 교섭하여 업무제휴협정을 맺은 경우에, 그 대리인은 상장회사와 계약을 체결하고 있는 자의 대리인이 되고,[72] 어떤 법인의 임직원이 상장법인과 M&A 업무에 관한 용역계약을 체결한 경우에는 계약을 체결한 법인의 종업원이 되는 것이다.[73] 그리고 상장법인과 대리계약을 맺은 자는 법 제174조 제1항 제1호의 그 법인의 대리인이자 동시에 동항 제4호의 계약체결자에 해당한다.

대리인·사용인등은 미공개중요정보를 '그 직무와 관련하여' 알게 되어야 하는데 당해 법인의 임원등의 경우에 요구되는 직무관련성에 준하여 판단하면 될 것이다.

주요주주, 법령상 권한을 가진 자 또는 계약체결자 등이 법인인 경우에, 미공개중요정보와 관련된 담당 부서의 임원등이 아닌 다른

70) 행위주체가 법인인 경우, 그 법인의 대리인이 법인인 경우에는 그 임직원 및 대리인을 포함한다고 해석되지만 명확하게 규정할 필요가 있을 것이다.

71) 대법원 1993. 5. 14. 선고 93도344 판결, 서울중앙지방법원 2007. 2. 9. 선고 2006고합322 판결.

72) 수원지방법원 2008. 8. 29. 선고 2008고합112 판결.

73) 서울북부지방법원 2004. 9. 2. 선고 2004노484 판결.

임원등이 직무관련 등으로 중요정보를 지득하게 된 경우에 준내부자로서 규제대상이 된다고 본다. 법인 안에서 업무와 관련하여 전달될 가능성이 높고 그 정보는 해당 법인이 지득한 정보이므로 그 정보의 담당자만을 회사관계자로 규제할 이유가 없기 때문이다. 예컨대, 상장회사와 은행거래약정서등을 체결하고 있는 은행의 융자부분의 담당자가 거래약정서 등의 이행과 관련하여 그 상장회사의 결산정보를 같은 은행 내에서 주식의 매매 등을 담당하는 투자부서의 담당자에게 알려주어 그 투자부분의 담당자가 알게 된 경우이다. 논란의 소지를 없애기 위해 일본과 같이 명문의 규정을 둘 필요가 있을 것이다.[74]

Ⅱ. 정보수령자

1. 의 의

정보수령자란 회사관계자 및 전회사관계자로부터 미공개중요정보를 받은 자를 의미하며 진정신분범으로 규정하고 있다(법 제174조 제1항 제6호). 정보수령자는 미공개중요정보를 회사관계자로부터 받아야 하므로 그 이외의 자로부터 미공개중요정보를 받은 자는 규제대상이 아니다. 따라서 1차 정보수령자만이 규제대상이고 2차 이후의 정보수령자는 규제대상이 아니다.

정보수령자와 그 정보를 모르는 투자자 사이의 불공정한 정보격차의 이용도 자본시장의 공정성과 자본시장에 대한 투자자의 신뢰를

74) 일본은 회계장부열람등의 청구권을 갖는 주주 또는 계약체결자에 해당하는 법인의 다른 임원등(담당 임원등이 아닌 경우를 의미)이 그 직무에 관하여 중요사실을 지득하게 된 경우에는 회사관계자로서 규제대상이 된다는 규정을 두고 있다(金融商品去來法 제166조 제1항 제5호); 이는 관련된 법인이 알게 된 중요사실은 해당 법인 안에서 전달될 가능성이 높기 때문에 법인 내에서 전달을 받은 자는 해당 법인과 일체로서 취급되는 것이기 때문이다. 松本眞輔, 前揭書, 46頁.

떨어뜨리고, 이를 처벌하지 않으면 회사관계자가 직접 내부정보를 이용하지 않고 제3자로 하여금 그 정보를 이용하게 하는 탈법행위가 가능하므로 이를 규제하는 것이다.[75)][76)] 대법원은 위와 같은 탈법적 행동을 방지하기 위하여 정보수령자의 처벌은 필요하지만 정보의 전달과정에서 그 정보가 변질될 수 있으므로 통상 내부자와 특별한 관계에 있는 1차 정보수령자만을 처벌하는 것이 죄형법정주의에 부합한다고 하고 있다.[77)] 그러나 1차 정보수령자나 2차 이후의 정보수령자가 이용한 정보가 그 내용의 동일성이 유지되는 한 그 정보를 이용한 행위의 가벌성은 동일하므로 그 정보를 몇 단계를 거쳐 받았는가를 따질 필요가 있는지는 의문이다.[78)]

1차 정보수령자의 해당여부는 형식적으로 판단할 것이 아니라 실질적으로 판단하여야 할 것이다. 예컨대 A가 B에게 정보전달의 의사를 가지고 제3자를 통하여 전달한 경우에 B는 1차 정보수령자가 된다고 해석된다.[79)] 한편, 정보를 전달받았다고 하기 위해서는 정보를 요구하거나 이익 취득의 목적으로 들어야만 하는 것은 아니고 듣고 싶지 않았음에도 불구하고 '듣게 되었다' 정도면 족하다고 본다.[80)]

---

75) 대법원 2002. 1. 25. 선고, 2000도90 판결.

76) 松本眞輔, 前揭書, 55頁; 横畠裕介, 前揭書, 121頁.

77) 대법원 2002. 1. 25. 선고 2000도90 판결(신동방 사건).

78) 정보의 동일성이 유지되는 한 정보를 몇 단계를 거쳐 받았는지를 따질 필요없이 처벌하는 것이 상당하다. 조인호, "정보제공자책임과 정보수령자책임—대법원 1995. 6. 29. 선고 95도467 판결(바로크가구)과 대법원 2002. 1. 25. 선고 2000도90 판결—", 기업법연구 제23권 제1호 통권 제36호(2009. 3.), 373면.

79) 일신기선 사건에서 동 회사의 유상증자 등의 중요정보를 동사 대표이사의 사자(使者)를 통해서 전달받은 경우 1차 정보수령자로 보았다(東京簡易裁判所 1990. 9. 26. 略式命令). 松本眞輔, 前揭書, 56頁, 75頁; 타인을 통하여 정보를 전달시킨 경우 그 정보를 수령한 자는 1차 정보수령자로 해석함이 상당하다고 한다. 神崎克郎·志谷匡史·川口恭弘, 前揭書, 888頁.

80) 松本眞輔, 前揭書, 56頁.

2. 정보수령자의 책임

정보수령자는 회사관계자나 전회사관계자로부터 그들이 직무관련등으로 알게 된 공개되지 아니한 투자자의 투자판단에 중대한 영향을 미치는 정보를 받은 자이다.[81] 즉 정보수령자는 그 정보가 회사의 업무등에 관한 미공개중요정보인 사실, 정보제공자가 회사관계자이고 그가 그 정보를 직무관련등으로 알게 된 사실 등을 인식하면서[82] 회사관계자로부터 정보를 받아야 한다. 위 사실을 인식하지 못하거나 회사관계자가 아닌 자로부터 예컨대, 언론이나 회사관계자가 아닌 친구 등으로부터 정보를 수령한 경우 등에는 정보수령자가 되지 못한다.

한편, 법은 정보수령자를 회사관계자로부터 미공개중요정보를 '받은 자'로 정의하고 있기 때문에 그 표현의 반대 해석상 회사관계자는 고의에 의한 정보제공행위를 하여야 한다.[83] 즉 정보제공자는 상대방이 미공개중요정보를 이용하여 주식거래를 할 것이라고 예견하거나 할 수 있어야 한다.[84] 따라서 회사관계자의 이야기를 우연히 엿들은 경우에는 정보제공자의 정보전달의사가 없으므로 정보수령자가 될 수 없으며 이는 정보의 입수 수단이 위법이 아니더라도 규제대상에서 제외되는 경우이다.[85] 정보수령자가 정보제공자와 정보

81) 대법원 2003. 11. 14. 선고 2003도686 판결(화승강업 사건).

82) 미 연방대법원은 정보수령자에게 책임을 묻기 위해서는 객관적으로 정보제공자가 신인의무를 위반하여 정보를 전달하였고, 주관적으로 정보수령자는 정보제공자가 신인의무를 위반하면서 직접·간접적으로 자신의 개인적인 이익을 위하여 정보를 전달한 사실을 알았거나 알 수 있어야 한다고 하고 있다. Dirks v. SEC 463 U.S. 646(1983); 자본시장법은 미공개중요정보 이용행위를 신인의무위반으로 보지 않기 때문에 신인의무위반은 요건이 아니다.

83) 김건식, 증권거래법, 두성사(2000), 302면.

84) 회사관계자가 상대방에게 미공개중요정보를 제공하면서 상대방이 그 내용을 인식할 것이라는 정보제공의 의사가 있어야 한다. 松本眞輔, 前揭書, 56頁.

이용행위를 하지 않기로 거짓 약속한 후 그 정보를 받아서 이용한 경우 정보수령자의 이용행위는 처벌할 수 있으나 그 정보제공자를 처벌할 수는 없을 것이다.[86] 정보수령자는 정보제공자가 자신이 수령한 정보를 거래에 이용할 것이라는 것을 예견하였다는 사실까지 인식할 필요는 없다. 중요정보를 전달받을 때 이미 다른 경로를 통해서 그 사실을 알고 있었거나 중요사실의 일부를 전달 받은 경우에도 규제대상이 될 수 있는데 이 경우 이미 알고 있거나 일부 지득한 정보와 거래행위 사이에 상당인과관계가 있어야 할 것이다. 정보수령자이더라도 회사관계자에 해당하는 경우에는 후자의 지위에서 규제된다.[87]

3. 정보수령자의 범위

특정한 회사정보를 담당하거나 그 정보업무가 직무와 관련이 있는 회사관계자들 사이에서의 정보전달은 그들 사이에서의 의사전달일 뿐이지 정보수령자에 대한 정보전달이라고 할 수 없다. 상장법인의 임원이 하부직원으로부터 정보를 보고받거나 상장법인의 대표이사가 M&A 결정을 한 후 업무담당자에게 그대로 시행할 것을 지시한 경우에, 보고받는 임원이나 지시받은 직원이 형식적으로는 정보수령자로 보이지만 실제는 직무와 관련하여 동 정보를 알게 되는 것이기 때문이다.

---

85) 내부자 또는 준내부자의 정보제공의사(전달의사)가 없는 상태에서 그들이 가진 중요사실을 알게 된 자는 정보수령자에 포함되지 않는다. 神崎克郎·志谷匡史·川口恭弘, 前揭書, 888頁.

86) 회사관계자가 중요사실을 타인에게 전달하는 것 자체는 범죄가 아니지만, 그 정보를 수령한 자가 내부자거래를 행할 것임을 알고도 당해 중요사실을 다른 자에게 전달하는 경우, 정보수령자가 행한 내부자거래에 관하여 교사 또는 방조로서의 범죄가 성립될 수 있다. 神崎克郎·志谷匡史·川口恭弘, 前揭書, 890頁.

87) 일본은 정보수령자의 범위에서 회사관계자를 제외하는 규정을 두고 있다(金融商品去來法 제166조 제3항).

상장법인의 주요주주나 상장법인과 법령상 또는 계약상의 관계가 있는 자가 법인인 경우에, 그 정보와 관련된 담당 부서의 임원등이 아닌 다른 임원등이 직무와 관련하여 그 정보를 알게 되더라도 준내부자로서 규제된다고 할 것이다. 정보제공자가 특정인의 지배하에 있는 사용인 기타 종업원에게 정보를 전달하였으나 그 특정인에게 전달할 의도인 경우에는 그 특정인을 정보수령자로 보아야 한다. 그 정보를 직접 받은 자는 단순한 심부름꾼이거나 정보전달 수단에 불과하기 때문이다.

회사관계자가 법인인 경우에는 그 소속 직원을 회사관계자로 포함하는 규정은 있으나 정보수령자가 법인인 경우에는 그 소속 직원을 정보수령자로 포함하는 규정을 두고 있지 않다. 그러나 회사관계자가 타법인에게 정보전달의 의사로 그 법인의 담당 직원에게 정보를 전달한 경우 그 정보를 받은 담당자뿐 아니라 그로부터 정보를 알게 된 자는 모두 1차 정보수령자로 봄이 타당하다. 정보전달자는 법인에게 정보를 제공한 것이고 이들은 법인의 업무를 담당하는 자이기 때문이다. 그러나 이때 1차 정보수령자의 범위를 법인 내 모든 임직원으로 볼 것이 아니라 법인의 소속 임원등이 직무와 관련하여 정보를 수령한 경우에 한해야 할 것이다. 법인의 정보수령행위가 되려면 그에 속한 임원등이 그 직무에 관하여 정보를 수령하거나 알게 되어야만 법인의 행위로서 인정될 수 있고 법인에 대한 정보제공자의 의사도 전 직원이 아니라 정보담당 관련자의 범위로 보는 것이 자연스럽기 때문이다.[88] 일본은 이에 대한 규정을 두고 있

88) 회사의 홍보이사가 무세제세탁장치의 상용화 개발성공이라는 호재성 정보 보도자료를 신문사에 팩스로 보냈고 그 팩스를 받은 기자가 상급자에게 보고하고 상급자가 그 정보를 동생에게 주어 거래에 이용한 사안에서 그 상급자를 1차 정보수령자로 보았다. 대법원 2002. 1. 25. 선고 2000도90 판결; 이때 그 전달된 정보와 직무관련이 있는 임직원, 예컨대 신문의 편집, 교정, 인쇄 등의 업무를 담당하는 임직원 등에 한정하여 1차 정보수령자로 인정하는 것이 타당하다.

는바,[89][90] 향후 다툼의 소지를 없애기 위해 규정을 둘 필요가 있다.

---

89) 일본 金融商品去來法 제166조 제3항 참조.

90) 정보수령자가 법인인 경우 그 정보수령 담당 임원이 아닌 다른 임원과 관련한 사례로서, 일본의 대일본토목회사 사건에서, "일본토목회사와 UFJ은행 나고야 지점이 은행거래약정을 체결하였는데, UFJ 나고야 지점 영업부장 A가 대일본토목회사의 민사재생개시절차 신청 정보를 계약의 이행과정에서 지득하고, UFJ은행 동경 본부 기획부 B가 직무에 관하여 그 정보를 지득한 후 이를 기부은행의 임원 C에게 전달해 주었는데, 기부은행과 업무위탁계약을 체결하고 있던 회사에서 기부은행으로 파견된 사원 D가 직무와 관련하여 그 정보를 지득하고 대일본토목 주식을 공매도한 사안인 바, D는 정보수령자인 기부은행의 다른 임원으로 처벌되었다. 이때 A는 계약체결자인 UFJ은행의 임원, B는 계약체결자인 UFJ은행의 다른 임원으로 회사관계자의 지위에 있게 되고, C는 회사관계자인 B로부터 정보를 전달받은 기부은행의 정보수령자이다."라고 판시하면서 이 사건에서 피고인 D는 지인인 E에게 이익을 얻게 하려고 E에게 정보를 전달하여 2차 정보수령자인 동인으로 하여금 동 주식을 공매도시켰는데, 피고인 D는 1차 정보수령자의 이용행위로 처벌하였다. 名古屋地方裁判所 2004. 5. 27. 宣告(平山幹子, 前揭論文, 86~88頁 참조).

제 3 절 규제대상정보

Ⅰ. 회사정보의 의의 및 종류

1. 의 의

자본시장법은 미공개중요정보를 3가지 기준으로 규정하고 있는데 첫째 정보의 내용이 당해 법인의 업무등과 관련된 중요한 정보이어야 하고 둘째 그 정보가 투자자의 투자판단에 중대한 영향을 미칠 수 있는 정보이어야 하며 셋째 공개되지 않은 정보여야 한다. 그런데 일반적으로 정보를 회사내부정보와 회사외부정보로 분류하고 있다. 이 책에서는 실무에서 중요하게 다루어지는 정보를 기준으로 정보를 그 생성원인, 정보의 내용, 호재성인지 여부 등에 따라 분류하며 설명한다.

2. 발생정보와 결정정보

상장법인에 대한 정보는 정보 생성의 원인이 당해 법인의 의사에 기인한 것인지의 여부에 따라 결정정보와 발생정보로 분류해 볼 수 있다. 결정정보는 당해 법인의 의사에 의해서 생성되는 정보, 예컨대 자본의 증가 또는 감소에 관한 이사회 결의 등과 같은 정보이다. 발생정보는 당해 법인의 의사와는 상관없는 정보, 예컨대 회사내에 발생한 대형 화재사고 등과 같은 정보이다. 자본시장법 제161

조의 주요사항보고서를 제출해야 될 사유에 해당하는 사항이나 유가증권시장공시규정이나 코스닥시장공시규정의 주요경영사항[1]이나 수시공시사항은 당해 법인에 대하여 중요하다고 인정되는 사항을 신고·공시대상으로 규정하고 있다. 자본시장법은 중요정보의 개념과 신고·공시사항의 개념을 단절하고 있으나, 그 신고·공시사항은 원칙적으로 정보의 중요성의 한 요소라고 할 수 있는 정보의 중대성에 해당될 수 있는 사항들이다.

그런데 위 규정내용을 보면 일본의 경우와 같이 명확하게 발생사실과 결정사실로 나누지는 않고 있으나, 당해 법인의 의사결정에 기인한 사항과 당해 법인의 의사와 상관없이 당해 법인에 대하여 발생한 사항을 '~결정이 있는 때', '~발생한 때', ' ~사실 또는 결정이 있은 때' 등으로 규정하고 있다. 그렇다면 발생정보이건 결정정보이건 그 정보내용이 당해 법인과 관련된 중요사항이면 당해 법인의 중요정보에 해당될 수 있다.

그리고 중요정보의 성립시기와 관련하여 볼 때 대부분의 경우 결정정보는 그 결정전에, 발생정보도 발생했을 때나 발생가능성을 예측할 수 있을 때 중요정보가 되므로 결정정보나 발생정보보다는 결정예정정보 또는 발생예정정보가 중요정보가 되는 경우가 많을 것이다. 결정정보는 중요한 사항의 결정 그 자체뿐만 아니라 그 사항을 진행하는 것이나 관계되는 것에 대한 결정시에 중요정보가 생성된다.[2]

한편, 거래처로부터 거액의 청구소송을 제기당하는 경우 그 정보는 거래처 회사관계자의 의사에 의해서 생성된 결정정보이지만 당해 법인의 입장에서 보면 당해 법인의 의사와는 상관없이 당해 법인에 발생한 것이므로 발생정보에 해당한다. 대형 화재가 외부요인에

---

1) 유가증권시장공시규정 제7조, 코스닥시장공시규정 제6조 참조.
2) 最高裁判所 1999. 6. 10. 宣告, 1998年 第1146号, 第1229号 判決.

의하여 발생하였지만 당해 법인에 관한 중요한 정보이듯이, 위 소송 제기 정보도 회사외부자의 결정으로 생성된 정보이지만 당해 회사의 입장에서는 당해 법인에 관한 중요한 정보이다. 즉 당해 법인에 관한 정보는 반드시 당해 법인의 내부에서 결정한 정보에 한하는 것이 아닌 것이다. 그 정보의 내용이 당해 회사의 '업무등'에 관한 것이면 자본시장법상의 규제대상 정보가 되는 것이다.

3. 업무정보와 시장정보

정보는 정보원(source of information)이 외부요인인지 내부요인인지에 따라 내부정보와 외부정보로 분류할 수 있다. 내부정보는 특정 회사의 내부로부터 기원한 정보이고 외부정보란 발행인, 그 임직원 또는 대리인으로부터 직접·간접적으로 유래되지 않은 정보를 의미한다. 외부정보는 다시 회사외부정보(outside corporate information)와 시장정보(outside market information)로 나눌 수 있는데, 전자는 외부정보 중에서 그 회사의 자산이나 수익력에 영향을 미치는 사건이나 사정에 관한 정보를 말한다. 후자는 외부정보 중에서 그 회사의 자산이나 수익력에는 영향을 미치지 않으나 그 회사의 증권가격에는 영향을 미치는 사건이나 사정에 관한 정보를 말한다.[3] 내부정보는 이사회의 신주발행 결정이나 회사 내의 대형 화재발생 등과 같이 회사 내부에서 발생하거나 회사 내부요인에 의해 발생한 것이고, 회사외부정보는 타 회사로부터의 거액의 청구소송 피소 등 당해 회사의

---

3) ABA committee on Federal Regulation of Securities, Report of the Task Force on Regulation of Insider Trading, Part 1: Regulation under the Antifraud Provisions of the Securities Exchange Act of 1934, 41 BUS. LAW. 223, 229(1985); William K. S. Wang, Trading on Material Non-public information on Impersonal Stock Markets: Who is Harmed, and Who Can Sue Whom Under SEC Rule 10b-5, 54 S. CAL. L. REV. 1217, 1290(1980); 조인호, "외부정보를 이용한 내부거래자의 규제에 관한 소고", 증권법연구 제6권 제2호(2005), 115면 재인용.

업무등과 관련된 것이지만 회사 외부요인으로 발생한 정보이며, 시장정보는 순전히 외부에서 당해 회사의 증권의 수급이나 가격변동에 영향을 미치는 정보, 예컨대, 당해 회사에 대한 공개매수의 실시나 중지, 당해 회사 대주주의 소유주식의 양도, 기관투자자의 당해 회사 주식에 대한 대량 매매 주문 등이다. 일정 분야의 업종에 대한 정부지원이나 금리인상 등은 정책정보라고 하는데 넓은 의미의 시장정보에 포함시킬 수 있을 것이다.[4]

자본시장법이 규제하는 정보를 살펴보면 당해 법인에 대하여 법령상의 권한을 가진 자인 행정관청이 대규모 건축허가를 해주기로 결정하는 경우에는 그 정보는 회사외부정보이고, 상장법인과 합병계약을 체결하거나 그 교섭중인 경우처럼 준내부자가 상장법인과 함께 정보를 생성하는 경우에는 회사외부요인과 내부요인이 결합되어 있지만 회사내부정보로 볼 수 있을 것이고, 계열회사는 당해 법인과 별개의 법인이므로 계열회사의 정보는 회사외부정보이다.

한편, 상장법인의 업무등에 관한 정보인 업무정보에는 회사내부에서 생성되거나 발생한 (회사)내부정보와 앞서 설명한 바와 같이 회사 외부에서 당해 법인에 대하여 생성된 회사외부정보도 포함된다. 내부정보에는 결정(예정)정보나 발생(예정)정보가 있지만 외부정보는 그 정보의 객관적 성질이 발생정보이건 결정정보이건 당해 법인의 의사와는 무관하게 생성된 것이므로 당해 법인에 대하여는 모두 발생정보나 발생예정정보이다. 그리고 자본시장법은 업무정보 외에 시장정보는 예외적으로 별도의 규정을 두어 규제하고 있으므로 시장정보는 '당해 법인의 업무등에 관한 정보'에 포함된다고 볼 수 없다. 나아가 정책정보도 규제대상이 아니다.[5]

4) 한편, 2003 EU지침, 영국, 독일 등은 증권발행인에 관한 정보와 증권에 관한 정보로 나누는데 회사정보와 시장정보에 대응된다.

5) 일본은 포괄조항에서 발행자의 운영, 업무 또는 재산에 관한 중요한 사실만을 중요사실로 하고 있기 때문에 외부에서 발생하는 정보가 중요사실에

자본시장법상 업무정보에 관한 한 외부정보와 내부정보는 그 정보원이 외부요인이냐 내부요인이냐의 차이만 있을 뿐이고 미공개중요정보 이용행위의 성부에 영향을 주는 것은 아니다. 따라서 회사정보를 당해 법인의 업무등에 관한 업무정보와 당해 법인의 업무등과 관련이 없으나 증권의 수급 등에 영향을 미치는 시장정보로 구분하는 것은 의미가 있다.

4. 호재성 정보와 악재성 정보

투자자의 투자판단에 영향을 미칠 수 있는 정보 중 현실적으로 그 정보의 내용이 투자자가 특정증권등을 매수 또는 취득하는 방향으로 결정하는 것이 호재성 정보이고 보유하는 특정증권등을 매도 또는 처분하는 방향으로 결정하는 것이 악재성 정보이다. 거래행위에 취득과 처분을 모두 포함하고 있기 때문에 호재성 정보와 악재성 정보가 모두 중요정보가 될 수 있음은 당연하다. 양자의 구별은 실무적으로 행위자의 매매행태와 미공개정보의 이용 여부를 판단하는 데 중요한 요소가 되고 정보내용과 반대 방향의 거래를 한 경우 인과관계의 유무, 이용행위의 성부 그리고 정보의 방향성에 대한 착오 등이 문제된다.

일반적으로 동일한 정보라도 여러 가지 상황에 따라 호재성 정보일 수도 있고 악재성 정보일 수도 있으나 판례에서 인정한 호재성 정보와 악재성 정보를 보면 다음과 같다. 먼저 호재성 정보에는 상장기업이 주식교환방식에 의한 인수·합병(A&D)을 추진한다는 정보,[6] 자사주 취득과 해외신주인수권부사채를 발행한다는 정보,[7] 상

해당할지가 분명하지 않다. 외부정보라 할지라도 발행자의 운영, 업무 또는 재산에 관한 것이면 포괄조항을 적용할 수 있지만 애널리스트의 구매추천 같은 특정 증권에 관한 정보나 그 외 증권의 일반에 관한 정보는 포함되지 않는다고 해석한다. 黑沼悅郎, 前揭論文, 43頁.

6) 대법원 2006. 5. 12. 선고 2004도491 판결; 대법원 2006. 5. 11. 선고 2003도4320 판결.

장법인의 경영권을 양도한다는 정보,[8] 상장법인이 신규장치를 개발하여 시연회를 한다는 정보,[9] 상장회사의 추정 영업실적이 전년도에 비하여 대폭으로 호전되었다는 정보,[10] 주식교환을 통한 합병 정보[11] 등이 있다.

그리고 악재성 정보에는 적자가 누적됨에 따라 재무구조가 급속히 나빠져 특단의 조치를 취하지 않을 경우 유동성 부족으로 부도가 염려될 정도라는 경영상황에 대한 정보,[12] 상장법인이 자본감소를 한다는 정보,[13] 상장법인 등이 발행한 어음 또는 수표가 부도처리될 것이 거의 확실시된다는 정보,[14] 자회사의 화재로 손실을 입고 연도말 적자가 발생한다는 정보,[15] 회계장부상으로는 흑자가 발생하고 있는 것으로 되어 있으나 실제로는 누적된 적자와 대규모 공장의 신축으로 인한 자금의 수요 등 때문에 어음 수표가 부도로 될 정도로 극심한 자금난에 시달리고 있다는 정보,[16] 계열회사의 수익성 악화 정보,[17] 자금사정 악화에 따른 화의개시신청 정보,[18] 경영진의 긴급체포 정보,[19] 회사자금 횡령 정보[20] 등이 있다.

---

7) 대법원 2004. 3. 26. 선고 2003도7112 판결.
8) 대법원 2003. 11. 14. 선고 2003도686 판결(화승강업사건).
9) 대법원 2002. 1. 25. 선고 2000도90 판결.
10) 대법원 1995. 6. 29. 선고 95도467 판결.
11) 서울고등법원 2007. 6. 7. 선고 2007노495 판결.
12) 대법원 2008. 11. 27. 선고 2008도491 판결.
13) 대법원 2007. 7. 26. 선고 2007도4716 판결.
14) 대법원 2000. 11. 24. 선고 2000도2827 판결.
15) 대법원 1995. 6. 30. 선고 94도2792 판결.
16) 대법원 1994. 4. 26. 선고 93도695 판결.
17) 서울지방법원 2003. 5. 14. 선고 2003노1891 판결.
18) 청주지방법원 2008. 5. 7. 선고 2008노195 판결.
19) 수원지방법원 2003. 7. 25. 선고, 2003고단1044, 1999(병합) 판결.
20) 서울고등법원 2007. 5. 10. 선고 2007노322 판결.

Ⅱ. 상장법인의 업무등과 관련된 정보

1. 의 미

자본시장법은 규제대상 정보를 상장법인의 업무등에 관련된 정보라고 규정하고 있는데 상장법인의 의미와 '업무등에 관한'의 의미와 그 범위를 살펴본다.

가. 상장법인의 개념

자본시장법에서는 증권시장에 상장된 증권을 발행한 법인을 상장법인이라고 규정하고 있고(법 제9조 제15항 제1호) 증권시장은 종전의 증권시장과 코스닥시장으로 나누고 있으므로 상장법인에는 증권시장 상장법인과 코스닥시장 상장법인을 포함한다.[21] 상장법인에는 '6개월 이내에 상장하는 법인'인 상장예정법인도 포함된다. 원래 비상장법인은 상장법인과는 달리 발행시장이나 유통시장에서의 증권 거래의 공정성이나 투자자 보호의 문제가 발생할 여지가 적어 규제대상에서 제외된다. 그러나 상장이 조만간 예정되어 있는 비상장법인의 경우 상장 전에 그 상장정보를 이용하여 주식거래를 한 후 상장 후에 차익을 실현하는 불공정거래 가능성이 있을 수 있기 때문에 규제대상으로 하는 것이다.

나. 업무정보

'공시 또는 거래 포기'의 원칙을 고려할 때 그 규제대상 정보가 공시대상 사항과 밀접한 관련이 있으므로 공시규정과의 관계 속에서 '업무등'에 관한 의미를 파악하는 것도 의미가 있다. 기업공시는 상장법인으로 하여금 발행한 금융투자상품의 내용이나 발행법인의 재산 및 경영상태 등 투자자의 투자판단에 필요한 기업내용을 신속·

21) 구 증권거래법에서는 유가증권시장에 상장된 증권의 발행인을 상장법인, 코스닥시장에 상장된 증권의 발행인을 코스닥상장법인이라고 하였다(구 증권거래법 제2조 제13항 제1호, 제215조 제15항).

정확히 공시하게 함으로써 투자자가 금융투자상품이나 발행법인의 실태를 정확하게 파악하고 자신의 자유로운 판단과 책임하에 투자결정을 하도록 함으로써 금융투자상품 거래의 공정성을 확보하고 투자자를 보호하기 위한 것이다.[22)]

자본시장법은 주요사항보고서 제출 사유를 열거하면서 제161조 제9호에서 '그 밖에 그 법인의 경영·재산 등에 관하여 중대한 영향을 미치는 사항으로 대통령령으로 정하는 사실'이라고 규정하고, 시행령 제171조 제2항 제5호에서 '그 밖에 그 법인의 경영·재산 등에 관하여 중대한 영향을 미치는 사항으로 금융위원회가 정하여 고시하는 사실'이라고 규정하고 있다.[23)] 그 외 유가증권시장공시규정 및 코스닥공시규정에도 신고 또는 공시사항으로 주요경영사항에 해당하는 사실들을 규정하고 있다.[24)] 즉 공시의 대상은 '당해 법인의 경영·재산 등' 기업내용에 관하여 '중대한 영향을 미치는 사항'이다.

한편, 공시의 대상인 법인의 경영·재산 등에 관하여 중대한 영향을 미치는 사항은 일반적으로 통상의 투자자들의 투자판단에도 중대한 영향을 미친다. 따라서 '상장법인의 업무등'에 관한 중요한 정보는 '상장법인의 경영·재산 등'에 관한 중요한 정보라는 의미로 파

22) 임재연, 앞의 책, 516면.

23) 구 증권거래법은 상장법인의 신고·공시의무 사항으로 제186조 제1항 제13호에서 '제1호 내지 제12호 외에 법인의 경영·재산 등에 관하여 중대한 영향을 미칠 사항으로서 대통령령이 정하는 사실'이라고 규정하고, 시행령 제83조 제3항 제8호에서 '법 제186조 제1항 제1호 내지 12호와 제1호 내지 7호 외에 증권의 공정거래와 투자자보호를 위하여 필요한 사항으로 금융감독위원회가 정하는 사실' 이라고 규정하였으나, 자본시장법에서는 상장법인의 신고·공시의무에 관한 사항의 대부분을 한국거래소의 업무로 이관하였다. 이는 공적 규제대상을 최소화하고 회사존립, 조직재편성, 자본증감 등에 한하여 주요사항보고 항목으로 지정하여 금융위원회에 신고하도록 한 것이다. 금융감독원, 기업공시실무안내(2009. 6.), 123면.

24) 유가증권시장공시규정이나 코스닥시장공시규정은 공시대상을 주요경영사항으로 규정하고 구체적으로 영업 및 생산활동, 재무구조, 기업경영활동 분야로 나누어 규정하고 있다.

악해도 무리가 없을 것이다.[25] 그리고 자본시장법의 규정체계상 '업무 등'에는 당해 법인의 경영·재산과는 관련이 없는 당해 법인의 증권의 수급에 관한 정보인 시장정보나 정책정보는 포함되지 않는다고 해석된다.[26] '업무'가 아닌 '업무등'으로 규정하고 있기 때문에 '업무등'의 범위에는 시장정보가 포함될 수 있다는 주장도 가능하나, 자본시장법은 일반적인 미공개중요정보 이용행위의 규제 규정 이외에 별도의 규정으로 공개매수정보나 주식등의 대량취득·처분 정보를 거래에 이용한 행위를 규제하고 있음에 비추어 시장정보는 '당해 법인의 업무등에 관한 정보'에 포함된다고 볼 수 없다. 따라서 특별한 규정이 없는 한 시장정보나 정책정보는 자본시장법상의 규제대상 정보가 아니다.[27] 그렇다면 '업무등'이란 법인의 경영·재산과 직접 또는 간접적으로 관계되거나 그에 준하는 것으로 해석할 수 있을 것이다.

---

25) '업무등'을 대체로 '재산상태나 경영실적'의 의미로 보면서 회사내부정보와 회사외부정보를 모두 규제범위에 포함시키고 있다. 김건식, 앞의 논문, 169면.

26) '업무등'이라고 규정되어 있지만 업무 외에 다른 사정과 관련된 정보도 포함된다고 해석하면 지나치게 책임범위가 넓어지게 되므로 부당하고, 업무 외에 가격에 영향을 줄 수 있는 시장정보는 내부정보가 아니다. 임재연, 앞의 책, 716면; 시장정보는 특정회사의 업무 등과 관련성이 없으므로 규제대상이 되는 회사정보에 포함되지 않는다. 손성, "내부자거래 규제에 관한 연구-자본시장통합법을 중심으로", 상사법연구 제27권 제2호(2008), 34면.

27) 일본도 우리나라와 같이 공개매수나 의결권 있는 주식 총수의 100분 5 이상을 취득하는 대량매집의 경우에만 별도의 규정을 두고 있는데, 이에 대하여 증권의 수급에 관한 시장정보는 투자자의 투자판단에 영향을 미치는 정보이지만 규제대상을 객관적으로 명확히 하기 곤란하고 증권의 수급과 관련된 증권회사의 업무의 적정을 확보하기 위한 규제수단을 상당 정도 확보할 수 있기 때문에(예컨대, 증권회사 임직원의 직무상의 지위를 이용하여 고객의 증권 매매등에 관한 주문 동향에 기초하여 또는 오로지 투기적 이익 추구 목적으로 하는 매매를 금지한다) 金融商品去來法 제42조 제1항 10호, 행위규제부령 제4조 제5호에 의하여 원칙적으로 규제대상으로 하고 있지 않으며, 정부 등의 경제정책이나 산업정책에 관한 정보도 증권의 가격에 영향을 미치는 정보이나 개별 증권의 가격에 미치는 영향은 간접적인 영향에 그치므로 규제 필요성까지는 인정되지 않는다고 해석하는 견해가 있다. 松本眞輔, 前揭書, 11頁; 横畠裕介, 前揭書, 12～13頁.

한편, 법인의 경영·재산 등에 관하여 중요한 영향을 미치는 사항 중에는 회사내부정보에 해당하는 사항뿐만 아니라 회사외부정보에 해당하는 사항[28]들이 다수 규정되어 있는데 그 내용은 부도, 거

---

28) 첫째 금융위원회 보고대상 중에서 회사외부정보에 해당하는 중요사항으로는 '발행한 어음 또는 수표가 부도로 되거나 은행과의 당좌거래가 정지 또는 금지된 때'(법 제161조 제1항 제1호)가 있다.
 둘째 거래소의 공시대상 중 유가증권시장상장법인에 대해서는 유가증권시장공시규정 제7조 제1항 및 제25조 제1항의 공시사항 중 회사외부정보에 해당하는 중요사항은 다음과 같다(코스닥시장공시규정도 거의 동일함).
 -유가증권시장공시규정 제7조 제1항
 최근 사업연도 매출액의 100분의 10 이상에 해당하는 영업 또는 주된 영업의 일부 또는 전부가 정지되거나 그 정지에 관한 행정처분이 있은 때(1.가) / 최근 사업연도 매출액의 100분의 10(대규모법인의 경우 100분의 5) 이상을 차지하는 거래처와의 거래가 중단된 때(1.나) / 해당국 증권감독기관 또는 증권거래소로부터 매매거래정지, 상장폐지, 그 밖의 조치를 받은 때 및 상장폐지된 때(2.가.(7).(다)) / 발행한 어음이 위·변조된 사실을 확인한 때(2.가.(9)) / 천재·지변·전시·사변·화재 등으로 인하여 최근 사업연도말 자산총액의 100분의 5(대규모법인의 경우 1,000분의 25) 이상의 재해(최근 사업연도말 재무제표상의 가액을 기준으로 한다)가 발생한 때(2.라.(1)) / 자기자본의 100분의 5(대규모법인의 경우 1,000분의 25) 이상의 벌금·과태료·추징금 또는 과징금 등이 부과된 사실이 확인된 때(2.라.(2)) / 감사의견 부적정, 의견거절 또는 감사범위의 제한으로 인한 한정(2.마.(1).(가)) / 회계감사인의 반기검토보고서상 검토의견이 부적정 또는 의견거절인 때(2.마.(2))/ 해당 법인이외부감사 및 회계 등에 관한 규정 제56조 제1항에 따라 증권선물위원회로부터 검찰고발 또는 검찰통보 조치된 사실을 통보받은 때와 그 결과가 확인된 때(2.마.(6)(가)) / 해당 법인이 회계처리기준 위반행위를 사유로 검찰에 의하여 기소되거나 그 결과가 확인된 때(2.마.(6)(나)) / 발행한 어음 또는 수표가 부도로 되거나 은행과의 거래가 정지 또는 금지된 때(3.나.(1)) / 법원으로부터 회생절차 개시·종결 또는 폐지, 회생절차 개시신청 기각, 회생절차 개시결정 취소, 회생계획 인가·불인가 등의 결정사실을 통보받은 때(3.나.(2).(가)) / 법원으로부터 파산선고 또는 파산신청에 대한 기각 결정 사실을 통보 받은 때(3.나.(2).(나)) / 거래은행 또는 채권금융기관이 법인의 경영관리 또는 공동관리를 개시·중단 또는 해제하기로 결정한 사실이 확인된 때(3.나.(4)) / 주채권은행 또는 채권금융기관협의회로부터 회생절차·해산·청산 또는 파산신청을 요구받은 때(3.나.(6)) / 해당 증권시장주권상장법인에 대하여 다음의 소송 등의 절차가 제기·신청되거나 그 소송 등이 판결·결정된 사실을 확인한 때. 다만, (4)의 경우에는 소송의 제기(상소를 포함한다)·허가신청, 소송허가 결정, 소송불허가 결정, 소취하(상소취하를 포함한다)·화해·청구포기(상소권포기를 포함한다)의 허가신청·

래정지, 상장폐지, 소송제기 등 당해 법인의 업무등과 매우 밀접하게 관련되어 있다. 이러한 회사외부정보도 앞서 언급한 바와 같이 당해 법인의 업무등에 관한 정보인 회사정보이다. 이 경우 회사내부정보의 경우에는 당해 법인의 임원등이 그 정보를 직무와 관련하여 알게 된 경우로 해석하는 데 어려움이 없으나, 회사외부정보의 경우에는 당해 법인의 임직원등이 그 정보를 직무와 관련하여 알게 된 경우가 있을까. 왜냐하면 당해 법인의 임원등은 외부에서 생성한 소송제기 정보를 그 거래처나 법원으로부터 통지받아 알게 되므로 정보수령자의 지위에 있다고 할 수 있기 때문이다. 그러나 당해 법인의 임원등이 그 사실을 통지받기 전에 스스로 거래처의 소송제기 예정 사실을 알았던 경우이건 거래처나 법원으로부터 그 정보를 직무와 관련하여 통보받은 경우이건 통상의 투자자에 비하여 그 정보에 접근하거나 지득할 수 있는 특별한 지위에 있는 것은 마찬가지이고 앞서 언급한 바와 같이 '알게 된'의 의미에는 정보수령도 포함되어 있다. 따라서 당해 법인의 직원이 자신의 직무와 관련하여 그 사실을 통지받으면 당해 법인에 그 정보가 발생하였고 직무와 관련하여

결정 및 판결의 사실 등을 확인한 때 / 증권시장주권상장법인이 발행한 상장 또는 상장대상 증권의 발행에 대한 효력, 그 권리의 변경 및 그 증권의 위조 또는 변조에 관한 소송(3.다.(1)) / 청구금액이 자기자본의 100분의 5(대규모법인의 경우 1,000분의 25) 이상인 소송 등(3.다.(2)) / 임원의 선임·해임을 위한 소수주주의 법원에 대한 주주총회 소집허가 신청, 임원의 선임·해임 관련 주주총회결의의 무효·취소의 소, 임원의 직무집행정지가처분 신청 등 임원의 선임·해임 또는 직무집행과 관련한 경영권분쟁 소송(3.다.(3)) / 증권관련 집단소송법에 따른 소송(3.다.(4)) 등.

-유가증권시장공시규정 제25조 제1항

상장외국법인이 주식의 양도제한, 상장외국법인의 국유화 등 해당 상장외국법인 또는 그 주주에게 중대한 영향을 미치는 외국 법령 등이 변경된 때(3호) / 상장외국법인이 상장외국법인의 주식등에 대하여 본국(제3국 증권거래소에 상장된 경우에는 제3국을 포함한다)에서 공개매수 또는 안정조작 등이 행해지는 때(4호) / 상장외국법인이 외국의 증권관계기관 또는 상장증권거래소로부터 관계법규 위반으로 조치를 받은 때 또는 매매거래정지·정지해제, 상장폐지 등의 조치를 받은 때(5호) 등.

그 정보를 알게 된 것이다. 정보는 거래처가 소송제기를 결정할 즈음에 생성된 것이나 당해 법인 임원등은 그 이후에 그 사실을 알게 되는 것이다.[29] 이때 직무관련 없이 동 정보를 취득한 직원은 정보수령자의 지위가 될 것이다.

2. 규제대상 정보의 범위

상장법인에 관한 미공개의 회사내부정보를 회사관계자가 이용한 경우나 회사관계자로부터 그 정보를 수령한 자가 그 정보를 거래에 이용한 경우에는 미공개중요정보 이용행위로 처벌할 수 있는 것은 당연하다. 그리고 회사 외부정보이더라도 법인과 법률상 또는 계약상의 관계에 있는 자에 의해 생성되는 상장법인의 업무정보를 상장법인의 회사관계자나 준내부자가 이용하는 경우에도 마찬가지로 규제대상이 된다. 그런데 회사외부정보인 계열회사의 정보를 이용한 경우에 규제범위가 어떻게 되는지 그리고 상장법인과 법률상 또는 계약상의 관계가 없는 회사외부자에 의해 생성되는 회사외부정보의 경우 동 정보를 이용한 자의 지위나 동 정보의 내용이 상장법인의 업무등과의 관련성의 정도에 따라 규제대상이 되기도 하고 안되기도 하므로 이 부분을 살펴보기로 한다.

가. 계열회사 정보

자본시장법은 상장법인 계열회사의 원내부자를 규제대상으로 추가하였으나 규제대상 정보의 범위에 계열회사의 정보를 포함시키는 규정을 두지 않았다. 상장법인과 그 계열회사는 별개의 법인이므로 명문의 규정이 없는 한 계열회사의 정보가 당연히 당해 법인의 정보가 될 수 없기 때문에 상장법인과 그 계열회사의 원내부자가 계열회사의 정보를 이용하여 상장법인의 주식을 거래한 경우에는 회

29) '당해 업무등에 관한'의 의미는 정보의 내용이고, 회사관계자가 정보지득시 요구되는 '직무관련등'은 그 정보에 접근할 수 있는 특별한 지위이다.

사관계자로서 처벌되지 않는다. 그러나 계열회사의 정보가 상장법인의 업무 등에 관하여 중대한 영향을 미치는 정보이면 그 정보는 동시에 당해 법인의 정보가 되기 때문에 규제대상 정보가 될 수 있다. 대법원도 상장회사의 자회사에서 화재가 발생하여 자회사에 상당한 손실이 발생한 경우 그 정보를 모회사의 중요정보라고 판시하고 있다.[30)][31)]

그렇다면 어떤 경우에 계열회사 정보가 규제대상이 되는가. 모자회사를 기준으로 계열회사 정보를 이용하여 상장법인의 주식을 거래한 경우를 살펴본다.

먼저 모회사와 계열회사인 자회사와의 관계에서 계열회사의 정보를 모회사의 주식거래에 이용한 경우이다. 형식적으로는 모회사나 계열회사의 원내부자가 계열회사인 자회사의 정보를 이용하여 모회사 주식을 거래한 경우는 처벌할 수 없을 것이다. 그러나 자동차 엔진 부품을 제조하는 자회사와 자동차를 조립하는 모회사의 관계에서 자회사가 상용단계의 고성능 엔진을 개발한 경우처럼 그 업무가 밀접한 관련이 있는 경우 또는 자회사의 경영성과가 모회사의 경영성과에 중대한 영향을 미치는 경우 등은 계열회사인 자회사의 업무등에 중대한 영향을 미치는 정보는 동시에 모회사의 업무등에 관한 중요한 정보가 될 수 있다.[32)][33)] 이 경우 계열회사인 자회사의 원내부

30) 대법원 1995. 6. 30. 선고 94도2792 판결(대미실업 사건).

31) A사가 계열회사인 B사의 경영악화가 심하여 B사의 인수를 포기하기로 결정함에 따라서 B사가 사실상 파산에 이르게 되었는데, A사의 임원이 위 결정정보를 이용하여 A사 주식을 매각하여 손실을 회피한 행위에 대하여 유죄선고를 하였다. 서울지방법원 2003. 5. 14. 선고 2003노1891 판결.

32) 일본은 상장회사등에 관련되는 업무등에 관한 중요사실의 범위에 자회사의 업무등에 관한 중요사실을 포함하며 행위주체에는 상장회사의 모회사 및 자회사 임원등을 포함하는 것으로 규정하고 있으며, 자회사의 회사관계자에 대하여는 당해 자회사의 업무등에 관한 중요사실만을 중요정보로 규정하고 있다(일본 金融商品去來法 제166조 제1항, 제2항). 따라서 상장회사 모회사의 임원등은 상장회사의 중요사실과 상장회사의 자회사의 중요사실을 알게 된 경우에 규제대상이 되며, 상장회사의 자회사의 회사관계자는

자가 자회사의 정보를 이용하여 모회사의 주식을 거래하면 처벌할 수 있을 것이고, 또한 모회사의 원내부자도 자회사에 대한 주요주주의 임직원의 지위에서 자회사의 정보에 접근할 수 있는 우월적 지위가 인정되므로 회사관계자로 처벌할 수 있을 것이다. 자본시장법도 공개주체에 해당 법인의 자회사를 추가하였는데 이는 자회사의 미공개중요정보를 모회사의 주식매매에 이용하는 행위도 규제대상이 되는 것을 전제로 자회사에 의한 해당 정보의 공개를 공개방법으로 인정한 것이다.[34)]

다음으로 상장법인이 자회사이고 모회사가 계열회사인 관계에서 계열회사의 정보를 이용하여 자회사 주식을 거래한 경우이다. 형식적으로는 계열회사나 자회사의 원내부자가 계열회사인 모회사의 정보를 이용하여 자회사 주식을 거래한 경우에 처벌할 수 없을 것이다. 그러나 계열회사의 자회사에 대한 지원 확대 등과 같은 정보는 계열회사가 생성하였지만 자회사에 대한 정보이므로 계열회사의 정보와 동시에 자회사의 정보가 될 수 있다. 이때 일반적으로 모회사의 원내부자는 회사관계자로 처벌할 수 있을 것이다. 그리고 자회사는 모회사에 종속되어 있으므로 자회사의 원내부자는 기본적으로 정보수령자의 위치에 있지만 직무와 관련하여 모회사로부터 그 정보를 알게 되면 회사관계자로 처벌할 수 있을 것이다.

그 외의 계열회사간의 관계에서 타법인 발행주식의 30% 이상을 소유하고 있는 상장법인과 그 계열회사의 관계에서도 모자회사의

자회사의 정보를 알게 된 경우에만 규제대상이 된다. 松本眞輔, 前揭書, 42頁; 일본은 당해 상장회사의 정보에 자회사의 정보를 당연히 포함하는 것으로 규정하고 있으나 자본시장법은 그런 규정이 없다. 다만, 시행령에서 자회사를 공개의 주체로 규정하고 있어서 해석상 자회사의 정보가 동시에 모회사의 정보가 되는 경우만 규제대상이 된다.

33) 자회사의 중요사실은 모회사가 소유하는 자회사 주식의 가격에 변동을 주기 때문에 모회사의 재산에 관한 중요사실에 해당한다. 黑沼悅郎, 前揭論文, 43頁.

34) 금융위원회, 자본시장과 금융투자업에 관한 법률 시행령 설명자료(2008. 3.).

경우와 정도의 차이는 있으나 기본적으로 지배종속의 관계가 인정되므로 원칙적으로 모자관계 회사에 준하여 해석할 수 있을 것이다.

결론적으로 어떤 형태이든 계열회사의 정보가 동시에 상장법인의 정보가 되는 경우에는 규제대상이 된다. 계열회사의 정보가 계열회사의 입장에서는 중요정보이지만 상장법인의 입장에서는 중요정보가 되지 않는 경우에는 현실적으로 규제대상이 될 수 없을 것이다. 왜냐하면 계열회사의 정보가 상장법인의 중요정보가 될 수 없으면 상장법인의 주가에 중대한 영향을 미칠 수 없고 그에 따라 계열회사 정보의 지득과 상장법인 주식 거래 사이의 인과관계를 인정할 수 없으므로 계열회사 정보를 상장법인 주식거래에 이용하였다고 볼 수 없기 때문이다.

자본시장법은 계열회사의 정보를 직접 규제대상 정보로 규정하고 있지는 않지만 사실상 그 규제가 가능하다. 그러나 계열회사의 정보를 직접 규제하지 못하고 그 정보가 상장법인의 정보가 되는 과정을 거쳐 규제할 수 있으므로 계열회사 중요정보가 상장법인의 중요정보에 해당하는지 여부 및 그에 대한 고의 여부 등에 대한 입증의 곤란 문제가 발생할 수는 있을 것이다.

나. 회사외부정보

상장법인이 불법행위로 인한 거액의 소송을 제기당하고 그 악재성 정보를 공시하기 전에 이용하는 경우에, 소제기 회사의 원내부자나 상장법인의 원내부자를 상장법인의 회사관계자나 또는 상장법인 회사관계자로부터 정보를 수령한 자로서 처벌할 수 있는지가 문제된다. 상장법인과 아무런 관련이 없는 회사외부자가 그 상장법인에 대한 정보를 생성한 경우에는, 회사외부자는 상장법인의 원내부자가 아니고 또한 상장법인의 원내부자로부터 정보를 수령한 자의 위치에 있지도 않다. 반면 상장법인의 원내부자가 그 정보를 생성한 회사외부자로부터 그 정보를 수령한 경우에, 상장법인의 회사관계자가 아닌 자로부터 정보를 수령하였으므로 정보수령자가 될 수는 없지만 정보를 생성하거나 관여하지 않았더라도 직무와 관련하여 정보를 지득하였는지가 문제될 수 있다.[35] 한편 회사외부정보를 생성한 자가 회사와 관련이 없는 순수한 외부자가 아닌 상장법인의 준내부자인 경우에는 상장법인의 준내부자나 원내부자의 정보이용행위를 처벌할 수 있을지도 마찬가지로 문제가 될 수 있다. 이를 회사외부정보의 생성자가 준내부자나 순수한 회사외부자인 경우, 그리고 그 회사외부정보를 회사관계자가 스스로 알게 된 경우와 회사외부정보생성자로부터 수령한 경우로 나누어 살펴본다.

(1) 상장법인 원내부자의 회사외부정보의 이용

첫째 준내부자와의 관계에서 발생하거나 생성된 회사외부정보를 원내부자가 이용한 경우이다. ① 상장법인의 원내부자가 준내부자가 생성하거나 관여하는 회사외부정보를 미리 예상한 경우이다. 판례는 상장법인 A사의 주요주주인 B법인의 대표이사가 A사가 발행한 어음 등의 부도가 예상되자 부도나기 전에 A사의 주식을 매도한 경우[36]나 보험회사의 부사장이 금융감독원의 동 회사에 대한 부실금융기관지정 여부를 결정하기 위해 예정된 자산부채실사에 앞서 자체실사를 한 결과 순자산액이 많이 부족하여 부실금융기관으로 지정될 가능성이 높다는 보고를 받고 소유주식을 매도한 경우[37]에 유죄를 선고하였다. 위 사례에서, 부도 결정은 어음발행계약을 체결한

35) 일본에서 공개매수정보나 주식매집정보를 제외하고, 포괄조항과 관련한 중요사실과 관련하여, 발행회사의 회사관계자는 외부정보의 내부자가 되는 것과 외부정보의 발생원과 관계있는 내부자가 될 수 없는데, 이는 내부자정의 방법에 문제가 있는 것이다. 川口恭弘 등 6인, 前揭論文, 544頁; 黑沼悅郎, 前揭論文, 注釈 14.

36) 대법원 2000. 11. 24. 선고 2000도2827 판결. 同旨: 대법원 2005. 3. 25. 선고 2004도8221 판결, 서울고등법원 2005. 9. 14. 선고 2005노827 판결.

37) 서울지방법원 2002. 6. 11. 선고 2002고단4430 판결.

은행이, 부실금융기관지정은 감독권한을 가진 금융감독원이 최종적으로 결정하므로 그 결정정보는 당해 법인의 원내부자부터 유래하지 않은 회사외부정보이다. 그러나 결정정보는 그 결정에 이르기 전에 중요정보로 성립하기 때문에 중요정보의 생성 이후 최종 결정 전에 은행이나 금융감독원이 그 결과를 예상하지 못하더라도 원내부자가 상장법인의 재정이나 경영상태를 점검하여 어음부도나 부실금융기관지정을 예상하였다면 그 예상정보는 당해 법인의 내부에서 기원하여 스스로 알게 된 회사내부정보인 것이다. 이때, 같은 내용의 정보임에도 예상정보는 회사내부정보이고 완성된 결정정보는 회사외부정보인 것이 일견 모순되어 보이지만 회사내부정보와 회사외부정보는 정보원의 차이에 불과하고 중요정보는 일정시점에서 생성된 후 완성되기까지의 과정에서 존재하는 것이므로 그 과정에서 그 정보를 생성하거나 결정하는 정보원이 달라질 수가 있는 것이다.[38]

② 상장법인이 회사외부정보를 스스로 예상하는 경우보다 그 회사외부자로부터 그 정보를 받아서 알게 되는 경우로 상장법인이 예측하지 못한 상태에서 감사의견 거절(예정)통보를 받는 경우이다. 이때 회사관계자가 스스로 정보를 생성한 것이 아니고 회계법인이 생성한 정보를 그 회계법인으로부터 전달받았으므로 회사관계자의 지위에 있지 않고 정보수령자도 아니므로 처벌할 수 없는 것일까. 상장법인과 준내부자 관계에 있는 경우 그 준내부자가 상장법인에서 생성된 정보를 알게 되는 경우뿐 아니라 상장법인의 원내부자가 법률상 또는 계약상의 관계에 기하여 그 준내부자가 생성한 상장법인에 관한 업무정보를 알게 되는 경우도 규제대상이다. 왜냐하면

38) 엄밀히 표현하면 회사의 경영상황에 비추어 볼 때 부도예정이나 부실금융기관지정 예정정보는 이미 객관적으로 생성 또는 발생한 발생정보이고, 그 후에 회사 또는 은행이나 금융감독원은 그 예정사실을 예상하는 것이다. 그러나 은행이나 금융감독원이 그 정보를 최종적으로 결정하므로 결정정보로 보는 것이 타당하다.

상장법인의 원내부자는 통상의 투자자들에 비하여 그 정보에 접근할 수 있는 특별한 지위에 있기 때문이다. 따라서 이 경우에도 상장법인과 회계법인이 감사인 계약을 체결하고 있어 상장법인의 원내부자는 정보 접근의 우월적 지위에서 그 정보를 알게 된 것이므로 회사관계자의 지위로 처벌이 가능하며 정보수령자의 지위라고 할 수 없다.[39][40]

둘째 상장법인이 타회사로부터 불법행위로 인한 거액의 소송을 제기당한 경우처럼 준내부자가 아닌 제3자가 당해 법인에 관한 중요정보를 생성한 경우이다. 이때 상장법인의 원내부자가 그 소송제기의 정보를 여러 경로를 통하여 스스로 예상한 경우에 소송제기 예정의 예상정보는 회사내부정보의 성격을 띠는[41] 반면, 소제기 회사나 법원으로부터 소송제기나 그 예정 사실을 통지받은 경우에는 회사외부정보가 될 것이다. 이 때 전자의 경우는 회사관계자의 지위에서 규제가 가능하나 후자의 경우는 정보수령자의 지위이나 당해 법인의 원내부자로부터 정보를 수령한 것이 아니므로 규제할 수 없다고 해석할 소지가 있다. 그러나 당해 법인의 원내부자가 회사외부에서 생성된 업무정보를 스스로 예상하였든 통보받아 알게 되었든 직

39) 서울지방법원 2003. 12. 17. 선고 2003노5398 판결; 이사대우 소장으로 근무하는 자가 회계법인으로부터 '의견거절'이라는 감사의견을 받게 되었다는 사실을 알고 그 무렵 소유주식을 매도한 사안으로서 동인은 회사관계자의 미공개정보 이용행위로 처벌받았다. 서울지방법원 2002. 8. 26. 선고 2002고단6077 판결.

40) 상장회사와 기업경영, 합병 등의 자문계약을 체결하고 있던 자가 그 상장회사의 대표이사가 긴급체포된 사실을 동회사의 직원으로부터 전해 듣고 동 회사의 주식을 매도한 행위를 계약체결자로서 준내부자로 처벌하였다. 수원지방법원 2003. 7. 25. 선고, 2003고단1044, 1099(병합) 판결.

41) 엄격히 표현하면 타회사가 소송제기의 예정정보를 생성하였고, 당해 법인의 원내부자는 그 정보를 스스로 예상한 것이므로 정보생성자나 정보수령자라고 할 수 없을 것이다. 그러한 당해 법인 입장에서 소제기라는 발생예정정보를 스스로 예상할 때 그 예상정보가 생성된다는 측면에서 회사내부정보의 성격도 띠게 된다.

무관련등으로 그 정보를 알게 된 것으로 통상의 투자자에 비하여 그 정보에 접근할 수 있는 우월적 지위가 인정되는 것은 마찬가지이므로 회사관계자의 지위에서 규제할 수 있다.

(2) 회사외부정보 생성자의 이용행위

준내부자가 상장법인 내에서 생성되거나 발생한 정보에 접근하거나 또는 당해 법인과 함께 정보 생성에 관여하면서 알게된 정보를 거래에 이용하는 경우에는 당연히 회사관계자로서 처벌이 가능하다. 그런데 준내부자 스스로가 상장법인의 업무등에 관한 회사외부정보를 생성하여 이용한 경우에는 어떨까. 예컨대, 상장법인과 수표발행계약을 체결한 은행의 직원이 부도결정 정보를 이용한 경우, 상장법인과 회계감사인 수임계약을 체결한 회계법인의 회계사가 감사의견거절의 정보를 이용한 경우, 또는 상장법인에 대하여 대규모 건축허가를 해줄 것이라는 정보를 담당 공무원이 이용한 경우 등이다. 준내부자가 생성한 회사외부정보는 상장법인의 업무등에 관한 정보이고 준내부자가 정보를 알게 되는 것은 수동적인 정보의 수령뿐만 아니라 스스로 정보생성을 한 경우도 포함된다. 따라서 준내부자가 계약관계[42]나 법률상 권한 행사의 과정에서 생성한 당해 법인의 업무등에 관한 회사외부정보를 이용하여도 회사관계자의 지위에서 처벌된다.[43]

42) ○○연구원에서 ○○기술을 개발하여 A상장회사에 양도하기로 계약한 상태에서, '그 기술개발의 완료'라는 정보는 동 연구원의 업무상 정보임과 동시에 A회사의 업무상 정보에 해당하고, 동 연구원 직원인 피고인이 동 기술의 개발업무에 관련되지 않았더라도 통상의 투자자에게는 접근이 허용되지 아니하는 동 연구원의 사내전산망을 통하여 위 정보를 알게 되었다면 동 연구원에 근무한다는 지위를 이용하여 정보를 취득한 것이므로, 직무와 관련하여 A사의 미공개 업무상 정보를 취득한 것으로 준내부자에 해당한다. 서울지방법원 2008. 11. 27. 선고 2008고합236 판결(항소심인 서울고등법원 2009. 5. 15. 선고 2008노3397 판결에서는 위 문제를 다루지 않고 유죄를 인정하고, 대법원 2010. 2. 25. 선고 2009도4662에서는 직무관련성을 인정함).

43) 김건식, 앞의 논문, 170면.

그러나, 위 사례에서 소송을 제기하기로 한 법인의 회사관계자처럼 상장법인과 준내부자의 관계가 없는 순수한 회사외부자가 그 정보를 이용한 경우에는 상장법인의 회사관계자도 아니고 상장법인의 회사관계자로부터 정보를 수령한 자도 아니므로 처벌할 수 없다. 위 회사외부자는 상장법인의 회사관계자보다도 회사외부정보의 내용을 가장 잘 알고 있음에도 처벌할 수 없는 것은 불합리하다.

다. 정보의 정확성과 진실성

정보가 진실한 사실이어야 하는지에 대하여는 명문의 규정이 없다. 허위정보가 공시되면 통상의 투자자들이 진실한 사실로 오인하여 거래를 하므로 통상의 미공개중요정보 이용행위와 마찬가지로 시세에 영향을 미치거나 이득을 얻을 수 있다. 예컨대 직원이 사장의 지시에 따라 허위정보임을 모르고 공시 전에 그 정보를 이용하여 거액의 부당이익을 취득한 경우에 그 허위정보의 공시가 주가에 커다란 영향을 미치고 실제 거액의 이익을 취득하였으므로 규제할 필요가 있다. 그러나 객관적으로 정보의 비대칭이 없고 허위정보 공시에 따른 시세 변동도 정보의 객관적인 가치 때문이 아니라 투자자의 오인에 기인한 것이므로 허위정보까지 규제대상으로 하기는 어렵다. 따라서 원칙적으로 정보는 진실한 정보여야 할 것이다.

그렇다고 하여도 그 정보가 완벽하게 진실할 수는 없을 것이다. 대법원은 정보가 반드시 객관적으로 명확하고 확실할 것까지 요구하지 않으며[44] 최근 대법원은 단순한 추측정보와 같이 정확성이 결여되거나 추상적인 것 또는 완전 허구의 사항은 정보라고 할 수 없고 적어도 투자자의 투자판단에 중대한 영향을 미치는 정보라고 하려면 그 정보에 어느 정도의 정확성이 인정되어야 하고 일부 허위 또는 과장된 부분이 포함되어 있다 하더라도 정보 자체의 중요성을 부정

---

44) 대법원 2003. 9. 5. 선고 2003도3238, 1994. 4. 26. 선고 93도695 판결.

할 수는 없다고 판시하였다.[45] 정보의 중요한 부분이 객관적 사실과 합치된다면 세부에 있어 그 정보의 일부에 허구의 사실이 있거나 다소 과장된 표현이 있더라도 그 정보의 진실성을 인정해야 할 것이다.

Ⅲ. 중요한 정보

1. 중요정보의 의의 및 범위

구 증권거래법은 중요한 정보를 '제186조 제1항 각호의 1에 해당하는 사실 등(수시공시사항)[46]에 관한 정보 중 투자자의 투자판단에 중대한 영향을 미칠 수 있는 것'(제188조의2 제2항)으로 규정하였는데 대법원은 투자자의 투자판단에 중대한 영향을 미칠 수 있는 정보를 예시한 것으로 해석하여 중요정보를 폭넓게 인정하고 있었고[47] 그에 따라 중요정보는 수시공시사항으로 예시된 유형을 포함하여 법인의 경영·재산 등에 관한 사항 중에서 투자자의 투자판단에 중대한 영향을 미칠 수 있는 것으로 보았다. 자본시장법은 '제

---

45) ○○ 기술개발이 완료되어 기술시연회를 개최한다는 정보는, 상용화의 단계에 이르지 못했더라도 일부 기술적 특성이 인정되어 전혀 허구의 기술이라고 단정할 수 없고 시연회의 개최는 사실인 점, 일반투자자의 관점에서 위 정보가 상당히 개연성 있는 정보로 인식되었을 것이라는 점 등에 비추어 보면 일부 허위 또는 과장된 부분이 포함되어 있다 하더라도 정보 자체의 중요성을 부정할 수는 없다. 대법원 2010. 2. 25. 선고 2009도4662 판결(하급심; 서울중앙지방법원 2008. 11. 27. 선고 2008고합236 판결, 서울고등법원 2009. 5. 15. 선고 2008노3397 판결).

46) 수시공시사항에 대하여 제186조 제1항 13호는 '제1호 내지 제12호 외에 법인의 경영·재산 등에 관하여 중대한 영향을 미칠 사항으로서 대통령령이 정하는 사실'이라고 하고, 시행령 제83조 제3항 제8호에서 '법 제186조 제1항 제1호 내지 12호와 영 제1호 내지 제7호 외에 증권의 공정거래와 투자자보호를 위하여 필요한 사항으로 금융감독위원회가 정하는 사실'이라고 규정하고 있었다.

47) 대법원 1994. 4. 26. 선고 93도695 판결, 대법원 1995. 6. 29 선고 95도467 판결, 대법원 1995. 6. 30. 선고 94도2792 판결, 대법원 2000. 11. 24. 선고 2000도2827 판결, 대법원 2006. 5. 11. 선고 2003도4320 판결.

186조 제1항에 해당되는 사실'이라는 문구를 삭제하고 '투자자의 투자판단에 중요한 영향을 미칠 수 있는 정보'라고만 규정하여 중요정보와 수시공시사항과의 관계를 단절시켰다. 그리고 자본시장법은 구 증권거래법상의 수시공시의무사항 중에서 일부 사항만을 주요사항보고서 제출의무 사항[48]으로 변경하고 나머지 사항을 한국거래소의 공시사항으로 하였다.

그러나 수시공시사항에 대한 신고·공시의무가 달라졌지만 그 사항들은 모두 공시대상인 법인의 경영·재산 등에 관하여 중요한 영향을 미칠 수 있는 것들로서 통상의 투자자들의 투자판단에 매우 중요한 영향을 미칠 수 있다. 미공개중요정보 이용행위의 규제대상은 회사의 업무등에 관한 사실 중 투자자의 투자판단에 중요한 영향을 미치는 정보이고, 신고 또는 공시 대상 사항은 상장법인의 경영·재산 등에 관해 중대한 영향을 미치는 사실이므로 실제로 종전의 수시공시사항에 해당하는 사항들은 중요정보의 범위를 나타내는 기준이 될 수 있다. 그러나 수시공시사항과 중요정보가 항상 일치하는 것은 아니다. 왜냐하면 상장법인의 주요사항에 대한 공시의무는 상장법인의 내부사정에 대하여 투자자들에게 알려야 할 의무이고 그 의무주체가 회사이며, 미공개중요정보 이용행위에서의 공시의무는 '거래 포기 또는 공시' 원칙에 따라 거래를 위해서 미공개정보를 공개정보로 바꾸기 위한 공시이므로 그 취지가 다르기 때문이다.

---

48) 자본시장법은 법 제161조 제1항 제1호에서 제8호까지 어음이나 수표의 부도, 영업 정지, 회생절차의 개시 신청, 해산사유의 발생, 자본의 증가 또는 감소, 포괄적 주식 교환·이전, 합병·분할, 중요한 영업 또는 자산의 양수도, 자기주식의 취득 또는 처분 등과 제161조 제9호에서 '그 밖에 그 법인의 경영·재산 등에 관하여 중대한 영향을 미치는 사항으로 대통령령으로 정하는 사실' 그리고 시행령 제171조 제2항 제1호에서 제4호까지 증권에 관하여 중대한 영향이 미칠 소송이 제기된 때, 해외증권시장에서의 주권의 상장 또는 상장폐지, 주권관련 사채의 발행 등, 제171조 제2항 제5호에서 '그 밖에 그 법인의 경영·재산 등에 관하여 중대한 영향을 미치는 사항으로 금융위원회가 정하여 고시하는 사실' 등을 신고사항으로 규정하고 있다.

2. 중요정보의 성립시기

중요정보의 생성시기는 어떤 정보가 투자자의 투자판단에 중대한 영향을 미칠 수 있는 정보로 성립하는 시점을 의미한다. 중요정보의 생성은 미공개중요정보 이용행위의 성립요건, 위법성 나아가 가벌성을 결정하는 출발점으로서 기수 시까지 매우 중요한 구성요건 요소이다. 중요정보의 생성시점부터 미공개중요정보 이용행위의 성립이 가능해지며 중요정보의 지득여부가 신분범인 행위주체의 해당 여부를 결정하는 기준이 되며 그 정보를 거래에 이용하여야 구성요건적 행위가 성립하고 그 중요정보의 공개로 더 이상 미공개중요정보 이용행위가 성립할 수 없게 되는 것이다. 중요정보의 생성시기에 대하여 명문규정을 두고 있는 나라는 없으며 판례에 의하여 해결하고 있다.[49]

(1) 외국의 판례

(가) 미 국

판례는 정보의 중요성의 판단기준에 대하여 개연성/중대성 기준, 실질적 개연성 기준, 그리고 명확성 기준[50] 등을 제시하고 있으나 이 기준들은 실현이 불확실한 어떤 정보에 대해서 그 정보가 일

---

49) 전욱, "내부거래자 금지 위반사건—서울고등법원 2007노1733호", 법학연구 제15집 제2호(2007. 12.), 263면, 265면.

50) 상당한 개연성 기준이 중요성의 범위를 명확히 하는 데에는 한계가 있다는 비판에 따라 Staffin v. Greenberg 사건(Staffin v. Greenberg, 672 F. 2d 1196, 1207(3d Cir, 1982))에서 명확성 원칙(bright-line rule)이 제시되었는데, 합병의 예비단계에서는 중요한 사실이 될 수 없고 합병가격 및 구조 등에 대한 원칙적 합의와 같은 명확성의 단계에 이르러서야 비로소 중요한 사실이 된다는 것이다. 이는 구체적인 사건에서의 개별적인 판단보다 표준화된 기준에 따라 중요성을 판단하는 이론인데 연방대법원은 Basic Inc v. Levinson 사건에서 동 기준을 배척하였다; 중요정보는 여러 단계를 거치면서 성립되므로 일의적, 형식적으로 판단할 수 없고 사안별로 실질적으로 판단할 수밖에 없으며 대법원 판례도 정보는 반드시 객관적으로 명확하고 확실할 필요가 없다고 하므로 동 원칙은 검토대상에서 제외한다.

어날 개연성과 영향의 크기를 관련시켜 중요성의 유무를 판단하는 것으로 개연성과 중요성에 대한 정도의 차이에 관한 것이다.

Texas Gulf Sulphur 판결에서 정보가 사실로 확정될 개연성과 그 정보가 공개될 경우 주가에 영향을 미칠 중대성이 인정되면 중요정보가 된다고 판시하면서 개연성/중대성(probability/magnitude test)의 기준을 제시하였다.[51] 이는 중요성의 판단에 있어서 표준화된 기준을 제시하지 않고 구체적 사실에 따라 중요하다고 판단되는 사실의 범위를 지나치게 확대시킬 수 있다는 비판이 있다.

이후 연방대법원은 TSC Industries, Inc. v. Northway, Inc. 사건에서, 연방항소법원이 중요성을 넓게 해석하여 합리적인 주주가 중요하다고 고려할 가능성이 있는 모든 사실이 중요한 사실이라고 해석하여 단순한 가능성만 있어도 중요사실이 될 수 있다고 하였으나, 그 기준은 중요성의 기준이 불필요하게 낮다면서 합리적인 투자자가 자신의 행동방침을 결정함에 있어서 사실상 중요성을 가졌을 상당한 가능성, 가능한 정도가 상당히 높은 실질적 개연성(substantially likelihood test)이 있어야 중요한 정보가 된다고 판시하였다.[52]

---

51) TGS사는 1963. 11. 8. 시험적으로 광물을 시추한 결과 상업적 가능성이 좋다고 판단하여, 다른 사람들에게 알리지 않고 1964. 3. 27. 동 지역을 매수하고 탐사팀과 임직원들은 회사의 주식과 stock option을 취득한 후 1964. 4. 12. 광물발견사실 부인 공시를 하였다가 1964. 4. 16.에서야 이를 인정하였으며, 주가는 1963. 11. 8. 17.5$, 1964. 4. 12. 32$, 1964. 5. 15. 58$로 상승한 사안에서, 1심은 하나의 시추공으로는 상업적으로 채굴할 수 있는 광물매장량의 존재를 입증할 수 없다면서 1964. 4. 9. 이전에는 중요정보가 생성되지 않았다고 하였으나, 항소심에서는 중요성 판단의 기준은 합리적인 사람이 증권거래에 있어서 그 정보를 중요하다고 판단하느냐에 달려 있다면서 주식투자 경험이 없는 피고인들이 많은 수의 주식을 매수한 점을 고려하면 통상의 투자자들도 그 정보를 알았더라면 투자결정에 중요한 정보로 삼았다고 볼 수 있다면서 1963. 11. 8.을 정보생성시점으로 인정하였다. SEC. v. Texas Gulf Sulphur Co. 401 F. 2d 833(2d Cir. 1968).

52) 이 사건은 위임장 권유와 관련한 중요사실의 부실표시가 문제된 사건으로, 합리적인 투자자의 입장에서 누락된 사실을 공개할 경우 부실표시된 내용이 전체적으로 현저하게 변경되는 것으로 볼 수 있는 실질적 개연성이 있

그리고 연방대법원은 Basic Inc v. Levinson 사건에서 합병이 성사될 수 있는 가능성과 합병이 성사되었을 때의 중대성을 감안하여 실질적 개연성에 따라 중요성을 판단하여야 하므로 예비적 합병 논의라도 중요한 것이 될 수 있다고 판시하였다.[53] 동 판례는 당시 각 항소법원이 제시한 중요성의 기준인 원칙적 합의에 도달하기까지는 중요하지 않다는 명확성의 기준을 명시적으로 배척하고 개연성/중대성 기준을 재확립한 것이다.[54] 연방대법원은 최근에도 실질적 개연성에 입각한 판결을 계속 판시하고 있다.[55]

(나) 일 본

일본 금융상품거래법은 중요사실을 결정사실과 발생사실로 나누어 규정하고 있는데 그중 결정사실은 '회사 내부에서 결정되는' 중

어야 누락된 사실의 중요성이 인정된다고 판시하였다. TSC Industries, Inc. v. Northway, Inc. 426 U.S. 438(1976).

53) Basic사가 Combustion Engineering사와의 M&A 협상을 1976. 9. 개시하였는데 동사는 1977. 10. 21, 1978. 7. 14, 1978. 9. 25. 3회에 걸쳐 M&A 협상을 한 내용을 부인하는 취지의 공시를 하다가 1978. 12. 18. 합병을 할 것이라는 내용을 공시하고 1978. 12. 20. Combustion Engineering사의 주식을 공개매수할 것을 공시하였다. 이에 합병부인 공시에 따라 증권을 매도한 투자자가 손해배상청구소송을 제기한 사안에서, 연방지방법원은 합병 가액에 대한 원칙에 있어서의 합의가 없기 때문에 합병이 성사될 확실성이 없어 명확성의 기준을 채택하여 기각하였고, 연방항소법원은 명확성 기준을 배척하고 중요하지 않은 사실도 허위로 공시하면 중요한 사실이 된다고 하였으나, 연방대법원은 TSC 사건의 중요성 원칙을 채택하고, 명확성 기준과 연방항소법원의 판단도 배척하였다. Basic Inc. v. Levinson, 108 S.Ct. 978(1988).

54) 김용진, "내부자거래 규제대상으로서의 내부정보에 관한 연구", 한양대학교 박사학위논문(1992), 68면.

55) 합리적인 투자자가 중요하다고 생각하였을 가능성(might)만으로는 충분하지 않고 중요하다고 생각하였을(would) 경우에 실질적 개연성이 있다. Ganino v. Citizens Co. 228 F.3d 154(2d Cir. 2000); 미공개정보는 합리적인 투자자가 얻을 수 있는 정보의 전체적 맥락을 현저하게 변경하는 것으로 볼 실질적 개연성이 있으면 중요한 것으로 된다. Oran v. Stafford, 226 F.3d 275(3d Cir. 2000); 자세한 내용은 임재연, 미국증권법(2009), 336~337면 참조.

요사실을 말하는 것으로 주로 결정사실의 생성시점과 동 사실의 결정기관[56]이, 누구인지가 문제되고 있다.

일본의 최고재판소는 일본직물가공주식회사 사건[57]에서 주식발

---

56) 일본의 경우 金融商品去來法 제166조 제2항 제1호에서는 미공개중요정보의 생성시점과 관련하여 "당해 상장법인 등의 업무집행을 결정하는 기관이 다음 각 목에 해당하는 사항을 결정하거나 당해 기관이 당해 결정에 관한 사항을 행하지 않을 것을 결정한 것"이라고 규정하고 있다.

57) 상장회사인 일본직물가공㈜는 1994년 유니마트㈜에 제3자배정 유상증자를 함과 동시에 모회사인 동해염공㈜와 유니치카㈜가 보유하는 일본직물가공 주식을 매각하는 M&A 계획을 세웠으나 유니치카의 반대로 무산되고, 이후 다시 1995. 1. 유니치카는 동해염공의 재교섭 의사타진을 받고 동해염공에 그 교섭을 위임하지만 보유주식의 절반만 양도하고 여전히 유니마트와는 직접 거래를 하지 않는다고 반대하였고, 1995. 1. 11. 동해염공 상무가 일본직물가공 사장에게 유니치카의 위 이야기를 전달하자 일본직물가공 사장은 위 유상증자와 M&A가 성공하기를 바란다는 말을 하였고, 그 이후 1995. 2. 8. 유니치카는 유니마트와의 직접 거래에 응한다는 의향을 동해염공에 전하고 동해염공은 다음날 유니마트에 전달하여 장애사유가 해소된 사건이다. 이에 대해 1심(東京地方裁判所 1997. 7. 28. 선고, 1996年 第2933号 判決)은 일본직물가공 사장이 유니치카의 반대가 해소되면 위 유상증자와 M&A를 하겠다는 말을 한 2005. 1. 11.에 정보가 생성되었다고 보았다. 그러나 2심(東京高等裁判所 1998. 9. 21. 宣告 1998年 第1503号)은 정보는 그 결정사실이 확실히 실행될 것이라는 예측이 성립되어야 하므로 1995. 2. 2. 유니치카가 직접 거래에 응하는 의향을 나타낸 시점에 성립한다고 하였다. 한편, 최고재판소(最高裁判所 1999. 6. 10. 宣告 1998年 第1146号, 第1229号 判決)는 일본직물가공의 사장이 제3자배정 유상증자를 결정하였고 그 사실을 동해염공 상무에게 말함으로써 외부적으로 명확히 한 것이기 때문에 그 당시 유니치카의 보유주식의 양도방법에 관한 문제가 최종적으로 매듭지어지지 않았다고 하더라도 일본직물가공 사장의 유상증자 결정은 증권거래법 제166조 제2항 제1호의 주식의 발행에 대한 '결정'에 해당한다고 하여 1995. 1. 11.을 정보생성시점으로 하였다. 또한 중요사실의 결정기관은 실질적으로 회사의 의사결정과 동일시 될 수 있는 의사결정을 할 수 있는 기관이면 족하고 일본직물가공 사장은 상법 소정의 결정권한이 있는 이사회의 이사로부터 실질적으로 그 권한을 부여받았으며, "주식발행"에 대한 "결정"은 위와 같은 기관이 주식발행 자체나 주식발행을 위한 작업등을 회사의 업무로서 하겠다는 결정을 한 것을 말하며, 그 결정이 있다고 하기 위해서는 주식발행의 실행을 의도하여 한 것을 요하지만 당해 주식의 발행이 실행된다는 예측이 반드시 성립될 것을 요하지는 않는다고 판시하였다.

행에 대한 결정과 관련한 중요정보의 성립시기는 실질적으로 회사의 의사결정과 동일시 될 수 있는 의사결정을 할 수 있는 기관이 주식발행을 위한 작업 등을 회사의 업무로 하겠다는 결정을 할 때이며, 주식발행의 실행을 의도할 것은 필요하지만 주식의 발행이 실행된다는 예측이 반드시 성립될 것을 요하지는 않는다면서, M&A에서 그 최대주주의 승낙이 불확정하지만 회사의 대표이사가 최대주주의 승낙을 조건으로 신주발행을 결정하였다면 투자자의 투자판단에 영향을 미칠 수 있다고 하였다.

한편, 村上펀드 사건[58][59]에서 1심과 2심은 모두 실질적으로 회

58) 村上펀드의 대표는 니폰방송의 주식을 상당히 매수한 상태에서 2004. 9. 15. 라이브도어사에 니폰방송 주식의 1/3을 매수할 것을 권유하는 회의를 하였고, 직후 라이브도어는 자금 규모와 펀드 조달 방법에 대해 구체적인 검토를 하여 어느 정도 진전된 단계에서 1995. 11. 8. 라이브도어는 村上대표에게 동 제안의 추진의사와 자금조달 노력을 전달하는 등의 회의를 하였으며, 그 후 라이브도어는 2005. 1. 11. 이사회에서 니폰방송 주식 대량매수를 결의하였다. 한편 村上펀드는 2005. 11. 8. 회의 이후 니폰방송 주식의 공개매수가 공표된 2005. 1.까지 니폰방송 주식을 매수하고 이후 이를 매각하여 약 30억 4,500만엔의 이익을 얻은 미공개정보이용 혐의로 기소된 사안이다. 동 사건에 대해 제1심(東京地方裁判所 2007. 3. 16. 宣告 2006 特(わ) 第498号 판결)에서는 '공개매수 등에 대한 결정'은 실질적 의사결정기관인 라이브도어의 굴강사장과 궁내이사가 공개매수 등 그 자체뿐만 아니라 공개매수 등의 실현을 의도하여 라이브도어의 업무로서 조사, 준비, 교섭 등의 작업을 하는 취지를 결정하는 것이고, 그 실현가능성이 없었다고는 할 수 없었다는 사실이 인정되면 충분하므로 실현가능성이 전혀 없는 경우는 제외되지만 있으면 족하고 그 고저는 문제되지 않는다고 하면서 村上펀드와 라이브도어 사이에 니폰방송 주식의 매수에 관하여 최초로 회의를 한 2004. 9. 15.을 정보생성시점으로 인정하였다. 반면, 항소심(東京高等裁判所, 2009. 2. 3. 선고 2251号)에서는 1995. 11. 8. 회의는 라이브도어가 2개월간 매집자금의 조달과 계획 등을 검토한 후 동사의 요구로 개최된 점, 그 회의에서 村上펀드가 니폰방송의 외국인 주주를 소개할 수 있다는 이야기가 이루어지고 라이브도어의 파이낸스 담당자도 출석한 점 등에 비추어 제3자의 눈으로 보아도 실현가능성이 있다고 판단하여 1995. 11. 8.을 정보생성시점으로 보았다. 그리고 이때 '공개매수를 하고자 하는 자의 결정이 투자자의 투자판단에 영향을 미칠 수 있는 정도의 것인가의 여부는 그 자가 그 결정에 이르기까지의 공개매수 당부의 검토상황, 대상기업의 특정상황, 대상기업의 재무내용 등의 조사상황, 공개매수 실시를 위한 내부

사의 의사결정과 동일시 될 수 있는 의사결정을 할 수 있는 기관이 공개매수를 위한 작업 등을 회사의 업무로 하겠다는 결정 시에 중요사실이 생성되었다고 보았다.

그러나 그 결정의 실현가능성의 측면에서 1심은 공개매수를 위해 업무로서 조사·준비·교섭 등의 여러 작업을 하는 취지의 결정은 공개매수의 실현을 의도하였는데 그 실현가능성이 없었다고 할 수 없었다는 사실이 인정되면 충분하고 실현가능성이 있으면 그 고저는 문제되지 않는다고 판시하였으나,[60][61] 2심은 공개매수가 확실하게

의 계획상황과 대외적인 교섭상황 등을 종합적으로 검토하여 개별적·구체적으로 판단해야 하고 결정의 실현가능성의 유무와 정도라는 점도 위 종합판단에서 검토되어야 한다면서, 중요정보로서의 결정에 해당되는지 여부는 일의적, 형식적으로 판단할 수 있는 것이 아니라 투자자의 투자판단에 영향을 미칠 수 있는 것이라는 관점에서 실질적 판단을 하여야 하기 때문에 실현가능성은 실질적 판단의 검토과정에서 중요한 지표로서 기능해야 한다. 위와 같은 관점에서 '결정'에 해당하기 위해서는 결정과 관계되는 내용이 확실하게 이루어진다는 예측이 성립될 것까지는 요하지 않지만 그 결정에는 그에 상응하는 실현가능성이 필요하며 우선 내부적으로 실질적인 의사결정기관이 그에 상응하는 근거를 가지고 실현가능성이 있는 것으로 판단하고, '결정'에 해당되는지 여부의 판단은 투자자의 투자판단에 영향을 미치는 것인지 여부가 중요한 판단요소이기 때문에 제3자의 눈으로 보아도 실현가능성이 있다고 할 수 있어야 한다고 판시하였다.

59) 상장회사 총주주의 의결권 5% 이상의 주권등의 매집정보에 관한 내부자거래 규제위반 적발사례로 1998년 토이속(トィソク)사건 이후 두 번째이며, 대량매집에 관한 내부자거래의 규제요건에 대한 본격적인 판시가 이루어진 최초의 판례이다. 太田 洋, "村上ファンド事件 東京地裁 判決の意義と實務への影響", 商事法務 No.1830(2008. 4. 15.), 20頁.

60) 실현가능성의 정도를 판단하는 것은 곤란하기 때문에 결정내용이 실현될 고도의 개연성을 요건으로 한다면 준비행위에 대한 결정을 규제의 대상으로 한 증권거래법의 취지를 몰각시킬 수 있다면서 이 판결을 적극적으로 평가하는 견해가 있다. 葉玉匡美, 前揭論文, 41頁.

61) 반면, 실현가능성이 낮은 단계에서는 투자자의 투자판단에 중요한 영향을 미치지 않는다고 생각할 수 있기 때문에 그 정보를 알고 거래한 거래이더라도 통상의 투자자에 비하여 현저하게 유리하여 불공평하다고 할 수 없고 내부자거래로 규제할 필요가 없다는 견해도 있다. 松本眞輔, "村上ファンド事件 一審東判決の檢討", 月刊 監査役 No.532(2007. 10. 25.), 48頁 이하 참조.

이루어진다는 예측이 성립될 것까지는 요하지 않지만 그에 상응하는 실현가능성이 필요하며 내부적으로(주관적으로) 실질적인 의사결정기관이 그에 상응하는 근거를 가지고 실현가능성이 있는 것으로 판단하고, 투자자의 투자판단에 영향을 미치는 것인지의 여부가 중요한 판단요소이기 때문에 제3자의 눈으로 보아도(객관적으로) 실현가능성이 있다고 할 수 있어야 한다고 판시하였다.[62)][63)][64)]

위 판례들은 회사법 소정의 결정권한이 없더라도 실질적으로 회사의 의사결정을 할 수 있는 기관이[65)][66)] 중요사실로 열거된 사실

62) 위 판결에 대하여 그 결정의 시기가 지나치게 빨라 자사주 매입과 같은 M&A 등의 기업활동에 실무상의 지장이 크다는 비판이 있으나, 위 두 사건 모두 M&A 관련 신주발행과 매집의 준비·검토가 상당정도 구체적으로 진행된 단계에서의 주식 매매가 문제되었고 그러한 단계의 사실이 공표되었다면 투자자의 투자판단에 중요한 영향을 미쳤을 것이라는 것은 분명하므로 이들 판결이 '결정'을 부당하게 앞당겨 인정한 것은 아니며, 또한 직물가공 판결보다도 실현가능성을 더 완화하여 부당하고 내부자거래의 성립범위가 현저히 확대되었다는 비판이 있으나 村上펀드 판결은 일본 직물가공 판결의 틀내에서 판단한 것으로 그 기준을 완화하거나 처벌범위를 확대한 것은 아니다는 견해가 있다. 木目田 裕·山田將之, "インサイダー取引規制における實務上の諸問題(1); 規制の概要と法一六六條の成立要件(上)", 100頁.

63) 본 판결은 기계적·형식적으로 공개매수 등을 위한 조사·검토나 작업 등을 하는 결정에 해당되면 '결정'에 해당되는 것이 아니고, 통상의 투자자의 투자판단에 영향을 미치는 정도에 이르렀는지의 여부라는 실질적인 관점에서 법 제167조 제2항의 결정 해당성을 판단해야 한다는 것을 보여준 것이다. 木目田 裕, 山田將之, "村上ファンド事件 抗訴審判決の検討—'決定'の解釈を中心に—", 商事法務 No. 1864(2009. 4. 25.), 11頁.

64) 항소심 판결에 대하여는 대부분 긍정적인 평가가 이루어지고 있고 '실현가능성이 있으면 족하고 그 고저는 문제되지 않는다'는 1심 판결은 일반론으로 받아들이기에는 다소 지나친 감이 있다. 太田 洋·宇野伸太郎, "村上ファンド事件 東京高裁 判決の意義と實務への影響", 金融·商事判例 No. 1325(2009. 5. 1.), 20頁.

65) 최고재판소 판례 이전에도 업무집행기관은 회사의 실정에 따라 실질적으로 판단해야 한다는 점은 학설상으로 일치하였다. 太田 洋, "村上ファンド事件 東京地裁 判決の意義と實務への影響", 22頁; 黑沼悅郎, "インサイダー取引における'決定にかかる重要事項'の意義", 法学教室 No. 234(2000), 108頁 이하 참조.

66) 회사의 실태에 따라 경영회의나 상무회, 경우에 따라서는 사장이나 담당임

그 자체에 대한 결정과 그 결정을 위한 작업 등을 회사의 업무로서 하는 취지의 결정을 하게 되면 그 결정은 투자자의 투자판단에 영향을 미칠 수 있으므로 중요사실이 될 수 있다는 취지이다.[67] 그리고 중요사실의 생성시기는 기본적으로 당해 사항의 실현을 의도해야 하지만 확실한 실행에 대한 예측이 있어야 할 필요는 없다. 다만 단순한 실현가능성만 있으면 족하다는 것과 업무결정기관이나 제3자의 입장에서 그에 상응하는 근거를 가지고 실현가능하여야 한다는 것으로 나뉘고 있는 것이다. 향후 村上펀드 사건에 대한 최고재판소의 판결이 주목되는 부분이다.

(2) 우리나라 판례의 태도

(가) 대법원 판례의 기본 입장

대법원은 기본적으로 개연성과 중대성을 중요성의 판단기준으로 제시하고 있다. 대법원은 1994년 신정제지 사건[68]에서 "투자자의 투자판단에 중대한 영향을 미칠 수 있는 정보란 합리적인 투자자라면 그 정보의 중대성과 사실이 발생할 개연성을 비교 평가하여 판

원만으로도 그에 해당될 수 있다. 關俊彦, "證券取引法 一六六条 二項 一号にいう '業務執行を決定する機関'及び株式を發行することの '決定'の意義", ジュリスト No. 1179(2000), 114頁 이하 참조; 松本眞輔, 前揭書, 68~69頁.

67) 학설상으로도 이견이 없다. 太田 洋, "村上ファンド事件 東京地裁 判決の意義と實務への影響", 22頁; 關俊彦, 前揭論文, 114頁.

68) 신정제지의 최대주주인 A개발금융의 대표이사는 신정제지가 상장 직후 그 시초가가 터무니없게 고가로 조작되고 극도의 자금난에 시달리고 있는 사실 등을 알고, 그 사실이 공시되기 전인 1992. 2. 1.~1992. 2. 17. 신정제지의 주식을 매도하고 신정제지는 1992. 4. 29. 부도가 발생한 사안으로, 1심(서울형사지방법원 1992. 11. 27. 선고 92고단6320)에서 '대표이사는 위 정보를 알고 있고 있었기 때문에 1992. 1. 23. 당초 예상보다 훨씬 높은 가격에 신정제지의 기준가가 형성되어 그 주가가 계속 하락할 것을 명백히 예상하였다.'고 하였고, 대법원(1994. 4. 26. 선고 93도695 판결)은 '신정제지가 누적된 적자와 대규모 공장의 신축으로 인한 자금의 수요 등 때문에 어음·수표가 부도가 될 정도로 극심한 자금난에 시달린다는 사정은 누구든지 주식의 거래에 있어서 상당히 중요한 가치를 지니는 것으로 판단할 정보'라고 하였다.

단할 경우 증권의 거래에 관한 의사를 결정함에 있어서 중요한 가치를 지닌다고 생각하는 정보를 의미하며 그 정보가 반드시 객관적으로 명확하고 확실할 것까지 필요로 하는 것은 아니다."라고 판시하여 중대성과 개연성을 중요성의 판단기준으로 하고 있다. 그리고 1995년 바로크가구 사건[69]에서는 "합리적인 투자자가 당해 증권을 매수 또는 계속 보유할 것인가 아니면 처분할 것인가를 결정하는데 있어서 중요한 가치가 있는 정보, 바꾸어 말하면 통상의 투자자들이 일반적으로 안다고 가정할 경우에 당해 증권의 가격에 중대한 영향을 미칠 수 있는 사실을 말한다."라고 판시하여 시세영향기준을 중요성의 판단기준으로 삼았다.[70] 그런데 그 이후로는 다시 중대성과 개연성의 입장에서 중요정보를 판단하여 왔다.[71]

그러다가 2008년 대법원[72]은 '중요정보의 생성시기는 반드시 정보가 객관적으로 명확하고 확실하게 완성된 경우를 말하는 것이 아니라, 합리적인 투자자의 입장에서 그 정보의 중대성과 개연성을 비교 평가하여 증권의 거래에 관한 의사결정에 있어서 중요한 가치를 지닌다고 생각할 정도로 구체화될 때'라고 판시하면서 그 기준으로 '중요한 가치를 지닌다고 생각할 정도로 구체화될 것'을 요구하고 있다.

---

69) 대법원 1995. 6. 29. 선고 95도467 판결.

70) 일본에서는 투자자의 투자판단에 현저한 영향을 미치는 정보란 '통상의 투자자가 당해 사실을 알게 된 경우 당해 법인의 특정증권등에 대하여 당연히 매도 또는 매수의 판단을 한다고 인정되는 것'으로 해석하는 견해도 있다. 木目田裕·小林和眞呂, "インサイダー取引規制における實務上の諸問題(2); 規制の概要と法一六六條の成立要件(中)", 商事法務 No. 1842(2008. 9. 5.), 33頁.

71) 同旨: 대법원 1995. 6. 30. 선고 94도2792 판결(대미실업 사건) 및 대법원 2006. 5. 11. 선고 2003도4320 판결.

72) 대법원 2008. 11. 27 선고 2008도6219 판결.

(나) 유형별 판례 분석[73)]

첫째 추정 결산실적과 관련하여 정보 생성시기를 공식적으로 결산서가 작성된 때가 아닌 결산실적을 추정할 수 있을 때로 판시한 사례가 있는데,[74)][75)] 결산단계에 이르면 사업년도의 실적은 이미 객관적으로 거의 확정되어 추정이 가능하므로 그 때를 정보생성시점으로 볼 수 있다. 둘째 부도예정정보와 관련하여 어음부도를 막기 위한 자구노력을 포기하거나 상환자금 마련이 어려워서 부도가 예상되는 시점을 정보의 생성시기로 판단한 사례가 있는데,[76)] 현실적인 부도발생 여부는 여러 가지 사유에 따라 결과가 달라질 수 있으나 만기 도래가 가까워지면서 그 결과에 대한 예측이 가능하므로 그 때를

---

73) 대부분의 판례는 정보생성시점을 명확하게 제시하고 있지 않고 미공개정보 이용행위 시점 이전에 성립하였다는 취지로 표현하고 있어 명백한 태도를 파악하기는 어렵다.

74) 대미실업 임원이 1991. 10. 동사의 자회사에서 화재 발생으로 20억원의 손실이 발생하고 1991. 12.말 결산기준 약 35억원의 적자가 발생하였으며 그 사실을 공시하기 전인 1992. 2. 25.~26. 대미실업 주식을 매도한 사안에서, 주식매각 당시 아직 공식 결산서가 작성되기 전이어서 공시의무가 발생하지 않았더라도 추정 결산실적은 위 매각 이전에는 알 수 있으므로 매각 이전에 정보가 형성된 것으로 보았다. 대법원 1995. 6. 30. 선고 94도2792 판결.

75) 바로크 회사의 상무가 1992. 12.말경 동사의 합계잔액시산표 등에 의한 추정 결산실적 중 총 매출액 및 순이익이 전년 대비 각각 70.1%와 131.2% 증가한 사실을 알고, 그 사실을 증권사 직원에게 알려주고 그가 그 정보를 자기 고객들에게 알려주어 1993. 1. 5.~1993. 1. 27. 그 주식을 매수한 사안에서, 1992. 12.말경을 정보생성시점으로 보았다. 대법원 1995. 6. 29. 선고 95도467 판결.

76) A산업이 누적적자로 사채까지 동원하고 2002. 7. 초순경에는 주채권은행에 채권금융기관 공동관리 지정을 요청하였으나 거절당하고 오히려 법정관리 신청을 권유받았고, 2002. 8.경 만기가 도래하는 160억원 상당의 기업어음 상환자금을 마련하지 못하여 부도가 날 것으로 예상되자 화의절차 개시신청 작업을 진행하던 중, A산업의 주식을 매도한 사안에서, 1심에서 정보생성시점에 관한 언급은 없으나 변제를 위한 자구노력을 사실상 포기하게 되는 시점을 2002. 7. 초순경으로 판단하고 있는 점에 비추어 그 때를 정보생성시점으로 본 것으로 보이고, 항소심과 대법원에서 그대로 확정되었다. 대법원 2005. 3. 25. 선고 2004도8221 판결.

정보생성시점으로 볼 수 있을 것이다. 셋째 무상증자와 관련하여 조건부 무상증자의 경우 그 조건의 성취 시[77] 또는 무상증자가 확정적일 때[78] 정보가 생성되었다고 판시한 사례가 있는데, 무상증자는 회사외부자와의 협조가 결정적인 것이 아니므로 사실상 결정권한을 가진 자가 그 실행을 결정하였을 때가 투자자의 입장에서 중요한 가치를 가진다. 따라서 조건부 무상증자의 경우에 그 조건의 성취에 대한 예상이 어느 정도 가능하였다면 조건부 무상증자 결정시에 정보가 생성되었다고 할 수 있을 것이다. 넷째 상장회사의 인수방법으로 그 상장회사가 인수인을 위해 제3자 배정 액면미달 유상증자 후 자본감소를 하기로 한 사안에서 그 상장회사가 그와 같은 내용의 신주인수계약을 체결하였을 때 정보가 생성되었다고 판시한 사례가 있는데,[79] 인수인은 이미 상장회사의 경영권양수를 위한 주주총회 결

---

77) B사가 2003. 7. 7. 본부장 회의에서 개발중인 온라인 게임의 호응도가 높을 경우 예정대로 300% 무상증자를 실시하기로 결의하고, 2003. 7. 9. 위 게임이 출시되었을 때 시장반응이 폭발적이자 무상증자 이사회 결의 공시일인 2003. 7. 14. 전에 주식을 매수한 사안에서, 1심에서 2003. 7. 9. 시장의 폭발적인 반응을 보여 무상증자가 확정적이 되었다는 취지로 판시한 점에 비추어 그 때를 정보생성시점으로 본 것으로 보이며 대법원에서도 그대로 확정되었다. 대법원 2005. 4. 29. 선고 2005도1835 판결.

78) C사의 대표이사와 주요주주 겸 회장이 2006. 10. 30. 회사의 자산재평가 적립금을 재원으로 무상증자를 실시하기로 결정하고, 그 지시를 받은 자가 무상증자 계획을 수립하는 등 2006. 10. 30. 무상증자 실시가 확정적으로 되었을 때를 정보생성시점으로 보았다. 서울중앙지방법원 2008. 12. 10. 선고 2008노3093 판결.

79) 상장회사인 D전자회사의 대표이사는 상장회사인 乙사의 경영권 양수를 추진하기 위해서 2004. 9. 22. 경영권 양도에 관한 乙사 주주총회 결의의 정족수를 충족시키고자 D전자회사의 계산으로 乙사의 주식을 매수하고, 2004. 10. 18. 제3자배정 액면미달 발행방식으로 250억원을 유상증자하여 乙사의 경영상황을 개선한 후 차등 무상감자를 실시하기로 하는 내용의 신주인수계약을 乙사와 체결하였고, 이후 乙사는 2004. 12. 3. 이사회에서 감자를 확정하고 2004. 12. 4. 공시하였는데 2004. 11. 23.~30. D전자회사 소유의 주식을 매도한 사안에서, 조사단계에서는 신주인수계약서 체결 시로 보았는데 판례는 정보생성시기에 관하여 명시적으로 논하지 않아 그대로 인정한 것으로 보인다. 대법원 2007. 7. 26. 선고 2007도4716 판결.

의 통과를 위해 그 상장회사의 주식을 매수한 바가 있고 그 인수방법이 유상증자 후 자본감소였다면 그 정보는 최소한 신주인수계약 체결 전에 생성되었다고 볼 수 있다. 다섯째 유상증자 참여자가 주요 언론사 등이어서 호재로 작용하는 경우 그 참여자가 확정되었을 때를 정보생성시점으로 판시한 사례가 있는데,[80] 참여자가 확정되지 않았더라도 일부 주요 언론사가 유상증자에 참여한다는 큰 틀이 정해진 상태라면 투자자의 투자판단에 중요한 가치를 가진다고 할 수 있을 것이다.

(3) 소 결

중요정보의 판단기준에 관하여는 여러 학설이 있다. 정보의 중요성은 객관적이라고 할 수 있는 시세영향기준에 의해 결정되어야 한다는 견해,[81] 시세영향에 의하면 개연성/중대성 기준보다 중요정보의 인정범위가 제한되기 때문에 투자자를 두텁게 보호하기 위하여 개연성/중대성 기준에 의해서 결정되어야 한다는 견해,[82] 개연성/중요성 기준 및 시세영향기준을 같이 고려해야 한다는 견해[83] 등

80) E스포츠신문사는 약 100억원의 유상증자를 계획하여 2003. 6. 중순경 B중앙일간지가 유상증자에 참가한다는 큰 틀이 어느 정도 정해지고, 2003. 7. 초순경 C경제신문도 30억원 정도를 투자하기로 확정되고, B중앙일간지가 E스포츠신문사의 유상증자에 참여하는 형태로 사업 및 자본제휴가 결정되어 2003. 7.경 B중앙일보지, C경제신문, 乙회사가 유상증자에 참가하기로 협의가 이루어지자, 2003. 7. 14. 이사회의 의결 후 이를 공시하고 2003. 7. 15. 유상증자를 실시하였는데, 그 전에 E스포츠신문사 주식을 매수한 사안에서, 피고인은 B중앙일간지가 유상증자에 참여하기로 결정한 2003. 7. 11.이 정보생성시점이라고 주장하였으나, 원심과 항소심은 정보생성시점은 명시하지 않았으나 유상증자 참가의 확정은 2003. 7. 초순경에 확정되었다고 판시한 점에 비추어 그 때를 정보생성시점으로 본 것으로 보인다. 서울고등법원 2005. 6. 30. 선고 2005노566 판결.

81) 박삼철, 앞의 논문, 126면.

82) 강대섭, “증권시장에서의 부실공시로 인한 손해배상책임에 관한 연구” 고려대학교 박사학위논문(1992), 67∼68면.

83) 중요성/개연성 기준에서 중요성을 인정할 수 있으면 가격영향기준에서도 중요성을 인정할 수 있는 것이므로 양자는 상호 중복되는 점이 없지 않다. 박임출, 앞의 논문, 138면.

이다.

실무에서는 중요성/개연성 기준과 시세영향기준을 명확하게 구별하지 않고 기본적으로 정보의 발생가능성과 중대성을 기준으로 하면서 주가나 투자자의 투자판단에 미칠 영향을 중요한 요소로 하여 판단하고 있다. 즉 그 정보의 발생가능성의 유무와 정도 그리고 그 정보가 공개되었을 때 투자자의 투자판단이나 주가에 미칠 영향 등의 중대성을 함께 고려하여 종합적으로 판단하는 것이 상당하다.[84)]

미국, 일본, 우리나라의 판례도 기본적으로 개연성/중대성 기준을 채택하고 있다.

먼저, 중대성은 기본적으로 수시공시사항의 해당 여부, 정보공개 전후 주가의 변동, 과거 자사 또는 타사의 유사사실이 공시되었을 때의 주가동향, 그 당시 테마주인지, 자금조달 경위나 매매금액이나 수량, 주식시장의 상태, 동종 산업 및 업종의 주가, 동 정보가 개별 기업에 미치는 영향 등을 종합적으로 판단하여 결정하여야 한다. 이때 구 증권거래법상의 수시공시사항과 판례 등은 일응의 기준이 될 수 있을 것이다. 그리고 호재성인지 악재성인지 또는 중요성 여부 등은 일의적으로 판단할 수 없다. 예를 들면 '유상증자 결정' 정보는 자본금의 증가로 재무구조가 건전할 것이 예측되므로 호재성 정보로 인식될 수도 있으나 재정의 악화로 인하여 유상증자를 결정하는 경우에는 악재성 정보일 수 있다.

다음으로 특히 결정정보의 경우와 관련하여 정보의 발생가능성

84) 투자판단에 대한 결정사실의 영향도는 이론적으로는 결정과 관계되는 사항이 실현되었을 경우의 규모와 그 실현가능성을 곱한 것이 될 것이고 중요성의 요건은 이 영향도가 일정 이상인 것을 요구하고 있다고 생각할 수 있다. 예를 들면 규모가 큰 합병이라고 하는 결정 사실은 실현가능성이 어느 정도 낮아도 중요성을 획득하고 규모가 작은 합병의 경우 실현가능성이 높지 않으면 중요성을 획득하지 못한다. 따라서 결정사실이 중요성의 요건을 갖출지 여부의 결정은 일률적으로 할 수 있는 것은 아니다. 黒沼悦郎, "インサイダー取引規制における重要事實の定義の問題点", 42頁.

의 정도가 문제된다. 앞서 본 우리나라 판례들은 대체적으로 정보의 실현가능성이 비교적 확실한 때에 정보가 생성되는 것으로 보는 것 같다. 최근 대법원은[85] 중요정보란 갑자기 완성되는 것이 아니라 여러 단계를 거치는 과정에서 구체화되는 것으로서 중요정보의 생성시기는 반드시 그러한 정보가 객관적으로 명확하고 확실하게 완성된 경우가 아니라 합리적인 투자자의 입장에서 그 정보의 중대성과 사실이 발생할 개연성을 비교 평가하여 증권의 거래에 관한 의사결정에 있어서 중요한 가치를 지닌다고 생각할 정도로 구체화되는 경우라고 판시하고 그 이후에도 같은 취지의 판결을 하고 있다.[86]

85) 이 사건은 '○○카드의 누적 적자로 인한 경영 악화'와 '조만간 수천억원 이상의 유상증자가 필요하다'는 정보와 관련하여 그 생성시기에 첨예한 다툼이 있었던 사건으로, 대법원은 ○○카드 사장이 2003. 7. 21. ○○그룹 부회장 등에게 '2003년 연간 적자액이 1조 2,893억원에 이를 가능성이 있고, 경영정상화를 위해 약 4,000억원 규모의 자본확충을 검토하여야 한다.'는 내용이 일부 포함되어 있는 '수정 사업계획 및 주요 경영현안'이라는 대외비 문건을 보고하는 시점에서 정보가 생성되었다고 하면서, 합리적인 투자자의 입장에서 위 정보는 객관적으로 명확하고 확실하게 완성되지 않은 상태라도 증권의 거래에 관한 의사결정에 있어서 중요한 가치를 지닌다고 생각할 정도로 구체화되었다'고 판시하였다. 대법원 2008. 11. 27. 선고 2008도6219 판결; 이에 대하여 1심(서울중앙지방법원 2007. 2. 9. 선고 2006고합332)에서는 '○○카드의 중역들 사이에서는 2003년도 상반기 결산결과가 나온 2003. 7.말~8월초경에 이미 상기의 유동성 부족으로 부도가 염려될 정도라는 경영상황에 대한 정보와 조만간 유상증자가 필요할 것이라는 정보가 그때 생성되어 있었으며(중략) 합리적인 투자자라면 그와 같은 정보를 알게 되면 ○○카드 주식의 가치를 평가절하하고 그 매수 또는 보유를 중단할 것임이 분명하므로'라고 하였다; 항소심(서울고등법원 2008. 6. 24. 선고 2007노653)에서는 '2003. 9. 22.부터 비로소 연체율이 상승하고 자금조달이 부진하게 되는 등 ○○카드의 경영 상황이 상당히 악화되었고 이를 타개하기 위하여 4,000억원 내지 5,000억원 정도의 유상증자가 필요하다는 내용이 확정적으로 언급'된 2003. 9. 22.을 정보생성시점으로 보았다(이 사건은 1심에서는 정보생성시점을 2003. 7.말로 보아 유죄판결을 하였고, 2심에서는 2003. 9. 22.로 보아 무죄선고를 하였으며, 대법원에서는 정보생성시점은 2003. 7. 21.로 보았으나 입증 부족의 취지로 항소심의 판결을 확정하였다).

86) 대표이사는 2007. 1.초순경 실무자에게 중요정보인 '자기주식 취득'과 관련한 절차 등을 검토해보라고 한 후, 2, 3일 후에 실무자로부터 그 취득이 가

기본적으로는 정보의 중대성이 인정되더라도 단순한 실현가능성만으로는 부족하지만 고도의 실현가능성까지 요구하는 것은 아니라고 본다.[87] 村上펀드 사건의 1심 판결처럼 단순한 실현가능성만 있는 경우에도 정보의 중요성을 인정하는 것은 규제범위가 너무 확대되어 기업활동을 위축시킬 수가 있으며 고도의 가능성을 요구할 경우에는 규제의 실효성이 떨어지게 될 것이기 때문이다. 그렇다면 어느 정도의 실현가능성이 있어야 할 것인가. 미국 판례의 실질적 개연성이 있는 경우, 村上펀드 사건의 항소심 판례인 회사의 실질적 의사결정기관과 제3자의 입장에서 그에 상응한 실현가능성이 있는 경우, 대법원 판례인 투자자가 의사결정에 있어서 중요한 가치를 지닌다고 생각할 정도로 구체화된 경우 등은 결국 가능성의 정도에 관한 것으로 그 정도의 차이가 있을 뿐이다. 우리나라는 미국에 비해 단기 투자가 성행하여 자본시장의 효율성보다는 공정성이 중요하므로 미공개중요정보 이용행위에 대한 규제의 필요성이 높다. 따라서 규제의 효율성을 높일 수 있도록 발생가능성의 정도를 다소 완화할 필요가 있다. 이와 같은 관점에서 가능성의 정도를 일의적으로 단정할 수는 없으나 기본적으로는 미국의 실질적 개연성의 정도보다는 낮은 단계로서 실현가능성이 상당한 정도이면 어떨까 한다.[88]

능하다는 보고를 받고 공시 이틀 전에 실무자에게 다시 지시하여 타인의 명의로 주식을 매수한 사례에서 자기주식 취득이 결정되었거나 적어도 확실히 예견되는 상황에서 미공개정보를 이용한 것으로 중요정보의 생성시기는 증권의 거래에 관한 의사결정에 있어서 중요한 가치를 지닌다고 생각할 정도로 구체화되면 그 정보가 생성된다고 판시하였다. 대법원 2009. 7. 9. 선고 2009도1374 판결.

87) 예외적으로 ○○제약 사건에서 1심(서울중앙지방법원 2007. 7. 20. 선고 2007고합159)은 ○○제약과 △△바이오의 대표이사 간에 2005. 7. 1. 유상증자 참여 조건을 구두 합의하고, 2005. 7. 2. ○○제약이 이사회 결의를 마치고 △△바이오도 서면결의 방식으로 이사들의 동의를 얻었으므로 늦어도 2005. 7. 2.에는 ○○제약이 △△바이오의 유상증자에 참여할 고도의 개연성이 있었다고 할 것이라고 판시한 사례가 있다.

88) 독일에서는 내부자정보의 실현가능성에 대하여 수치로 표현하자면 실현가

이 기준에 의할 때 발생정보의 경우에는 천재지변처럼 발생을 예상할 수 없을 때에는 그 사실이 발생하였을 때, 부도나 결산실적 등은 일정 시기가 되면 그 결과가 발생하므로 그 발생 가능성이 상당히 높아졌을 때 정보가 생성된다고 할 수 있다.[89] 그리고 결정정보의 경우에는 기본적으로 실질적으로 회사의 의사를 결정할 수 있는 자에 의한 결정이 중요하다. 무상증자나 자본감소 등처럼 타인의 협조가 없어도 되는 경우에는 원칙적으로 실질적인 결정을 할 수 있는 자가 그것을 실행하기로 결정하였을 때, 합병 등과 같이 타인의 협조가 필요한 경우에는 당사자 간에 합병논의가 어느 정도 진행되었거나 대략적인 합의가 있었을 때를 정보생성시점으로 볼 수 있을 것이다.[90] 다만 타인의 협조가 필요한 경우에도 당사자간의 역학관계에 있어 실질적인 결정권한이 있는 자의 의사가 더욱 중요시 될 것이다.

한편, 중요성의 판단 주체인 투자자란 개개 투자자가 아닌 합리적인 투자자를 의미하고, 그를 기준으로 중요성을 객관적으로 판단하여야 하며[91] 그 정보를 실제로 이용한 자의 입장에서 판단하는 것이 아니다. 중요정보는 어느 정도는 정확한 정보여야 하며 단순한 추측 정보와 같이 정확성이 결여되거나 추상적인 것 또는 완전 허구의 사실은 정보라 할 수 없다.[92]

능성이 확실한 경우를 1로 보았을 때 실현가능성이 0.5를 넘는 정도의 개연성이면 족하다고 한다. Assmann/Schneider(Hrsg), §13, Rz. 60.

89) 발생예정정보의 경우는 그 발생을 예상하였을 때, 이미 발생한 정보는 그 사실을 알게 되었을 때 정보를 지득한 자가 된다.

90) A회사의 임원으로부터 A회사와 B회사 간의 '합병을 위한 협상'이 있었다는 사실을 수령한 자가 그 정보를 이용한 사례에서, 수령한 정보는 '합병'이 아닌 '합병을 위한 협상'이므로 내부정보가 아니라는 주장에 대하여 두 가지는 구별되지 않으며, 동일한 내용의 정보라도 정보원이 누구이냐에 따라 그 신뢰성과 중요성이 달라질 수 있다고 판시하였다. R v Rivkin (2004) NSWCCA7.

91) 대법원 2000. 11. 24. 선고 2000도2827 판결; 대법원 1995. 6. 29. 선고 95도467 판결.

Ⅳ. 미공개 정보

1. 공개의 의의 및 방법

가. 의 의

미공개 정보란 '대통령령으로 정하는 방법에 따라 불특정 다수인이 알 수 있도록 공개되기 전'의 정보를 의미한다(법 제174조 제1항). 그리고 정보의 공개는 해당 법인이나 해당 법인으로부터 공개권한을 위임받은 자 또는 그 법인의 자회사[93]나 그 자회사로부터 공개권한을 위임받은 자가 법정된 방법으로 정보를 공시하고 일정한 기간이나 시간이 지나야 한다(시행령 제202조 제1항). 미공개중요정보 이용행위는 그 정보의 공개로 더 이상 처벌대상이 될 수 없다. 정보 생성시점부터 정보공개 시까지가 미공개중요정보 이용행위의 범죄 성립 가능기간이다. 그리고 정보 공개 이후 일정한 대기기간이 지나야 공개된 것으로 하는 이유는 회사관계자는 이미 정보를 입수하여 투자여부를 결정할 충분한 시간적 여유가 있었지만 통상의 투자자는 그렇지 못하기 때문에 공시 이후 투자여부를 결정할 시간적 여유가 필요하기 때문이다.[94] 자본시장법은 언론·통신매체의 발달로 정보 전달 속도가 빨라짐에 따라 통상의 투자자들은 공시 이후 공개 전에 거래할 수 있음에도 회사관계자는 대기기간이 지나야 거래할 수 있어 오히려 회사관계자에게 역차별이 발생함에 따라 공개수단을 일부 추가하고 주지기간도 일부 단축시켰다. 또한 공개의 주체를 구 증권거래법에서는 당해 법인에 한정하고 있었으나 자회사와 공개권한을 위임받은 자까지 확대하였다.

미공개중요정보는 공시의무를 전제로 하는가. 공시의무는 ① 자

---

92) 서울중앙지방법원 2008. 11. 27. 선고 2008고합236 판결.

93) 상법 제342조의2 제1항에 따른 자회사로서 모회사는 자회사 총 발행주식의 50% 이상을 소유한 자를 의미한다.

94) 임재연, 자본시장법(2010), 750면.

본시장법상의 주요사항보고서의 제출사유에 해당하는 법령상의 공시의무,[95] ② 한국거래소 규정으로 정하는 공시사항으로 법령에 의한 공시의무가 아닌 한국거래소와 당해 법인이 상장 시에 체결하게 되는 계약에 따른 공시의무, ③ 원래 공시규제에 따른 공시의무와는 상관없이 '공개 또는 회피의 원칙'(disclose or abstain rule) 또는 불공정한 정보격차의 이용을 방지하기 위한 미공개중요정보 이용행위의 규제 근거에서 비롯되는 작위의무 즉, 스스로 그 중요정보를 이용하기 위해서 공시하여야 하는 의무로 나누어 볼 수 있다. 그런데 구 증권거래법상 수시공시대상은 투자자의 투자판단에 중요한 영향을 미치는 정보를 예시하는 것[96]에 불과하였고 자본시장법은 중요정보 개념에서 공시사항을 단절시키고 있다. 그리고 공시규제란 발행시장과 유통시장에서 통상의 투자자의 투자판단에 필요한 정보의 공시를 강제하는 것이지만, 미공개중요정보 이용행위의 규제는 정보의 격차에 기인한 자본시장에서의 불공정거래 규제와 자본시장에 대한 투자자의 신뢰 확보를 위한 것으로 그 규제목적이 다르다. 따라서 미공개중요정보 이용행위에 있어서는 공시규제를 위해서 요구되는 ①과 ②에 의한 공시의무가 아닌 정보 격차의 불공정을 규제하기 위해서 요구되는 위 ③에 따른 공시의무가 전제된 것이다. 미공개중요정보 이용행위의 규제는 공시의무를 전제로 하지만 그 공시의무는 공시규제에 따른 공시의무와는 다른 것이다.[97]

---

95) 구 증권거래법은 주요사항보고서의 제출사유보다 더 많은 신고·공시의무 사항을 규정하였다.

96) 대법원 1995. 6. 29. 선고 95도467 판결; 대법원 2000. 11. 24. 선고 2000도2827 판결.

97) ㅇㅇ제약 사건에서 중요정보란 ① 투자자의 투자판단에 중대한 영향을 미칠 수 있어야 하고, ② 일반인이 예측할 수 있는 행위유형으로 증권거래법과 동법 시행령, 금융감독위원회 규정에 예시하는 신고의무사항에 해당하거나 그에 비견될 정도로 중요한 것이고, ③ 장차 법령 규정에 의하여 공개될 것으로 예정되어야 한다면서 금융감독위원회 규정 제69조 제1항 제5호 사목에 의하면 자기자본의 100분의 5 이상의 타법인 주식 취득시 신고

나. 공개 방법

공개방법은 ① 법령에 따라 금융위원회 또는 한국거래소에 신고되거나 보고된 서류에 기재되어 있는 정보의 경우에는 그 서류가 금융위원회 또는 거래소가 정하는 바에 따라 비치된 날로부터 1일 경과 시, ② 금융위원회 또는 거래소가 설치·운영하는 전자전달매체를 통하여 그 내용이 공개된 정보의 경우에는 공개된 때부터 3시간 경과 시,[98] ③ 신문 등의 진흥에 관한 법률에 따른 일반일간신문 또는 경제분야의 특수일간신문중 전국을 보급지역으로 하는 둘 이상의 신문에 그 내용이 게재된 정보의 경우에는 게재된 날의 다음 날 0시부터 6시간이며 해당 법률에 따른 전자간행물의 형태로 게재된 경우에는 게재된 때로부터 6시간 경과 시,[99] ④ 방송법에 따른 방송중 전국에서 시청할 수 있는 지상파 방송을 통하여 그 내용이 방송된 정보의 경우에는 방송된 때로부터 6시간[100] 경과 시, ⑤ 뉴스통신진

의무로 규정하고 있는데 본건은 3.07%이므로 중요정보가 아니다는 취지로 판시하였다(서울고등법원 2007. 10. 26. 선고 2007노1733 판결); 그러나 ㉠ 구 증권거래법하에서 수시공시사항은 중요정보의 예시로 해석되고, 수시공시사항의 공시의무와는 달리 미공개중요정보 이용행위의 공시의무는 '공개 또는 회피'의 원칙에 따른 공시의무이고 그 규제목적도 다르며, 수시공시사항에 해당되지 않더라도 투자자의 투자판단에 중대한 영향을 미칠 수 있으면 중요정보가 될 수 있다는 점, ㉡ 주식이 분산되어 대주주의 지분이 적은 회사의 경우에는 적은 양의 지분취득이라도 중요정보가 될 수 있는 점 등에 비추어 수긍하기 어렵다; 최근 대법원은 위 판결을 파기하면서, 중요정보는 구 증권거래법상의 수시공시사항에 해당하는지 여부와는 직접적인 관계가 없으며 또한 정보의 미공개는 중요정보의 요건일 뿐 그 중요정보가 법령의 규정에 의해서 반드시 공개될 것으로 예정될 필요는 없다고 판시하였다. 대법원 2010. 5. 13. 선고 2007도9769 판결.

98) 금융감독원의 전자공시시스템(dart.fss.or.kr)과 한국거래소의 공시시스템(www.krx.co.kr)은 정보전달이 가장 빠르고 정확하여 시장에 즉시 영향을 미치므로 대기기간을 기존 24시간에서 3시간으로 단축하였다.

99) 자본시장법은 대기기간을 기존 1일 경과 시에서 6시간 경과 시로 단축하였다.

100) 자본시장법은 대기기간을 12시간 경과 시에서 6시간 경과 시로 단축하고, '전국을 가시청권으로 하는'을 '전국에서 시청할 수 있는'으로 변경하고 있다.

흥에 관한 법률에 따른 연합뉴스사를 통하여 그 내용이 제공된 정보는 제공된 때로부터 6시간 경과 시에 공개된 것으로 본다.[101] 위와 다른 방법으로 공개되더라도 공개된 것으로 보지 않는다.

해당 법인이나 그 법인의 자회사 또는 그들로부터 공개권한을 위임받은 자가 정보를 공개하여야 한다. 구 증권거래법에서는 당해 법인에 의한 공개만을 규정하였는데 자본시장법은 공개주체로 자회사를 추가하였다. 앞서 설명한 바와 같이 상법상 자회사의 미공개중요정보를 모회사의 주식매매에 이용하는 행위[102]도 규제대상으로 해석되는데 이때 자회사가 해당 정보를 공개하면 적법한 공개로 그 정보는 미공개가 아니라는 점을 명시한 것이다.[103]

판례는 신문에 유사한 내용이 보도되었다 하더라도 당해 법인이 스스로 법정방법에 따라 공개한 사실이 없는 이상 미공개라고 일관되게 판시하고 있다.[104] 그러나 상대거래의 경우, 거래의 상대방이 미공개의 중요정보를 전해 들어서 알고 있는 상태에서 거래에 이르게 된 경우에는 공개되지 아니한 중요한 정보를 이용한 것으로 볼 수 없다고 판시하고 있다.[105]

---

101) 일본은 주지기간에 대하여 "① 2 이상의 보도기관 보도시—12시간, ② 금융상품거래소의 전자적 방법 또는 공시서류 공중열람시—즉시"라고 규정하고 있다(金融商品去來法 시행령 제30조).

102) 예컨대 모회사 또는 자회사의 직원이 자회사의 정보를 이용하여 모회사의 주식을 거래하는 경우이다.

103) 금융위원회, 자본시장과 금융투자업에 관한 법률 시행령 설명자료(2008. 3.).

104) 대법원 2010. 2. 25. 선고 2009도4662; 대법원 2006. 5. 12. 선고 2004도491 판결; 대법원 2000. 11. 24. 선고 2000도2827 판결 등.

105) 내부자거래를 규제하는 것은 기업 내부정보에 접근하기 쉬운 내부자와 그로부터 정보를 전해들은 자가 당해 정보가 미공개된 점을 이용하여 이를 알지 못하는 자와 불평등한 상태에서 행한 거래는 정당한 거래로 볼 수 없고 그러한 부정한 거래를 제한하지 않는다면 증권시장 전체를 불건전하게 할 수 있기 때문에 정보를 전해들어 알고 있는 경우에는 정보가 불평등한 상태에서 거래가 이루어졌다고 볼 수 없다. 서울고등법원 2003. 2. 17. 선고 2002노2611, 2002노1891(병합), 2003노161(병합); 대법원(2003도

상장법인이 수개의 중요정보가 있어 수개의 공시를 한 경우에는 각각의 공개시점에서 공개된 것으로 보면 된다. 동일한 공시내용에 대하여 정정공시가 있는 경우에는 정정공시의 내용이 원공시의 내용과 본질적으로 다른 경우에는 새로운 2차 공시로 볼 수 있을 것이나 원공시 내용의 본질을 해치지 않는 범위 내에서 수정 또는 보완하는 것이라면 원공시 때에 공개되었다고 보는 것이 타당할 것이다.

2. 공지된 정보

당해 회사에 대한 중요정보가 이미 법정 공개 방법이 아닌 인터넷 등의 매체로 널리 알려진 경우에도 규제대상이 되는가.[106] 원칙적으로 자본시장법은 공개방법을 법정하고 있으므로 공개되었다고 볼 수는 없다. 왜냐하면 불특정 다수인을 대상으로 하는 증권시장이나 장외파생상품시장에서의 거래에서는 상대거래의 경우와는 달리 정보의 완전한 공개란 생각하기 어렵고 설사 정보가 완전히 공지되었더라도 그 사실을 입증하는 것이 어렵기 때문이다. 즉 법정공개 이전에 거래에 참여한 모든 투자자가 정보를 알고 있어서 정보의 격차가 없었다고 단정할 수 없는 것이다. 이렇게 해석할 경우 통상의 투자자는 회사관계자가 아닌 인터넷 매체로부터 정보를 수령하였으므로 규제할 수 없는 반면 회사관계자는 규제할 수 있다는 점에서 역차별이 발생할 수 있으나, 회사가 스스로 공개하면 언제든지 거래할 수 있으므로 역차별의 발생 소지는 적을 것이다. 다만, 법정 공개

1456)은 원심대로 확정하였다.

106) 호주법원은 R v Finrs(2001) 판결에서 파퓨아 뉴기니아에서 오전 9:30에 선고된 판결을 같은 날 10:08 입수한 피고인이 그 정보를 이용하여 거래를 한 사안에서 실제로 많은 사람이 정보를 알았는지, 정보가 널리 퍼질 수 있는 충분한 시간이 있었는지는 관계없이 선고된 판결은 일반적으로 공개된 정보라고 하였다. Sadakazu Osaki, The Evolution of Insider Trading Regulations in Japan, Insider Trading Global Developments and Analysis, CRC Press(2009), p. 135.

이전에 사실상 공지되었다면 그 정보가 통상의 투자자의 투자판단에 중대한 영향을 미치지 못할 수는 있을 것이다.

상대거래의 경우, 판례는 거래당사자가 그 정보를 알고 있는 경우에는 미공개된 정보를 이용한 것으로 볼 수 없다고 하면서도 정보의 완전한 공개가 없는 경우에는 규제대상이 된다고 판시하고 있다.[107] 즉 정보의 격차는 거래당사자 사이에서 발생하는 것인 만큼 상대거래는 거래당사자간에 모든 정보가 완전하게 공개되어 이를 기초로 거래가 성사되면 그 거래는 정보의 격차를 이용한 행위라고 볼 수 없지만 완전한 공개가 이루어지지 않는 상태에서는 규제될 수 있는 것이다.

107) 법인의 담당 직원이 거래 상대방으로부터 그 유가증권 관련 내부정보를 전해 들었음에도 이를 법인의 의사결정권자에게 보고하거나 그에 관한 지시를 받지 아니한 채 거래 상대방으로부터 거래의 성사를 위한 부정한 청탁금을 받고서 법인에 대한 배임적 의사로 거래가 이루어지도록 한 경우에는 거래당사자에 대하여 위 내부정보의 완전한 공개가 이루어졌다고 볼 수 없다. 대법원 2006. 5. 11. 선고 2003도4320 판결.

제 4 절 구성요건적 행위

Ⅰ. 특정증권등의 매매, 그 밖의 거래

1. 특정증권등의 의미

자본시장법은 금융투자상품[1] 중에서 단기매매차익반환대상의 유형을 '특정증권등'이라고 규정하고 있고 이를 미공개중요정보 이용행위의 규제대상 금융투자상품으로 원용하고 있다. 구 증권거래법은 미공개정보 이용행위의 대상을 상장법인과 코스닥상장법인이 발행한 증권에만 한정하였으나 자본시장법은 증권시장의 변화에 대응하기 위하여 미공개중요정보 이용행위의 규제대상에 상장법인이 발행한 증권뿐만 아니라 타법인 발행의 증권예탁증권, 교환사채권, 파생결합증권, 파생상품 등의 금융투자상품을 포함시킴으로써 그 규제

1) 금융투자상품이란 '이익을 얻거나 손실을 회피할 목적으로 현재 또는 장래의 특정시점에 금전등을 지급하기로 약정함으로써 취득하는 권리로서, 그 권리를 취득하기 위하여 지급하였거나 지급하여야 할 금전 등의 총액이 그 권리로부터 회수하였거나 회수할 수 있는 금전등의 총액을 초과하게 될 위험이 있는 것'을 말하고, 증권과 파생상품으로 나뉜다. 증권은 투자자가 취득과 동시에 지급한 금전 등 외에는 추가 지급의무를 부담하지 않는 것으로, 채무증권(국채, 지방채, 특수채, 사채, 기업어음 등), 지분증권(주권, 신주인수권이 표시된 것, 출자증권, 상법상 합자·유한·익명조합의 출자지분, 민법상 조합출자지분 등), 수익증권(신탁, 집합투자), 투자계약증권, 파생결합증권, 증권예탁증권이 있고, 파생상품은 장내파생상품과 장외파생상품으로 나뉜다; 자세한 내용은 자본시장통합법연구회, 자본시장통합법 해설서, 한국증권업협회(2007), 77～122면 참조.

범위를 확대하였다.

가. 특정증권등의 개념

자본시장법에서 규정하고 있는 특정증권등의 범위는 다음과 같다.[2] 첫째 주권상장법인이 발행한 증권으로서(법 제172조 제1항 제1호) 구체적인 범위는 ㉠ 채무증권 중 주권과 관련된 전환사채권, 신주인수권부사채권, 이익참가부사채권, ㉡ 그 법인이 발행한 지분증권(주권, 신주인수권이 표시된 것, 출자증권, 출자지분 등)이나 그와 관련된 증권예탁증권, ㉢ 그 법인이 발행한 위 ㉠ 채무증권(관련된 증권예탁증권 포함) 또는 위 ㉡ 지분증권(관련된 증권예탁증권 포함)과 교환할 수 있는 교환사채권, ㉣ 투자계약증권, ㉤ 위 법 제172조 제1항 제1호부터 제3호에 해당하는 파생결합증권 등이다(법 제172조 제1항 제1호 참조). 둘째 위 제1호의 증권과 관련된 증권예탁증권이다(제172조 제1항 제2호). 셋째 그 법인 외의 자가 발행한 것으로서 제1호 또는 제2호의 증권과 교환을 청구할 수 있는 교환사채권이다(제172조 제1항 제3호). 마지막으로 제1호부터 제3호까지의 증권만을 기초자산으로 하는 금융투자상품 등이다(제172조 제1항 제4호).

다시 말하면 특정증권등의 범위는 ① 주권상장법인이 발행한 지분증권·주권관련 채무증권·투자계약증권, ② 이들과 관련된 증권예탁증권, ③ 당해 법인이나 타법인이 발행한 ①, ② 증권들과의 교환을 청구할 수 있는 교환사채권, 그리고 ④ 위 ①, ②, ③의 증권만을 기초자산으로 하는 파생결합증권 및 파생상품이다. 따라서 금융투자상품 중에서 주권과 관련이 없는 일반사채권, 수익증권 그리고 주권과 관련이 없는 파생결합증권이나 파생상품은 특정증권등의 범위에서 제외된다.

구 증권거래법과는 달리 자본시장법은 사채권을 규제대상에서

---

2) 법 제4조, 법 제172조 제1항, 동법 시행령 제196조 참조.

제외하였다. 자본시장법은 사채권의 가격이 그 기간의 장단과 금리에 의해 결정되며 기업실적이나 미공개중요정보와의 관련성이 적고 사채시장에서의 거래단위가 커서[3] 장내거래보다 대규모의 장외거래가 일반적이고 대부분의 경우 만기까지 보유하여 거래가 활발하지 않기 때문에 단기매매차익 반환대상인 특정증권등의 범위에서 사채권을 제외하고, 그 특정증권등의 개념을 미공개중요정보 이용행위의 규제대상으로 원용함에 따라 사채권이 규제대상에서 제외되었다. 그러나 회사채의 경우 그 발행법인의 파산예정 정보를 이용하여 회사채를 처분하여 손실을 회피할 수 있는 경우가 있을 수 있으므로 회사채 역시 규제대상에 포함시켜야 될 것이다.[4] 수익증권은 그 가격결정이 발행회사(집합투자업자)의 신용도나 중요정보와는 관련이 적고 그보다는 집합투자재산에 편입된 증권등 대상자산의 가격에 의존할 뿐만 아니라 현재 집합투자업자는 모두 비상장회사인 점을 감안하여 규제대상에서 제외하였다.

한편, 행위주체는 주권상장법인이 아닌 상장법인이지만 규제대상인 특정증권등은 단기매매차익반환 규정의 개념을 원용하고 있기 때문에[5] 주권상장법인의 특정증권등을 의미하는지 상장법인의 특정증권등을 의미하는지가 문제된다. 집합투자업자가 자신 또는 관계인수인이 인수업무를 담당한 법인의 특정증권등에 대하여 인위적으로 시세 형성을 하는 것이 금지되는데, 이때 특정증권등은 단기매매차익반환 규정의 개념을 원용하지만 인수대상 법인의 특정증권등을 의미하는 것이 명백하다(법 제85조 제3호 참조). 미공개중요정보 이용행위에서의 특정증권등의 개념도 그 관련 규정 내에서 규정하는 것이

3) 통상 1,000만원 이상 단위로 거래된다.

4) 同旨: 김건식·정순섭, 앞의 책, 292면.

5) 단기매매차익반환 규정에서 특정증권등은 그 법인이 발행한 증권을 기준으로 그 증권과 관련된 증권예탁증권, 교환사채권, 금융투자상품 등을 의미하는데, 그때 행위주체가 주권상장법인의 임원등이므로 그 법인이란 주권상장법인을 의미한다(법 제172조 제1항 참조).

상당하므로 상장법인의 특정증권등을 의미한다고 해석해야 할 것이다. 따라서 전환사채 등 주식관련 사채만을 상장한 법인의 정보를 이용하여 그 법인의 상장전환사채를 거래하는 경우에는 규제대상이 될 수 있을 것이다.

나. 파생결합증권과 파생상품

자본시장법은 파생결합증권과 파생상품을 미공개중요정보 이용행위의 규제대상으로 포함시켰다. 그에 따라 예컨대, 증권회사가 특정 상장회사 주가만을 기초자산으로 ELW[6]를 발행한 경우, 그 상장회사(기초자산회사)의 임원등이 그 상장회사의 정보(기초자산정보)를 타법인인 증권회사 발행의 ELW 거래에 이용하면 규제대상이 된다. 기초자산회사의 정보는 타법인 발행의 파생결합증권의 주가에 영향을 미치기 때문에 규제대상으로 한 것이다. 그런데 ELW의 발행인인 증권회사의 임원등이 기초자산정보를 ELW의 거래에 이용한 경우에는 일반적으로 회사관계자가 아닌 정보수령자의 이용행위에 해당될 것이다. 왜냐하면 ELW는 발행회사인 증권회사가 스스로 발행하여 운영하는 것이고 기초자산회사와의 사이에 ELW 발행 계약이나 업무상 관련성도 없기 때문이다. 한편 ELW 발행인인 증권회사의 임원등이 발행인 증권회사의 정보, 예컨대 부도 등으로 만기 시에 약속한 증권을 지급할 수 없을 것이라는 등의 정보를 이용하여 ELW 주식을 거래하는 행위는 규제될 수 있을 것이다.

자본시장법은 이들 금융투자상품도 미공개중요정보 이용행위의 대상인 특정증권등의 범위에 포함시키고 있는데, 그 중 제172조 제1항 제4호의 「제172조 제1호에서 제3호까지의 '증권만'을 기초자산으

6) 특정 주권의 가격 또는 주가지수의 변동과 연계하여 만기 시에 미리 약정된 방법에 따라 해당 주식 또는 현금을 사고 팔 수 있는 권리가 주어진 증권을 말하는 것으로 발행주체는 금융투자업 인가를 받은 증권사이다; ELW에 관한 자세한 내용은 한국거래소, ELW 시장의 이해, ㈜에세이퍼블리싱(2009) 참조.

로 하는 금융투자상품」의 의미가 무엇인지가 문제된다. 1개 회사가 발행한 증권만을 기초자산으로 하는 경우를 규제한다는 의미와 제1호에서 제3호까지 열거된 종류의 증권만을 기초자산으로 하는 경우를 규제한다는 의미로 2가지로 해석될 여지가 있다. 전자의 의미로 입법한 것이라면 2개 이상의 회사가 발행한 증권을 포함하여 그 회사들의 주식 지수를 기초자산으로 하는 경우에는 실제의 가격변동이 어떤 증권에 의해서 발생한 것인지 알 수 없기 때문일 것이다. 그러나 수개의 회사 중 어느 한 회사의 주가가 그 지수에서 차지하는 비중이 큰 경우에는 그 회사만을 기초자산으로 하는 경우와 미공개중요정보 이용행위의 경제적 효과가 비슷하므로 규제할 필요가 있다.[7] 후자의 의미로 해석할 경우에는 위와 같은 문제는 발생하지 않을 것이다. 규정의 의미를 명확하게 할 필요가 있다.

2. 매매, 그 밖의 거래의 범위

가. 의 미

자본시장법은 미공개중요정보를 특정증권등의 매매, 그 밖의 거래에 이용하거나 이용하게 하는 행위를 금지하고 있다. 따라서 매매, 그 밖의 거래와 관련되지 않은 미공개중요정보의 이용행위는 처벌할 수 없다. 매매란 당사자 일방이 재산권을 상대방에게 이전할 것을 약정하고 상대방이 그 대금을 지급할 것을 약정하는 것으로(민법 제563조) 특정증권등을 매도하거나 매수하는 것을 의미한다. 이와 관련하여 주식을 빌려주거나 빌리는 행위(貸株·借株)가 매매에 해당되는지가 문제된다. 주식의 대차는 대주(貸主)가 차주(借主)에게 주권등을 빌려주고 차주가 변제기에 그 주식과 동종의 주식을 반환하는 주식의 소유권이 이전되는 소비대차와 주식의 소유권을 보유하는 임대차에 해당하는 경우가 있는데 전자의 경우에는 매매의 성격을 갖으

7) 김건식·정순섭, 앞의 책, 293면.

나 후자의 경우는 아니다. 그러나 어느 경우이건 매매, 그 밖의 거래에 포함되기 때문에 구별의 실익은 적다. 그 밖의 거래란 매매를 제외한 모든 거래가 포함된다. 질권의 설정, 양도담보의 제공, 증권의 대차, 신용거래, 주식교환 등도 포함된다.[8)]

'미공개중요정보를 매매 그 밖의 거래에 이용하는 행위'는 거래의 당사자로서 이용하는 경우뿐만 아니라 타인에게 거래를 지시하거나 위탁하는 행위, 타인을 위한 거래 등도 포함된다. 그러나 타인의 지시를 받아서 기계적으로 거래에 관여한 경우는 규제대상이 아니다. 예컨대 증권회사의 직원이 고객으로부터 매매주문을 받아 거래소에 매매호가를 하는 과정에서 우연히 중요정보를 알게 되는 경우이다.

나. 현실적인 거래행위의 존부

거래행위는 현실적으로 발생한 경우에 한하는가. 이에 대하여 매매란 가상적인 매매가 아니라 실제 행해진 매매를 의미하며, 예컨대 증권회사에 매매주문을 낸 후 중요정보를 알고 그 주문을 철회한 경우에는 통상 내부자거래가 행하여진 경우와는 달리 실제 거래에 참여한 당사자들은 모두 내부정보를 갖지 않았다는 점에서 정보의 비대칭이 없기 때문에 처벌할 수가 없다는 견해가 있다.[9)] 그런데 자본시장법은 '미공개중요정보를 이용하여 매매, 그 밖의 거래를 한'이라고 규정하지 않고 '미공개중요정보를 매매, 그 밖에 거래에 이용하거나'라고 규정하고 있어 문언상 반드시 거래하였을 것을 요건으

---

8) 일본은 '매매 기타 유상양도·양수 또는 파생상품 거래'라고 규정하고 있기 때문에, 주식대차거래, 질권의 설정, 양도담보의 설정 등은 소유권의 이전이 없거나 그 소유권의 이전과 대가관계에 서있는 경제적 이익 공여가 없는 경우에는 유상성이 없기 때문에 규제대상이 아니다. 木目田 裕·上島正道, "インサイダー取引規制における實務上の諸問題(3); 規制の概要と法一六六條の成立要件(下)", 商事法務 No. 1844(2008. 9. 25.), 38頁.

9) 김건식, "내부자거래와 내부정보의 이용", 정희철교수 정년 20년 기념 상법연구의 향기, 인산기념논집편찬위원회(2004. 10.), 185～186면.

로 한다고 해석되지 않으며, 오히려 정보를 거래에 이용하기만 하면 되므로 그 거래가 성립되어야 하는 것은 아니다.[10] 즉 중요정보를 거래에 이용하기 위하여 매매호가를 내면 그 이후의 매매 체결 여부와 관계없이 미공개중요정보 이용행위는 성립한다고 볼 수 있다. 후술하는 바와 같이 증권시장에 호가주문을 내면 실행의 착수이자 종료가 되는 것이다.[11] 증권회사가 매매호가를 증권시장에 내지 않은 상태에서는 실행의 착수가 없고, 매매호가를 낸 후 중요정보를 알게 되어 계약체결 전에 철회하면 그 철회행위가 별도의 미공개정보 이용행위가 되는 것이다. 2003년 EU 지침, 영국, 호주, 독일, 일본 등은 취득(acquire) 또는 처분(dispose), 매매 기타 유상양도·양수를 금지하고 있기 때문에[12] 거래행위가 존재하여야 규제대상이 되지만 우리나라의 경우에는 정보를 매매, 그 밖의 거래에 이용하는 것을 금지하고 있을 뿐이다.[13]

다. 발행시장에서의 거래

유통시장에서의 기발행된 주식의 거래가 아닌 발행시장에서의 미공개중요정보 이용행위도 규제대상인가. 실무상 회사가 악재성 정보를 숨기고 유상증자, CB 발행 등을 하는 경우가 있다. 통상 주권 발행 시에는 주주나 투자자보호를 위해서 증권신고서에 중요사항을

10) 만약, '미공개중요정보를 매매, 그 밖에 거래에 이용하는'이라는 문언에서, 매매 기타 거래가 성립된 거래만을 의미하는 것으로 해석한다면 그 규정은 '정보를 이용하여~매매, 그 밖의 거래를 하거나'라고 표현하는 것이 맞을 것이다.

11) 제4장/제5절/Ⅰ./1.실행의 착수와 기수 시기 참조.

12) 2003년 EU 지침, 영국, 호주, 독일은 취득(acquire, erwerben) 또는 처분(dispose, veräußern) 행위를 규제하며, 일본도 매매 기타 유상양도·양수행위를 금지하여, 거래행위의 완결을 요건으로 규정하고 있다.

13) 내부정보를 지득한 상태에서 취득 또는 처분을 생각하는 것에 그치거나 매매주문을 철회하는 것 등은 내부정보를 이용하여 이익을 얻고 있는 것에 해당하지만, 법률이 취득 또는 양도로 명기하고 있는 이상 규제할 수 없다. 川口恭弘 등 6인, 前揭論文, 523頁.

기재하여 공시하므로 규제대상이 될 소지가 적으나 그 중요사항을 누락하는 경우가 있다. 이 경우 형법상의 사기나 증권신고서의 중요사항 누락, 부정거래행위 등에 의한 처벌은 별론으로 하고 미공개중요정보 이용행위의 규제대상이 되는지가 문제된다.

원래부터 미공개중요정보 이용행위의 규제는 유통시장을 전제로 하여 왔고 미공개중요정보의 규제대상인 특정증권등은 '상장법인이 발행한 증권'이므로 기발행된 것만을 의미하고 발행시장에서는 주식을 원시취득하는 것이므로 그 규제대상이 될 수 없다는 주장이 가능하다.[14][15] 그러나 위 경우에 회사와 주식취득자 사이에는 정보격차의 불공정한 이용이 있으므로 규제대상에서 제외할 특별한 이유가 없고, '상장법인이 발행한 증권'의 문언상의 개념에는 신규로 증권을 발행하는 순간 발행한 증권이 된다고 볼 수 있으므로 기발행증권만을 의미한다고 할 수 없다. 또한 일본의 경우와는 달리[16] 발

---

14) 그에 따라 발행시장의 위법·부당한 매매거래에 대하여는 미공개중요정보 이용행위보다는 증권신고서의 허위기재의 문제로 취급하거나 상법상의 발행유지청구제도 등으로 대처하는 것이 타당하다는 견해가 있다. 박임출, 전게논문 145면.

15) 이 견해에 따르면 구 증권거래법 제1조에서 '~증권의 발행과 매매 기타의 거래를 공정하게~'라고 규정하고 있었고, 자본시장법 제178조 제1항에서 부정거래행위와 관련하여 '누구든지 금융투자상품의 매매(증권의 경우 모집·사모·매출을 포함한다), 그 밖의 거래와 관련하여~'라고 규정하고 있는 것은 다른 불공정거래행위에 있어 매매의 개념에는 발행시장을 제외하는 것이라고 해석할 수 있을 것이다. 그러나 자본시장법은 발행과 매매 기타의 거래로 구별하여 규정하고 있지 않으며, 특정증권등의 개념에는 옵션등과 같이 새로운 증권의 발행 계약을 체결하는 것도 포함되므로 유통시장만을 전제로 한다고 해석할 수 없다.

16) 일본은 거래행위를 매매 기타 유상양도·양수에 한정하고 있고 스톡옵션의 부여는 신주인수권의 발행에 의해 이루어지는 원시취득이기 때문에 매매등에 해당되지 않는다. 木目田 裕·上島正道, 前揭論文, 41頁; 한편 제166조 제6항 제1호 및 제2호에서 신주예약권 등의 행사에 따른 주권취득은 원시취득의 성질을 갖는 행위인데 내부자거래 적용제외사유로 규정한 것은 내부자거래 규제가 원시취득에도 적용되는 것을 전제로 한다고 할 수 있고, 실제로 중요사실을 알고 있는 회사관계자가 사모의 신주예약권부 사채를 매수하는 경우에 내부자거래를 제외할 이유가 없다는 견해가 있다. 服部秀

행시장에서의 신주의 취득은 원시취득이므로 매매에 해당하지 않지만 자본시장법상 기타의 거래에 포섭될 수 있는 것이다. 영국은 주로 옵션과 같은 파생상품의 경우 기발행된 증권의 거래뿐만 아니라 새로운 증권을 발행하는 계약이나 그 계약을 종료하는 것도 규제대상으로 하고 있는데[17] 자본시장법도 파생상품을 규제대상으로 하고 있는 점에 비추어 발행시장에서의 거래도 규제대상이 된다고 해야 할 것이다.[18]

Ⅱ. 금지행위

자본시장법은 회사관계자와 정보수령자가 상장법인의 업무 등과 관련된 미공개중요정보를 특정증권등의 매매, 그 밖의 거래에 이용하거나 타인에게 이용하게 하는 행위를 금지하고 있다. 그 규제대상 유형을 살펴보면 ① 회사관계자의 이용행위, ② 회사관계자가 1차 정보수령자에게 정보를 주어 그로 하여금 이용하게 하는 행위, ③ 1차 정보수령자의 이용행위 ④ 1차 정보수령자가 2차 정보수령자에게 정보를 주어 그로 하여금 이용하게 하는 행위 등 4가지 유형으로 나누어 볼 수 있다.

1. 이용행위

외국의 입법례를 보면 미공개중요정보에 관한 금지행위 유형은 우리나라와 같이 이용행위를 기준으로 한 경우도 있고(이용기준) 정보를 보유하고 거래하는 행위를 금지하는 경우도 있다(보유기준). 영

一, 前揭書, 192頁.

17) 제3장/제1절/Ⅱ./1./다. 금지행위 부분 참조.

18) 반면, 회사에 미공개 호재성 정보가 있는 상태에서 유상증자를 하는 경우에는 통상적으로는 그 참여자들에게 그 사실을 알리면서 참여를 권유하기 때문에 정보의 격차가 없을 것이다.

국에서는 보유기준을 적용하면서 정보의 보유와 거래 사이에 인과관계가 없는 경우 등을 항변사유로 인정하고 있고, 일본도 중요사실을 지득한 자는 그 사실이 공표되기 전에 거래행위를 하지 못하도록 하여 보유기준을 원칙으로 하면서 일부 경미한 사실에 대하여 적용을 제외하고 있으며 호주도 정보지득자의 거래행위를 금지하고 있다. 미국의 경우에는 이용기준과 보유기준으로 나뉘어져 있었으나, Rule 10b5-1을 제정하여 내부정보를 인식한 상태에서 거래하면 내부정보에 기해서 거래한 것으로 보는 보유기준을 원칙으로 하면서 엄격한 적용제외를 인정하고 있다. 한편 독일[19]은 정보의 이용을 주관적 요건으로 하고 있다.

가. 이용행위의 의미

이용행위란 투자자의 투자판단에 중대한 영향을 미칠 수 있는 정보를 지득하고 그것을 거래에 반영하는 것이다. 자신의 계산으로 하든 타인의 계산으로 하든 그 위반행위의 성립에는 지장이 없다. 회사의 대표자가 회사의 계산으로 미공개정보를 이용하여 자사주를 매입하거나 매도한[20] 경우에도 위반행위가 성립한다. 그리고 '투자자의 투자판단에 영향을 미친다'는 것은 그 정보의 내용이 통상의 투자자가 특정증권등을 매수 또는 취득 등 이익취득의 거래에 이용할 것인가 아니면 보유하는 특정증권등을 매도 또는 처분 등 손실회피의 거래에 이용할 것인가를 결정하는데 영향을 미친다는 것을 의미한다고 할 수 있다. 즉 이용행위란 정보를 이익취득이나 손실회피를 위한 거래에 반영하는 것이다.[21] 정보를 이익취득이나 손실회피

19) WpHG 제14조 제1항 제1호.

20) 회사가 부도위기에 처하자 감자 이사회 결의 전에 회사가 차명으로 보유중인 자사주를 매각한 사례에서, 상장법인 임직원의 미공개중요정보 이용행위는 자신의 이익을 추구할 목적으로 자기의 계산으로 하는 것이든 법인에게 이익이 귀속될 자사주식의 처분처럼 타인의 이익을 위하여 타인의 계산으로 하는 것이든 아무런 제한이 없다고 판시하였다. 대법원 2002. 4. 12. 선고 2000도3350 판결.

와는 반대 방향의 거래에 반영하는 경우에는 후술하는 바와 같이 정보와 이용행위 사이의 인과관계가 없기 때문에 이용행위라고 할 수 없다.[22] 이때 이익취득이나 손실회피 외의 다른 의도나 목적이 있었더라도 이익취득이나 손실회피의 인식이나 의사가 있으면 충분하다고 본다.

이런 관점에서 이용행위란 호재성 정보를 특정증권등을 매수하거나 이미 보유하고 있는 특정증권등을 매도하지 않는 등 이익을 취득하는 방향의 거래에 이용하거나, 악재성 정보를 기히 보유하고 있는 증권을 매도하거나 증권을 사지 않는 등 손실을 회피하는 방향의 거래에 이용하는 것이라고 할 수 있다.

이용행위는 호재성 정보를 증권을 매수하는 데 이용하거나 악재성 정보를 보유하고 있는 증권을 매도하는데 이용하는 작위 형태의 적극적 이용행위와 보유하는 증권을 처분하려고 하였으나 호재성 정보를 듣고 그 보유주식을 매도하지 않거나 주식을 취득하려고 하였으나 악재성 정보를 듣고 그 주식을 사지 않는 부작위의 형태의 소극적 이용행위로 구분할 수 있다.

한편 적극적 이용행위의 경우는 매매주문만으로는 증권시장에 영향을 미치지 못하므로 호가 시에 실행의 착수가 있으며, 그 기수시기에 대하여는 계약체결 시와 호가 시로 나뉘는데 추상적 위험범

21) '내부자정보를 이용하여'란 만약 그 정보가 공표되어 있다면 얻을 수 없었을 경제상의 특별이익을 자기 또는 타인을 위해 얻기 위하여 이용하는 것을 말한다. Assmann, in: Assmann/Schneider(Hrsg), §14, Rz. 55.

22) 내부자거래의 규제는 중요정보를 알고 있는 자가 이익을 얻는 것을 방지하기 위한 것이 아니라 그 자에 의한 거래를 허용하게 되면 자본시장의 공정성에 대한 투자자의 신뢰가 깨지는 것을 방지하기 위한 것이기 때문에 이익을 얻거나 이익을 얻을 가능성이 있었을 것을 요구하지 않는다. 葉玉匡美, 前揭論文, 40頁; 일본은 보유기준에 따라 이익취득이나 손실회피와 관련없이 정보를 지득한 상태에서의 거래행위를 규제하므로 이익을 얻을 가능성이 있었을 것을 요구하지 않는다는 견해가 가능하나 자본시장법은 이용행위를 규제하므로 다르다.

의 성격상 호가 시에 실행의 착수와 동시에 기수에 이르는 것으로 보는 것이 타당하다.[23] 이하에서는 호가시설의 입장에서 적극적 이용행위의 인정범위를 살펴보고 소극적 이용행위의 규제 여부를 검토해 본다.

나. 적극적 이용행위

적극적 이용행위는 전형적인 규제대상으로 매매의사 결정 시부터 매매호가 전까지는 실행행위의 착수가 없으므로 정보지득 여부와 상관없이 작위에 의한 미공개중요정보 이용행위는 성립하지 않고 매매호가 전에 정보를 지득하고 이용행위를 하여야 규제대상이 될 것이다. 한편 매매호가 전에 정보를 지득하고 매매호가를 하였으나 계약이 체결되지 않은 경우에는 호가시설에 의하면 처벌되지만 계약시설에 의하면 미수범으로서 그 처벌규정이 없기 때문에 처벌되지 않는다.

그런데 매매호가 후 계약체결 전에 정보를 지득한 경우에는 이미 실행의 착수가 이루어진 이후이므로 규제대상이 되는지가 문제된다. ① 증권회사에서 매수호가를 한 상태에서 매매가 체결되기 전에 ㉠ 호재성 정보를 지득하고 주문을 철회하지 않고 매수한 경우, ㉡ 악재성 정보를 지득하고 주문을 철회한 경우, ② 증권회사에서 매도호가를 한 상태에서 매매계약이 체결되기 전에 ㉠ 호재성 정보를 지득하고 매도호가를 철회한 경우, ㉡ 악재성 정보를 지득하고 매도호가를 철회하지 않고 매도한 경우로 나누어 볼 수 있다.

호가시설에 따르면 매매호가 시 이미 기수에 이르기 때문에 ①의 ㉠과 ②의 ㉡ 사례의 경우는 호가 이후의 중요정보 지득이므로 규제대상이 아니다. 그리고 ①의 ㉡과 ②의 ㉠ 사례의 경우에 그 철회행위는 미공개정보를 이용하여 손실을 회피한 것이므로 별도의 미

---

23) 제4장/제5절/Ⅰ./1. 착수시기 및 기수시기 참조.

공개중요정보 이용행위가 된다. 반면 계약시설에 의할 경우 ①의 ㉠과 ②의 ㉡ 사례는 당초 계획대로 진행된 것이므로 정보지득과 거래행위 사이에 인과관계를 인정할 수 없기 때문에 이용행위가 성립하지 않는다. 그리고 ①의 ㉡과 ②의 ㉠ 사례는 그 호가의 철회행위는 중요정보를 이용한 실행행위의 착수[24]라고 할 수 있으나 그 계약이 체결되지 않았으므로 위반행위가 성립하지 않는다. 이 경우 호가의 철회행위는 중요정보를 이용한 행위임이 명백한데 거래가 성립되지 않았음을 이유로 규제대상에서 제외하는 것은 불합리하다. 따라서 호가시설에 따라 규제하는 것이 타당하다고 본다.

한편, ①의 ㉠과 ②의 ㉡ 사례의 경우 호가 후에 미공개정보를 지득하면 그 계약 성립 전에 그 호가를 철회할 의무가 있는가. 계약시설에 따르면 최초의 매매의사는 그 정보와는 무관하게 결정된 것으로 그 정보가 매매에 영향을 미친 사실이 전혀 없어 인과관계가 부정되기 때문에 이용행위가 성립하지 않으므로 철회할 의무가 없다.[25] 호가시설에 따르면 매매호가 시 실행의 착수와 동시에 기수에 이르기 때문에 호가 철회의 문제가 발생하지 않는다.[26]

다. 소극적 이용행위의 규제 여부

호재성 정보를 듣고 처분하려고 하였던 보유주식을 매도하지 않

24) 최초의 호가는 중요정보를 이용한 것이 아니므로 범죄의 실행행위의 착수 자체가 없었던 것이고 이후 중요정보를 알고 호가를 철회하는 행위는 진행 중인 실행행위의 중지가 아니라 그때부터 미공개중요정보 이용행위의 실행의 착수이다.

25) 김건식, “내부자거래와 내부정보의 이용”, 182면.

26) 일본에서는 매매주문 후 약정 성립 시까지 그 주문을 철회할 시간적 여유가 없을 때에는 철회의무가 없지만 철회할 시간적 여유가 있었을 때는 철회의무가 있는지를 중심으로 부진정부작위범 인정 여부에 대한 논의가 있다. 이에 대하여 주문이나 호가라는 선행행위만으로는 철회라는 작위의무를 인정하기 어렵다고 보는 견해가 있다. 木目田 裕·上島正道, 前掲論文, 38頁; 일본은 미공개정보를 지득한 상태에서의 거래행위가 금지되므로 매매의사 결정 이후 계약체결 전에 중요한 정보를 알게 되더라도 규제대상이 될 수 있기 때문에 위와 같은 논의가 가능하다고 본다.

거나 악재성 정보를 듣고 사려고 하였던 주식을 사지 않는 경우처럼 소극적 이용행위(거래유보)의 경우 규제여부에 대하여 다툼이 있다. 소극적 이용행위도 정보의 비대칭성을 이용하여 이익을 취득하는 것이고 자본시장의 공정성과 투자자의 신뢰를 손상시킬 수 있으므로 규제하여야 한다는 주장과 단지 미공개정보를 지득했다는 이유만으로 거래유보조차 할 수 없다면 정보의 지득 없이 행동한 사람보다 손해를 입게 되며, 직접적 거래행위가 없는 부작위이므로 적발하기도 어렵고, 불공정한 정보이용이 존재하나 그것이 적극적인 '거래'와 연결되지 않고, 법규정도 미공개정보를 이용하여 적극적으로 매매 기타 거래를 하는 경우를 규제하고 있으므로 거래유보의 경우는 제한하지 않는다는 주장 등이 있다.[27)]

자본시장법은 '정보를 이용하여 매매, 그 밖의 거래를 한 경우'가 아닌 '정보를 거래에 이용하는 것'을 규제하므로 거래와 관련하여 여러 가지 거래조건 등을 결정하는데 그 정보를 이용하는 것도 포함한다. 따라서 매매의사 결정 이후 호가 전에 중요정보를 알고 그 매매를 단념하는 소극적 이용행위도 현실적인 거래는 없지만 부작위로서의 정보이용행위의 개념에 포섭될 수 있다.

---

27) 소극적 이용행위인 내부자거래유보(insider abstention)의 기대수익을 분석하여 '적극적인 내부자거래와 소극적인 내부자거래유보가 모두 가능한 제도하에서는 내부자가 시장평균수익을 초과하여 이익을 얻을 수 있으나, 내부자거래가 금지되고 내부자거래유보가 가능한 내부자는 대중주주보다 더 많을 이익을 얻을 수 없기 때문에 내부자 거래유보를 규제할 필요가 없다.' 라는 주장이 있다(Jesse M. Fried, Insider Abstention, Yale L.J.(2003), p. 455). 한편, 미국에서는 내부자거래유보를 내부자거래와 구별하면서, 내부자거래유보는 제한없이 할 수 있고 막을 수도 없기 때문에 규제가 무용하다는 주장과 내부자거래유보는 내부자거래와 마찬가지로 불공정한 것이므로 양자 모두 규제하는 것이 이상적이며 규제가 어렵다고 규제 자체가 무용한 것은 아니라는 논의가 있다. 자세한 내용은 장근영, "내부자거래 제한규정의 미적용행위에 관한 고찰—내부자거래유보와 대체적 내부자거래를 중심으로—", 증권법연구, 제5권 제2호, 한국증권법학회(2004), 277면, 287~288면 참조.

그런데 소극적 이용행위는 부작위의 형태로 정보격차를 이용하는 부진정부작위범이므로 처벌하려면 작위의무가 있어야 하는데 그 작위의무의 내용은 매도할 생각이었으면 호재성 정보를 알았더라도 매도하여야 하고 매수할 생각이었으면 악재성 정보를 알았더라도 매수하여야 하는 의무인 것이다. 그러나 수범자의 입장에서 볼 때 중요정보를 지득한 상태이므로 애초의 매매의사에 따라 거래를 할 경우 손해볼 것이 명백함에도 매매를 위한 청약이나 호가도 없는 상태에서 처음의 매매의사에 따라 행동할 것을 요구하거나 기대하는 것은 불가능하다. 즉 '당초에 어떤 매매의사가 있었다'라는 선행사실만으로 그 의사에 따라 매매행위를 하지 않은 부작위가 미공개중요정보를 이용하여 거래를 한 작위와 구성요건적으로 동등한 가치로 평가하기에는 충분하지 않은 것이다. 더구나 증권시장에는 호가가 표현되지 않아 통상의 투자자가 그 거래에 응할 가능성이 없기 때문에 증권거래의 공정성이나 통상의 투자자들의 신뢰가 손상될 우려가 없으므로 소극적 이용행위는 규제대상에서 제외함이 상당하다.[28] [29]

라. 이용행위와 인과관계

이용행위란 미공개 중요정보를 알고서 그 정보를 당해 법인의 특정증권등의 거래에 반영하는 것이므로 인과관계가 필요하다(이용행위설). 따라서 정보가 호재성인지 악재성인지를 잘못 판단하여 그

28) 영국에서는 부작위도 정보 거래행위에 해당하지만 거래가 성립되어야 한다는 점에서 부작위까지 형사처벌하는 것은 지나치다는 입장이고, 호주에서는 소극적 이용행위도 우월적인 정보력을 이용한 판단의 산물이라는 점에서는 작위적 거래행위와 같이 불공정한 것이지만 이론을 떠나서 부작위는 실질적인 발견 및 처벌이 어렵기 때문에 금지행위에서 제외되고 있다. CAMAC, op. cit., p. 31; Joan MacLeod Hemminway, "Martha Stewart: Insider Trading?", Insider Trading Global Developments and Analysis, CRC Press(2009), p. 63.

29) 독일도 내부자정보를 이용하여 증권을 취득 또는 양도할 계획을 포기하는 것은 금지되지 않는다. Assmann, in: Assmann/Schneider(Hrsg), §14, Rz. 16.

정보와 반대방향의 거래를 하면 인과관계가 없게 된다.[30] 독일의 경우에도 정보가 공개되면 얻지 못할 경제적인 특별이익을 얻을 목적으로 내부정보를 이용하여야 하므로 인과관계가 요구되며, 그 거래가 내부자정보를 몰랐더라도 이루어졌을 경우 등은 내부자정보의 이용에는 해당하지 않는다.[31] 또한 정보가 공개되면 얻지 못할 경제적인 특별이익을 얻을 목적으로 내부정보를 이용한 사실을 입증하여야 한다.[32]

반면 회사정보의 단순한 보유 또는 지득상태에서의 거래를 규제하는 입장에서는(보유기준설) 호재성·악재성 정보를 불문하고 어떤 정보이건 지득한 상태에서 거래행위를 하거나[33] 호가 후 계약체결 사이에 중요정보를 지득한 경우에도 미공개중요정보 이용행위가 성립될 수 있다. 그러나 보유기준설에 입각한 나라이더라도 나라마다 인과관계의 존부나 정도, 항변사유 인정 등 규제기준에 차이가 있다.[34]

---

30) 이용행위란 가격 유리 정보를 수령하고 매수하는 행위 또는 가격 불리 정보를 수령하고 매도하는 행위이고 가격 유리 정보인지 가격 불리 정보인지는 객관적으로 판단되는 것이므로 반대방향의 거래는 행위자의 주관적 인식과 관계없이 이용행위의 개념에 의해서 제외될 것이다. CAMAC, op. cit., p. 34.

31) Assmann, in: Assmann/Schneider(Hrsg), §14, Rz. 55.

32) Assmann/Cramer in: Heinz-Dieter Asmann/Uwe H. Sneider(Hrsg), Wertpapierhandelsgesetz Kommentar(3.Auflage,2003), S. 308.

33) 호주에서는 정보와 반대방향의 거래는 정보의 균등 및 시장의 공정성 관점에서는 처벌의 필요성이 높지 않지만 행위자에게 이익을 취하거나 손실을 회피할 의사가 있었음에도 단지 판단을 잘못했다는 이유로 면죄부를 허용하게 되는 것은 바람직하지 않다는 이유로 규제대상으로 하고 있다. CAMAC, op. cit., p. 34.

34) 정보를 보유한 상태의 거래가 있더라도 거래의 원인이 별도로 존재하는 경우까지 처벌하는 것은 과도하지만 거래의 원인이 정보의 보유라는 사실의 입증은 쉽지 않다. 결론적으로 인과관계의 부존재를 항변사유로 할 것인지, 그 정보가 아니라도 거래를 했을 것이라는 점에 대해서 어느 정도의 입증을 요구할 것인지는 규제의 정당성과 실효성 사이의 균형점을 찾는 문제로서 나라마다 차이를 보이고 있다. Joan MacLeod Hemminway, op. cit., p. 63.

일본의 경우 정보가 정보이용행위의 하나의 요인이 되어야 한다고 해석하며[35] 영국의 경우에는 보유시설에 따르면서 정보를 이용하지 않은 사실을 항변사유로 규정하고 있다. 미국의 경우에는 내부정보가 내부자거래의 '하나의 요인'이 되어야 한다는 이용기준과 그것이 불필요하다는 보유기준으로 나뉘어져 있었으나, SEC v. Adler 판결[36]에서 단순히 내부정보를 알고 있는 것만으로는 내부자거래가 성립될 수 없다는 취지의 판결을 한 이후 Rule 10b5-1을 제정하여 보유기준을 원칙으로 하면서 계획된 거래의 실행 등의 경우 적용제외의 길을 열어 두고 있다.[37] 기본적으로 미국에서는 회사정보가 거래의 유일한 요인은 아니더라도 적어도 '하나의 요인'이 될 것을 요구하고 있다.

한편, 미공개중요정보 이용행위는 형사처벌의 대상이므로 범죄 및 형벌 이론에 따라 해석하여야 하며 대법원은 행위와 결과 사이에 상당인과관계가 있을 것을 요구하고 있으므로,[38] 정보지득과 거래행위 사이에는 상당인과관계가 필요하다. 사회생활상의 일반적인 지식경험에 비추어 일정한 행위로부터 일정한 결과가 발생하는 것이 상당하다고 평가할 수 있을 경우에 형법상의 인과관계가 인정된다.[39] 회사정보가 거래행위에 적어도 '하나의 요인'이 되면 인과관계가 성립된다고 할 경우 인과관계 이론 중 조건설의[40] 경우처럼 그 인정범위가 넓어질 우려가 있고 행위자의 귀책사유가 적음에도 처벌을

35) 투자자의 투자판단에 영향을 미치는 사실의 일부만을 인식하면 충분하다. 왜냐하면 일부라도 알지 못하는 통상의 투자자들에 비하여 현저하게 유리한 입장에 있기 때문이다. 松本眞輔, 前揭書, 44頁.

36) SEC v. Adler, 137 F. 3d 1325(11th Cir.1998).

37) 김건식, "내부자거래와 내부정보의 이용", 178~180면.

38) 대법원 1986. 9. 9. 선고 85도2433 판결.

39) 임웅, 앞의 책, 125면.

40) 조건설은 일정한 행위가 없었더라면 일정한 결과가 없었을 것이라는 논리적 조건관계만을 요구하는 것으로 인과관계의 범위가 지나치게 넓다는 비판이 있다. 임웅, 앞의 책, 122~123면.

받게 되어 책임주의 원칙에 위배될 수 있다.

하급심 판례에서는 증권의 거래를 하게 된 다른 요인이 있더라도 미공개정보의 이용이 하나의 요인이 된 경우에는 미공개정보를 이용한 것으로 볼 수 있다고 판시한 사례가 있지만[41] 여기서 하나의 요인이란 '만일 그러한 정보를 알지 못했더라면 내렸을 결정과 다른 결정을 내리게 함으로써 영향을 미침'을 말하는 것으로 해석된다.[42] 즉 '하나의 요인'을 인과관계의 기준으로 제시하고 있으나 그 인과관계의 정도는 상당인과관계의 범위와 차이가 없다. 일반적으로 정보를 보유한 상태에서 거래행위를 한 경우에는 특별한 사정이 없는 한 그 인과관계는 인정된다고 할 것이다.[43]

마. 이용행위의 고의

회사관계자는 이용행위를 할 경우 그 정보가 회사의 업무등과 관련된 중요한 정보로서 공개되지 않았다는 사실과 이를 특정증권등의 매매, 그 밖의 거래에 이용한다는 사실을 인식하고 있어야 하고, 정보수령자는 회사관계자가 그 정보를 직무 등과 관련하여 알게 된 것이며 그 정보가 공개되지 않은 중요한 정보라는 사실을 인식하면서 그 정보를 매매 그 밖의 거래에 이용한다는 인식이 있어야 한다.

또한 장내거래에서는 통상의 투자자와, 장외거래에서는 거래상대방과의 사이에 정보격차가 있다는 사실도 인식하여야 한다. 장외

41) 서울중앙지방법원 2007. 7. 20. 선고 2007고합159 판결.

42) 증권의 매매, 그 밖의 거래와 관련하여 미공개내부정보를 '이용'한다고 함은 미공개내부정보를 지득한 상태에서 증권을 거래함에 있어 그 정보가 증권의 거래 여부, 거래시점, 거래량, 가격 등 거래조건의 결정에 하나의 요인으로 작용하여 만일 그러한 정보를 알지 못했더라면 내렸을 결정과 다른 결정을 내리게 함으로써 영향을 미침을 의미한다고 판시하고 있다. 서울중앙지방법원 2007. 2. 9. 선고 2006고합332 판결.

43) 단순히 미공개정보를 '보유'하고 있는 상태에서 거래한 것만으로 부족하고 그것을 '이용'하여야 하며, 미공개정보를 인식한 상태에서 거래를 한 경우에는 특별한 사정이 없는 한 그것을 이용하여 거래한 것으로 봄이 상당하다. 서울중앙지방법원 2007. 7. 20. 선고 2007고합159 판결.

거래에서 호재성 정보의 내용을 상대방에게 알리고 거래하면 공개되지 아니한 중요한 정보를 이용한 것이 아니므로[44] 그 거래는 정보격차를 이용한 불공정한 거래행위라고 할 수 없다. 또한 이용행위에 이익을 취득하거나 손실을 회피하는 것에 대한 인식이 있어야 하며 부당이익이 일정 금액 이상이어서 가중처벌되는 경우 정확한 금액은 아니더라도 부당이익이 일정 금액 이상이 될 수도 있다는 것을 예상하거나 인식하여야 할 것이다.

2. 이용하게 하는 행위

가. 의 의

자본시장법은 회사관계자(前회사관계자 포함), 정보수령자가 타인에게 회사정보를 특정증권등의 매매, 그 밖의 거래에 이용하게 하는 행위를 금지하고 있다. 타인이 미공개중요정보를 거래에 이용하도록 그 타인에게 그 정보를 알려주는 경우이다. 정보를 이용하게 하는 행위는 그 정보의 수령자로 하여금 미공개정보 이용행위를 할 수 있는 가능성을 제공함으로써 정보의 우월성을 갖는 자의 범위를 확대시키고 새로운 범죄나 불법성을 야기시킬 우려가 있으며 회사관계자가 제3자를 통해 탈법적으로 미공개중요정보를 이용할 우려가 있기 때문에 처벌하는 것이다.[45]

이용행위를 하게 한 행위의 책임의 성립 요건으로서, 먼저 객관

44) 대법원 2006. 5. 11. 선고 2003도4320 판결.

45) 미국에서 논의되는 책임의 근거는 (1) 정보제공자의 정보제공행위와 정보수령자의 그 정보를 이용한 거래는 마치 정보제공자가 스스로 정보를 이용하여 거래함으로써 얻은 이익을 정보수령자에게 선물로 주는 것과 마찬가지이고(Dirks v. SEC, 463 U.S. 646(1983)) (2) 만약에 정보제공행위가 허용된다면 정보제공자는 그가 직접적으로 하지 못하는 것을 간접적으로 함으로써 내부자거래를 회피할 수 있으며 (3) 정보제공행위는 회사내부자가 주주들에 대해 공평하게 대해야 한다는 신인의무에 위배된다. 조인호, “정보제공자책임과 정보수령자책임—대법원 1995. 6. 29. 선고 95도467 판결과 대법원 2002. 1. 25. 선고 2000도90 판결—”, 365면 참조.

적 요건으로 직무관련등으로 중요정보를 알게 된 회사관계자나 그로부터 정보를 수령한 1차 정보수령자가 그 정보를 타인에게 전달하여야 하고, 주관적 요건으로는 그 타인에게 그 정보를 거래에 이용하게 하려는 의사 즉 고의가 있어야 하는데 고의의 내용은 정보제공자는 자신이 전달하는 정보가 중요한 정보라는 사실과 그 정보를 수령하는 자가 그 정보를 이용하여 거래하려 한다는 사실을 알고 있거나 예견하는 것이다. 상대방이 그 정보를 이용하지 않을 것이라고 생각하면서 정보를 알려주는 단순한 정보제공행위와는 구별된다. 예컨대, 정보이용을 하지 않을 것을 약속받고 정보를 전달하는 경우처럼 정보제공의 의사는 있으나 이용하게 할 의사가 없었던 경우는 처벌되지 않는다. 반면 정보수령자는 정보제공자가 자신이 거래에 이용할 것이라는 점을 예견하였다는 사실까지 인식할 필요는 없다. 따라서 상대방이 그 정보를 이용하지 않을 것이라고 생각하면서 정보를 알려주는 단순한 정보제공행위의 경우 정보제공자는 처벌되지 않으나 정보수령자는 처벌될 수 있다.

나. 정보수령자의 이용행위의 존부

회사정보를 이용하게 하는 행위도 이용행위와 마찬가지로 추상적 위험범이므로 정보제공자가 상대방이 정보를 이용할 것이라고 예견하면서 정보를 제공함으로써 범죄가 성립하며 정보수령자가 현실적으로 그 정보를 거래에 이용하여야 할 필요까지는 없다.[46] 이에 대하여 이용하게 하는 행위는 정보수령자가 당해 정보를 이용하는 때에 기수가 되고 처벌대상이 된다는 견해[47]가 있고, 대법원은[48] 이용하게 하는 행위는 2차 정보수령자와 1차 정보수령자의 의사의 합치하에 미공개내부정보를 전달받아 2차 정보수령자가 그 정보를

46) 박임출, 앞의 논문, 148면; 김건식, 앞의 책, 308면; 김건식·정순섭, 앞의 책, 295면.

47) 임재연, 자본시장법(2010), 772면.

48) 대법원 2002. 1. 25. 선고 2000도90 판결(신동방주식 사건).

거래에 이용하는 것이 당연히 예상된다고 판시하고 있으며, 하급심에서는 이용하게 하는 행위란 그 이용행위가 없다면 정보제공 행위만으로 증권시장의 공정성에 대한 사회 일반의 신뢰에 위험을 가져오지 않으므로 다른 사람의 이용행위를 전제한다고 판시한 사례가 있다.[49] 그러나 후술하는 바와 같이[50] 법문상 타인의 이용행위가 필요하다고 규정되어 있지 않고 추상적 위험범으로서 정보수령자의 이용행위가 없더라도 이용하게 하는 행위만으로도 불공정한 정보격차의 이용의 가능성을 확대하는 것으로 자본시장의 공정성과 투자자의 신뢰를 해할 우려가 있으므로 처벌 필요성이 있고 또한 이용하게 하는 행위 자체의 불법성이 정보수령자의 이용행위 유무에 따라 결정되는 것은 형사상 개인책임의 원칙이나 책임주의 원칙에도 부합하지 않는 면이 있다.

다. 타인의 범위

중요정보를 타인에게 이용하게 하는 경우 '타인'의 범위는 회사관계자가 정보전달하는 경우에는 1차 정보수령자만을, 1차 정보수령자가 정보전달하는 경우에는 2차 정보수령자만을 의미하는지가 문제된다. 예컨대 회사관계자가 1차 정보수령자에게 직접 정보를 제공하면서 1차 정보수령자가 이를 이용하지 않고 다시 특정인 또는 누군가에게 전달할 것을 예견하였고 2차 정보수령자가 이용행위를 한

49) 다른 사람으로 하여금 이를 이용하게 하는 행위는 다른 사람의 이용행위를 전제로 하고 그 이용행위가 없다면 정보를 제공하는 행위만으로 증권시장의 공정성에 대한 사회일반의 신뢰에 어떠한 위험을 가져오지 않으므로, 동 행위에 해당하기 위해서는 정보제공행위뿐만 아니라 정보수령자의 이용행위 및 정보제공행위와 그 이용행위 사이의 인과관계까지 인정되어야 하는데, 이 건에서 특정회사에 대한 호재성정보가 신문에 보도되어 이미 알고 있는 상태에서 그 회사의 원내부자로부터 그 정보를 들은 경우에는 이미 그 정보를 다른 경위로 알고 있으므로 인과관계를 인정할 수 없다. 서울중앙지방법원 2007. 12. 21. 선고 2007고합569 판결(서울고등법원 2008. 6. 4. 선고 2008노145 판결, 상고심(2008도5399) 계류중).

50) 제4장/제5절/Ⅰ./3./나. 이용하게하는 행위와 이용행위의 관계 참조.

경우이다. 법규정상 이용하게 하는 행위의 대상으로서의 '타인'은 정보제공자로부터 직접 정보를 수령한 자로 한정하고 있지 않으며 이용하게 하는 행위로서의 가벌성도 충분하기 때문에 규제대상이 된다고 보는 것이 타당하다.[51)]

이용하게 하는 행위에 있어 정보수령자의 이용행위가 필요없다는 입장에서는 1차 정보수령자 또는 그 이후의 정보수령자가 그 정보를 이용할 것을 예견한 경우에 규제대상이 될 수 있다. 정보수령자의 이용행위가 필요하다는 견해에 의하면 1차 정보수령자 또는 그 이후의 정보수령자가 이용행위를 한 경우에 규제대상이 될 것이다.

---

51) 증권회사 영업부장이 바로크가구 회사의 상무로부터 회사정보를 받아서 고객들에게 그 정보를 전달하여 증권거래를 한 사안에서 위 상무의 이용하게 하는 행위를 인정하였는데(대법원 1995. 6. 29. 선고 95도467 판결), 엄밀히 따지면 영업부장은 1차 정보수령자이지만 이용행위를 하지 않았고 2차 정보수령자라고 할 수 있는 그의 고객들이 영업부장으로부터 동 정보를 수령하여 이용행위를 한 것이다. 따라서 판결은 '그 정보를 다른 사람으로 하여금 이용하게 하는 행위'에서의 '다른 사람'은 1차 정보수령자뿐만 아니라 2차 이하 정보수령자도 해당될 수 있다는 해석의 길을 열어놓은 것이다. 조인호, "정보제공자책임과 정보수령자책임—대법원 1995. 6. 29. 선고 95도467 판결(바로크가구)과 대법원 2002. 1. 25. 선고 200도90 판결—", 372면.

제 5 절 기타 범죄성립 요건 및 형벌

Ⅰ. 기타 범죄성립 요건

1. 착수시기 및 기수시기

일반적으로 실행의 착수시기는 '행위자의 범행계획에 의하면 범죄적 의사가 당해 구성요건의 보호법익을 직접적으로 위태롭게 할 만한 행위 속에 명백히 나타난 때'라는 것이 통설[1]이고, 기수란 범죄의 실행에 착수하여 구성요건을 완전히 실현한 경우를 의미한다.

장내거래의 경우 고객이 증권회사 직원에게 매수 또는 매도 주문을 위탁하고 그에 따라 증권회사 직원이 증권시장에 매수 또는 매도 호가를 한 후 증권시장에서 그 호가에 일치하는 상대방 호가가 있으면 매매계약이 체결된다.[2] HTS의 방식에 의한 경우에도 증권회사를 통하여 호가가 제출되므로 마찬가지이다. 증권시장에 매매의 의사가 현출되는 때는 매매 주문의 단계가 아닌 매매호가의 단계이

1) 박상기, 형법총론, 박영사(2002), 343면; 이재상, 형법총론, 박영사(2002), 351면; 정성근·박광민, 형법총론, 삼지원(2001), 388면.

2) 한국거래소 유가증권시장업무규정은 호가(quote)라 함은 회원이 시장에서 매매거래를 하기 위한 매도 또는 매수의 의사표시를 말하며(제2조 제4항), 주문(order)이란 위탁자가 매매거래를 하기 위한 매도 또는 매수의 의사표시를 말한다(제2조 제5항)고 규정하고 있고, 자본시장법은 거래소 회원만이 증권시장이나 파생상품시장에서 거래하도록 규정하고 있다(제388조 제1항). 따라서 고객의 주문 의사표시의 효력은 거래소 회원인 증권사에만 미치고, 증권사의 호가 의사표시의 효력이 시장에 영향을 미친다.

며 그때 비로소 통상의 투자자가 불공정한 정보격차의 이용에 따른 거래에 응할 위험이 존재하게 되어 보호법익을 직접적으로 위태롭게 할 수 있다. 따라서 증권시장에 매매 호가가 표출될 때를 착수시기로 봄이 타당하다.

이용행위의 기수시기는 ① 매매 호가 시, ② 매매계약 체결 시, ③ 정보 공개 시, ④ 공개 후 이용행위에 제공된 주식을 매매한 시로 나누어 볼 수 있는데[3] 대체적으로 증권시장에서 매매계약이 체결된 때를 기수로 보고 있다.[4][5]

자본시장법은 '정보를 이용하여 거래한' 행위가 아닌 '정보를 거래에 이용하는' 행위를 규제하므로 앞서 언급한 바와 같이 그 거래가 현실적으로 존재할 필요가 없다. 계약 체결이 되지 않더라도 매매 호가만으로 증권시장의 투자자들이 불공정한 정보격차의 이용에 따른 매매에 응할 위험에 노출되어 증권시장의 공정성과 투자자의 신뢰를 해할 우려가 발생하기 때문에[6] 그 때 추상적 위험범으로서 미공개중요정보 이용행위는 기수에 이른다. 매매계약 체결 시는 거래 상대방의 행위가 개재되어 매매계약 체결이라는 결과를 창출하여 침해범적 성격을 띠게 되어 불합리하다. 따라서 100주의 매수호가를

---

3) 정보공개 시는 이용행위 자체와는 상관이 없고 이용행위가 범죄가 될 수 있는 기간의 종기를 나타내는 의미가 있을 뿐이고 주식 처분 시는 부당이익을 산정하기 위한 기준일이 될 뿐 이용행위 자체와는 관련이 없다.

4) 증권회사에 주문을 낸 시점에 실행의 착수가 있고, 계약성립시를 기수로 본다. 松本眞輔, 前揭書, 210頁; 매매 기타 거래를 한 경우만 규제대상이 된다고 하고 있다. 임재연, 자본시장법(2010), 768면.

5) 내부자거래는 추상적 위험의 발생도 필요로 하지 않는 형식범이지만 주문(신청, 승낙)만으로는 불충분하고 계약의 성립(신청과 승낙의 합치)이라는 결과를 필요로 하는 의미에서는 결과범이다. 박임출, 앞의 논문, 157면.

6) 매매계약의 체결에 이르지 아니한 매수청약 또는 매수주문이라 하더라도 그것이 증권의 가격을 상승 또는 하락시키는 효과를 가지므로 시세를 변동시키는 매매거래 또는 그 위탁이나 수탁을 하는 행위에 해당하고 단지, 매수의사 없이 하는 허수매수주문도 현실거래에 의한 시세조종행위의 유형에 속한다. 대법원 2002. 6. 14. 선고 2002도1256 판결.

하였으나 50주만 매매계약이 체결된 경우에는 100주 전체에 대하여 범죄가 성립하는 것이다. 호주에서는 R v Evans & Doyle(1999) 사건에서 호가만으로는 처벌되지 않는다고 판시하였으나[7] 2001년 법 개정으로 apply for를 위반행위로 규정하고 있어 호가행위만으로도 위반이 된다고 해석하는 견해가 있다.[8]

한편, 정보생성시점 이후 정보공개 전까지의 범죄성립가능기간 중에 수개의 매매호가행위가 있는 경우에는 전체를 포괄일죄로 보아 마지막 매매호가를 제출한 때 실행행위가 종료한 것으로 볼 것이다.

매매당사자가 개별적으로 거래하는 상대거래의 경우에는 장내거래와 달리 증권시장에 호가가 현출되지 않아 증권시장에 미치는 영향이 적지만 증권시장이나 파생상품시장 외의 거래행위에 있어서도 그 거래가 장내거래의 주가에 반영되기도 하며 자본시장법은 증권시장이나 파생상품시장보다 넓은 자본시장에서의 공정성과 투자자의 신뢰보호를 규제 목적으로 하고 있다. 따라서 장내거래의 경우

7) 호주에서 주식중개인 D는 Y회사 소유지 인근에서 광산이 발견되었다는 사실 및 그 사실이 오후 2시에 공식적으로 보도될 것이라는 정보를 지득한 후 이를 고객인 E에게 알려 주고 오후 2시에 보도가 이루어지는 즉시 Y사 주식을 매수하기로 하고 D는 약속대로 오후 2시에 거래소에 호가를 넣었는데 예상보다 보도가 몇 시간 늦어지는 바람에 보도 전에 호가를 한 결과가 되었고, 한편 검찰은 E가 D에게 주식의 매수를 부탁한 사실 및 D가 거래소에 호가를 입력한 사실로 기소하였는데(통상 호가가 있으면 곧 계약이 체결되므로 계약이 체결되었다는 사실은 기재하지 않았으나 실제로는 계약이 체결되었다.) 법원은 공소사실만으로는 E의 D에 대한 매수의뢰 및 D의 호가행위만이 있을 뿐이라서 법상 구성요건에 해당하지 않는다고 하여 무죄를 선고하였다. R v Evans & Doyle(1999) VSC 488(15. November 1999).

8) 당시 호주법상 금지행위는 purchase, agreement to purchase, subscribe for였고 쟁점이 된 agreement to purchase는 매도자와 매수자의 합의를 의미하는데 R v Evans & Dolye 판례는 D와 E 사이의 합의는 이에 해당하지 않는다고 판단한 것이다. 그러나 2001년 개정으로 subscribe for보다 넓은 의미인 apply for로 변경되어 논쟁은 있으나 거래소에 직접 호가행위를 한 D뿐만 아니라, E도 중개인 또는 대리인을 이용하여 거래행위(apply for)를 한 것이므로 처벌될 수 있을 것이다. Juliette overland, op. cit., p. 183.

와 달리 해석할 이유가 없다. 중요정보를 숨기고 그 정보를 거래에 이용하기 위하여 상대방에게 거래의 신청을 할 때 실행의 착수가 있고 그 거래가 성립하지 않더라도 상대방이 정보격차의 불공정한 이용에 따른 거래에 응할 위험에 노출됨에 따라 자본시장에서의 투자자의 신뢰를 해할 우려가 있으므로 기수에 이르는 것이다. 상대거래는 특정 상대방에게 중요정보를 숨기고 거래하므로 형법상의 사기죄도 성립할 수 있는데 사기죄의 보호법익이 재산권이며 피기망자의 처분행위가 있어야 기수에 이르는 점이 다르다.

이용하게 하는 행위의 경우, 대법원 판례에 따라 정보수령자의 이용행위가 있어야 이용하게 하는 행위가 성립된다면 이용하게 하는 행위에 나아감으로써 실행의 착수가 있고 정보수령자가 당해 정보를 이용하는 때에 기수가 된다고 할 수 있다.[9] 그러나 정보를 이용하게 할 의사로 정보를 제공한 때에 그 정보를 이용할 수 있는 자를 확대시켜 불공정한 정보격차의 이용가능성을 야기함으로써 보호법익을 위태롭게 한다. 이용하게 하는 행위는 이용행위를 전제로 하지 않는 독립적인 범죄 구성요건을 갖추는 추상적 위험범으로서 정보수령자에게 이용하게 할 의사로 정보를 제공함으로써 실행의 착수와 동시에 기수에 이른다고 해석함이 상당하다.

2. 고 의

가. 고의의 내용

죄의 성립요소인 사실을 인식하지 못한 행위는 벌하지 않고 다만 법률에 특별한 규정이 있는 경우에 예외로 한다(형법 제13조). 따라서 원칙적으로 고의범을 처벌하며 과실범은 특별한 규정이 있는 경우에 한하여 처벌한다. 자본시장법에는 미공개중요정보 이용행위

9) 이용하게 하는 행위와 이용행위를 필요적 공범으로 보는 판례의 태도는 후술하는 바와 같이 의문이 있다.

의 과실범에 대한 처벌 규정이 없기 때문에 고의범만 처벌된다. 고의란 행위자의 정신적·심리적 세계에 속하는 것으로서 구성요건의 객관적 요소에 해당하는 사실을 인식하고 구성요건의 실현을 의욕 내지 인용하는 것으로 정의되며[10] 일반적으로 고의의 대상은 행위주체, 행위객체, 행위태양, 행위의 외부적 상황, 인과관계, 가중적 요소, 규범적 요소 등이다. 그리고 구성요건의 기술적 요소는 사실의 인식, 구성요건의 규범적 요소는 그 의미의 인식이 필요하다.

행위주체는 '직무관련등으로 미공개중요정보를 알게 된 회사관계자' 또는 '그 회사관계자로부터 미공개중요정보를 받은 자'로서 진정신분범에 해당하므로 그 신분에 대한 인식이 필요하다. 회사관계자는 직무관련등으로 미공개중요정보를 알게 된 사실, 그 정보가 상장법인의 업무등에 관한 정보로서 투자자의 투자판단에 중대한 영향을 미칠 수 있고 법정 방법에 따라 공개되지 않은 것이라는 사실, 그리고 통상의 투자자들이 동 정보를 모르고 있을 것이라는 사실 등도 인식하여야 한다. 정보수령자는 회사관계자가 직무관련등으로 미공개 중요정보를 알게 된 사실, 수령한 정보가 투자자의 투자판단에 중대한 영향을 미칠 수 있는 정보로서 공개되지 않은 사실, 회사관계자로부터 제공받은 것이라는 사실을 인식하여야 한다. 가령 기자가 회사와 계약을 체결한 자이어서 그로 인하여 그 중요정보를 알고 이를 기사화한 경우에 그 기사를 통하여 중요정보를 알게 된 독자는 회사관계자로부터 중요정보를 받았다는 인식이 없기 때문에 처벌받지 아니한다.

행위의 태양으로 이용행위는 미공개중요정보의 내용 전부를 인

---

10) 구성요건의 객관적 요소에 해당하는 사실은 고의의 대상이고 그 대상에 대한 '인식'은 지적측면이며 '의욕'은 의지적 측면이다. 구성요건의 객관적 요소 중 '결과'의 발생에 대한 희망이 확정적 고의에서는 적극적으로 나타나고 미필적 고의에서는 약화된다. 임웅, 앞의 책, 137~138면, 148~150면 참조.

식할 필요는 없으나 그 정보 지득과 이용행위 사이의 상당인과관계를 인정할 정도의 사실에 대한 인식은 필요하다. 이용하게 하는 행위는 타인에게 정보를 제공하여 그 정보를 거래에 이용하게 할 의사가 있어야 한다. 즉 타인이 정보의 내용을 인식할 것이라는 정보제공의 의사뿐만 아니라 그 정보를 이용할 것이라는 것을 예견할 수 있어야 한다. 부당이익(또는 회피손실)의 취득은 요건이 아니므로 그에 대한 예견이나 인식은 필요 없다. 그러나 부당이익이 일정 금액 이상이어서 형을 가중하는 경우에는 결과적 가중범의 성격을 가지고 있고 책임주의 원칙상 중한 결과에 대한 예견이 필요하다(형법 제15조 제2항). 이때 부당이익의 발생을 예상하면 충분하고 부당이익의 구체적인 금액까지 예견할 필요는 없다고 본다.

한편, 객관적 구성요건요소를 모두 인식하고 있는 경우라도 일정한 경우 범죄가 성립하지 않는다. 정보와 관련없이 사전 계획에 따라 주식을 거래한 경우에는 정보지득 사실과 거래행위 사이에 인과관계가 없으므로 구성요건해당성을 결한다. 그리고 회사의 임원등이 회사의 분식회계 등 비리사실을 외부에 알린 경우에 그 목적이 공익을 위한 것인 경우,[11] 회사가 은행에서 대출을 받기 위해서 회사의 재정 및 경영상태나 회사의 장래성과 관련된 중요정보를 설명하는 경우에는 정당행위로서 위법성이 조각되고 적법행위에 대한 기대가능성이 없거나 강요되어 미공개중요정보 이용행위를 하게 된 경우에는 그 책임이 조각될 것이다.

11) 1983년 Dirks v. SEC 판결에서 주식중개회사의 직원인 피고인은 특정 회사의 분식회계 사실을 지득하고 월스트리트저널과 자신의 고객인 기관투자자들에게 알렸는데 기관투자자가 그 정보를 이용한 사안에서 피고인을 처벌하지 않았다. 호재성 정보는 회사가 스스로 공개할 유인이 큰 반면 악재성 정보는 은폐될 가능성이 큰데, 비리사실의 공개로 인하여 그 정보의 공개가 앞당겨졌으므로 공익을 위한 것으로 정보전달행위를 처벌하지 않은 것이다. Kristoffel R. Grechenig, "Positive and Negative Information–Insider Trading Rethought", Insider Trading Global Developments and Analysis, CRC Press(2009), p. 247.

나. 고의와 착오

행위자가 주관적으로 인식한 범죄사실과 객관적으로 발생한 범죄사실이 일치하지 않는 경우에 구성요건적 착오라고 한다. 고의의 관점에서는 실현된 구성요건의 객관적 사실을 인식하지 못한 것이다. 이때 어느 범위에서 고의 책임을 인정할 것인가에 따라 학설이 나뉘는데 여기에서는 행위자가 인식한 사실과 객관적으로 발생한 사실이 구체적으로 부합할 필요는 없으나 구성요건이 정하는 범위 내에서 또는 죄질이 동일한 범위 내에서 부합하면 고의 책임을 인정하는 판례[12] 및 지배적인 학설의 입장인 법정적 부합설의 입장에서 살펴본다.[13]

신분의 착오로는 전회사관계자에 해당함에도 기간 계산을 잘못한 경우나 정보제공자가 법인과 계약상의 관계에 있는 자임에도 1차 정보수령자라고 생각한 경우이다. 객체의 착오로는 회사의 임원 등이 호재성 정보를 알고 주권의 매수를 의뢰하였는데 증권회사 직원이 주권 발행회사의 전환사채를 구입한 경우가 있으며, 방법의 착오로는 악재성 정보를 지득하고 매도를 의뢰하였는데 증권회사 직원이 공매도를 한 경우가 있다. 이와 같은 구체적 사실의 착오의 경우에는 행위자의 인식이 구성요건에 해당되고 실제로 발생한 결과도 구성요건에 해당하므로 처벌이 가능할 것이다.

다. 정보의 중요성에 대한 판단

고의의 내용에는 정보의 중요성에 대한 가치판단도 포함된다.

---

12) 대법원 1987. 10. 26. 선고 87도1745 판결.

13) 이에 의하면 인식사실과 발생사실이 동일한 구성요건이나 죄질에 해당하는 구체적 사실의 착오의 경우, 예컨대 객체의 착오나 방법의 착오 등은 고의 책임을, 서로 다른 추상적 사실의 착오의 경우에는 인식사실의 미수와 발생사실의 과실 사이에 상상적 경합범이 성립된다. 그러나 미공개중요정보 이용행위는 미수범 처벌규정과 과실범 처벌 규정이 없어 원칙적으로 추상적 사실의 착오의 경우는 범죄 성립이 어려울 것이다.

투자자의 투자판단에 중대한 영향을 미칠 수 있는 정보라는 것은 기술적·사실적인 구성요건요소와는 달리 가치판단이 개입되는 규범적 구성요건요소이므로 그 의미의 인식이 필요하다.

판단의 기준은 통상의 투자자의 입장에서 객관적으로 판단한다. 따라서 일정한 사실을 인식하면 통상의 투자자의 입장에서 투자판단에 중대한 영향을 미친다고 판단됨에도 주관적으로 중요하지 않다고 판단하더라도 규범적 구성요건요소에 대한 인식이 있는 것이다. 즉 객관적으로 중요정보가 존재하고 행위주체가 그 중요정보에 해당하는 사실을 인식하고 있으면 그 중요성에 대한 오해가 있더라도 고의가 인정된다.[14] 결국 중요정보인지 여부에 대한 의미 인식의 문제는 중요정보에 해당하는 객관적인 사실을 어느 정도 인식하였느냐는 사실인식의 문제로 귀착되는 면이 있다.

통상의 투자자의 입장에서 악재성 중요정보라고 판단하는데 필요한 모든 사실을 회사관계자로부터 제공받은 경우에는 정보의 중요성에 대한 의미의 인식이 있는 것이고 그 중 일부사실을 제공받지 못하여 통상의 투자자의 입장에서 그 중요성을 인정할 수 없을 경우에는 의미의 인식이 없는 것이다. 그런데 일부 인식하지 못한 사실을 행위자가 스스로 자료를 수집·분석하여 알게 된 경우에는 의미의 인식은 있으나 그 분석정보는 회사관계자로부터 전달받은 정보가 아니므로 규제대상에서 제외될 것이다. 나아가 악재성 정보에 해당하는 모든 사실을 알고 있었으나 스스로의 노력으로 국가에서 동 기업의 서비스 이용자에게 거액의 보조금 지원을 한다는 호재성 정보를 알고 주식을 매도하지 않은 경우에는 악재성 정보에 대한 의미의 인식은 있었으나 호재성 정보로 인하여 그 악재성 정보를 이용하지 않았으므로 규제대상에서 제외될 것이다.[15]

14) 일본의 판례도 같은 취지이다. 葉玉匡美, 前揭論文, 40頁.
15) 木目田 裕·小林和眞呂, 前揭論文, 37頁.

3. 공범과 죄수

가. 공범과 신분

미공개중요정보 이용행위의 행위주체는 진정신분범이지만 비신분자도 형법 제33조의 규정에 따라 공동정범, 교사범, 방조범의 성립이 가능하다.

먼저 회사관계자의 미공개정보 이용행위에 신분 없는 자가 자금조달을 하는 등으로 가담한 경우에는 공동정범이 성립한다. 그리고 회사관계자가 B에게 정보를 전달해 줄 것을 A에게 부탁하여 A가 전달해 준 경우, A가 회사관계자가 B에게 그 정보를 이용하게 하려는 정을 알았을 경우에 이용하게 하는 행위에 가담한 신분없는 공동정범이 된다.[16] 그리고 A가 부탁에 따른 정보전달행위 외에 그 정보를 자신의 거래에 이용하면 1차 정보수령자의 정보이용행위도 성립하고 양자는 경합범의 관계에 있을 것이다. 이 경우 B는 1차 정보수령자가 될 것이다.

타인으로 하여금 정보를 이용할 의사를 일으키게 하고 그 의사에 따라 이용행위를 하는 경우에 이용행위의 교사범이 성립될 수 있다. 교사의 미수는 예비, 음모에 준하여 처벌되나 그 처벌규정이 없다. 이용하게 하는 행위와 정보이용행위의 교사는 타인에게 범행을 하게 한다는 점에서 그 범행구조가 비슷하지만 전자의 경우는 독립적인 구성요건으로 정보수령자의 이용행위 유무와 관계없이 성립하고, 후자는 정범의 성립에 종속되어 정보수령자의 정보이용행위가 있어야 성립하며 그 이용행위가 없으면 교사의 미수에 그치는 점이 다르다. 통상적으로 1차 정보수령자의 이용행위가 있으면 이용하게 하는 행위와 정보이용행위의 교사범이 함께 성립할 수 있고, 1차 정보수령자의 이용행위가 없으면 이용하게 하는 행위만 성립할 뿐이

16) 木目田 裕·小林和眞呂, 前掲論文, 97頁.

다. 2차 정보수령자의 정보이용행위는 처벌하지 않으므로 2차 정보수령자에 대한 교사범은 성립될 수 없으며 이용하게 하는 행위만 성립할 수 있다.

한편 이용하게 하는 행위에 대한 방조범의 성립도 가능하다. 방조란 타인의 범죄 실행을 용이하게 하는 일체의 행위로서 회사의 경영지원부장이 직무와 관련하여 알게 된 정보를 지인에게 주면서 차명계좌를 사용한 주식 매입을 부탁하고 위 부장이 송금한 돈으로 그 지인이 주식거래를 한 경우에 위 부장의 미공개중요정보 이용행위의 방조범이 성립될 수 있다.[17] 한편 회사관계자가 당해 법인의 호재성 정보를 모르는 친구로 하여금 주식을 사게 한 경우에는 간접정범의 성립도 가능하다.

나. 이용하게 하는 행위와 이용행위의 관계

대법원은 "1차 정보수령자가 타인에게 정보를 이용하게 한 행위에 있어서는 2차 정보수령자의 존재가 반드시 필요하고 2차 정보수령자가 1차 정보수령자와의 의사 합치 하에 미공개내부정보를 전달받아 거래와 관련하여 정보를 이용하는 행위가 당연히 예상되고, 그 범죄의 성립에 없어서는 아니될 2차 정보수령자의 그와 같은 관여행위를 처벌하는 규정이 없는 이상 형법 총칙상의 공모, 교사, 방조에 해당한다 하더라도 2차 정보수령자를 1차 정보수령자의 정보를 이용하게 한 행위의 공범으로 처벌할 수 없다."라고 판시하고 있다.[18][19] 이용하게 하는 행위와 그 정보를 받아 이를 이용하는 행위

17) 서울남부지방법원 2004. 10. 15. 선고 2004노948 판결.

18) 대법원 2002. 1. 25. 선고 2000도90 판결(신동방사건); 同旨: 서울고등법원 2002. 12. 6. 선고 2002노2314 판결.

19) 다만, 동 대법원 판례에서 2차 정보수령자가 1차 정보수령자의 이용행위에 가담한 것인지, 1차 정보수령자의 이용하게 한 행위에 가담한 것인지를 명확하게 분리하여 심리하지 않았음을 이유로 파기하였는데, 이는 1차 정보수령자의 '정보이용행위'에 대한 2차 정보수령자의 공범 성립을 부정하는 것은 아닌 것으로 해석된다.

는 쌍방이 논리필연적으로 존재하여야 하는 대향범이고[20] 2차 정보수령자의 이용행위를 처벌하지 않으므로 편면적 대향범이라는 것이다.[21]

대향범이란 반드시 상대방을 필요로 하는 범죄로서 관여자의 의사가 서로 반대되는 방향에서 합치되어야 하며[22] 증뢰와 수뢰, 음화의 판매와 구매, 원화의 지급과 영수, 업무상 비밀의 누설과 수령 등 관여자 쌍방의 의사가 서로 반대되면서 쌍방의 행위가 동시에 존재한다. 그런데 정보를 이용하게 하는(정보를 제공하는) 행위의 대향범은 정보를 수령하는 행위이지 그 정보를 받은 후 이용하는 행위가 아니므로 쌍방의 행위가 동시에 존재한다고 볼 수 없으므로 대향범이라고 보기 어렵다.

한편, 이용하게 하는 행위는 타인이 그 정보를 이용할 것을 예견하거나 인식하면서 타인에게 정보를 제공하는 것이므로 대부분의 경우 그 타인의 '이용행위'가 있을 것이지만 논리 필연적으로 존재하여야 하는 필요적 공범 관계는 아니라고 본다.[23] 상대방이 정보를 이용할 것을 예견하거나 인식하면서 정보를 제공함으로써 타인에 의한 정보격차의 불공정한 이용가능성을 증가시키고 그에 따라 자본시장의 공정성과 투자자의 신뢰를 해할 우려가 증가하므로[24] 정보를

20) 김상철, 앞의 논문, 720~731면.

21) 외화취득의 대상으로 원화를 영수하는 행위(대법원 1995. 3. 12. 선고 84도2747 판결), 관세가 면제되어 수입된 차량을 세관장의 승인 없이 양수하여 사용하는 행위(대법원 1988. 4. 25. 선고 87도2451 판결) 등에 있어, 원화 지급행위, 차량 양도행위 등은 처벌하지 않는 편면적 대향범으로서 형법총칙상의 공범규정이 적용되지 않는다고 판시하고 있다.

22) 임웅, 앞의 책, 381면.

23) 이에 대하여 '하게 하는 죄'는 '하는 죄'가 없으면 성립되지 아니하므로 필요적 공범관계를 인정하여야 한다는 주장이 있다. 西村克彥, "對向犯의 分析", 判例時報 726号, 3頁; 김상철, 앞의 논문, 732면.

24) 정보전달은 내부정보를 가지고 있는 자가 늘어난다고 해도 그것만으로 시장에 악영향을 미친다고 보기 어려우나, 내부자거래가 일어날 위험성을 가중시킨 점이 있다. 藤田友敬, 内部者取人規制(1999. 3.), 20頁.

제공함으로써 범죄가 성립된다고 보는 것이 상당하다.[25)][26)][27)] 또한 친구의 의사를 묻지 않고 정보를 알려 주는 경우처럼 그 타인과 의사의 합치가 없어도 규제대상이 된다고 본다.

이용하게 하는 행위란 교사범 형태의 독립적 구성요건으로 정보수령자의 이용행위를 전제로 하지 않는다고 해석하는 것이 타당하다.[28)] 따라서 2차 정보수령자의 1차 정보수령자의 이용하게 하는 행위에 대한 형법총칙상의 공범 성립은 가능하다.

위와 같은 법리는 회사관계자의 이용하게 하는 행위와 1차 정보수령자의 이용행위와의 관계에 그대로 적용될 것이다. 다만 판례의 태도에 따르면 대향범의 관계에 있지만 1차 정보수령자의 이용행위를 처벌할 수 있다는 점이 다르다.

다. 죄 수 론

통상적으로 미공개중요정보 이용행위는 그 중요정보가 공개되기 전에 증권시장에서 수차례에 걸쳐 매매호가를 하는 경우가 많다. 미공개중요정보를 지득한 자가 그 공개 전에 증권시장에 여러 번의 매매호가를 하는 경우 매매호가 시마다 1개의 범죄가 성립하지만 단일한 범의 하에 동일한 정보를 이용하여 반복적으로 행하여진 행위이므로 접속범으로서 포괄일죄가 성립하며[29)] 마지막 호가시에 실

25) 박임출, 앞의 논문, 148면; 김건식, 앞의 책, 308면; 김건식·정순섭, 앞의 책, 295면.

26) EU지침, 영국, 호주 등은 정보제공행위나 추천행위를 규제므로 정보제공시나 추천행위 시에 범죄가 성립된다. 이러한 행위를 규제하는 것은 자본시장의 공정성과 투자자신뢰 보호를 해할 우려 때문일 것이다.

27) 예컨대, 정보를 달라는 친구의 요청으로 정보를 제공하였으나 친구가 마음이 바뀌어 정보이용행위를 하지 않은 경우에 그 행위를 규제하지 못하는 것은 불합리하다.

28) 미국은 정보수령자의 거래가 없으면 사기행위가 완성되지 않으므로 정보수령자의 거래가 있어야 정보제공자의 책임이 인정된다. 川口恭弘 등 6인, 前揭論文, 537頁.

29) 단일하고도 계속된 범의 아래 동종의 범행을 일정기간 반복하여 행하고 피해법익도 동일하면 각 범행을 포괄하여 1죄로 처벌하여야 한다. 대법원

행행위가 종료된 것으로 본다. 그러나 공모자가 다르거나 거래명이 다른 경우에는 별개의 범죄가 성립할 수 있다.[30] 2개 회사가 공유하는 동일한 회사정보를 이용하여 거래한 경우, 예컨대 2개의 상장회사 사이의 자원개발을 위한 합작투자가 양 회사에 모두 호재성 정보이고 그 정보를 이용하여 양 회사의 주식을 산 경우에 정보는 동일하지만 거래대상 주식이 다르므로 2개의 범죄가 성립되고 양죄는 경합범으로 봄이 타당하다.

Ⅱ. 형 벌

1. 법정형

자본시장법은 미공개중요정보 이용행위에 대하여 징역·벌금·자격정지의 법정형을 규정하고 있다. 위반행위로 얻은 이익 또는 회피한 손실액에 따라 징역형이나 벌금액의 상한을 달리 규정하고 있다. 기본적으로 미공개중요정보 이용행위의 죄를 범한 자는 10년 이하의 징역 또는 5억원 이하의 벌금에 처하고, 그 위반행위로 얻은 이익 또는 회피한 손실액의 3배에 해당하는 금액이 5억원을 초과하는 경우에는 그 이익 또는 회피한 손실액의 3배에 상당하는 금액 이하의 벌금에 처하도록 하고 있다(법 제443조 제1항). 일정 금액 이상의 부당이익액(또는 손실회피액)은 구성요건요소의 일부가 된다.[31] 또한 미공개중요정보 이용행위로 인한 부당이익액(또는 손실회피액)이 50억 이상인 경우에는 무기 또는 5년 이상의 징역에, 5억원 이상 50억원 미만인 경우에는 3년 이상의 유기징역에 처하도록 규정하고 있다(법 제443조 제2항). 부당이익이 일정 금액 이상인 경우 그 형을

2000. 1. 21. 선고 99도4940 판결; 대법원 1996. 4. 23. 선고 96도417 판결.

30) 名古屋地方裁判所 平成 9年9月30日 判決, 松本眞輔, 前掲書, 263頁.

31) 대법원 2004. 3. 26. 선고 2003도7112 판결; 2002. 7. 26. 선고 2002도1855호 사건 등.

가중하는 별도의 가중처벌 구성요건으로서 결과적 가중범의 성격을 가지고 있다.

기본행위는 미공개중요정보 이용행위로서 고의있는 행위여야 하고, 중한 결과는 고의(부진정 결과적 가중범)뿐만 아니라 과실(진정 결과적 가중범)로 발생시킨 경우도 포함된다. 결과적 가중범도 "고의·과실 없으면 책임없다"라는 책임주의의 원칙에 따라 중한 결과에 대한 예견가능성 즉 과실을 성립요건으로 하고 있다.[32] 따라서 중한 결과에 대하여 행위자에게 고의나 과실을 인정할 수 없는 경우 즉 결과 발생을 예견할 수 없었다면 처벌할 수 없다. 행위 시에 부당이익의 구체적인 금액을 예견하는 것은 불가능하므로 부당이익의 발생을 예견하면 충분하다. 가중처벌 구성요건에 해당하려면, ① 고의에 의한 미공개중요정보 이용행위가 있어야 하고 ② 그 기본범죄로 인해 발생한 부당이익(또는 회피손실액)이 일정 금액 이상이어야 하며 ③ 미공개중요정보 이용행위와 부당이익 사이에는 상당인과관계가 있어야 하고 ④ 부당이익의 발생에 대하여 고의 또는 과실이 있어야 한다.

그런데 부당이익이나 회피손실액은 가중구성요건이므로 그 산정방법이 명확할 필요가 있으나 자본시장법은 그 산정방법에 대하여 아무런 규정을 두고 있지 않다. 따라서 현재 실무나 판례에서 인정하는 산정방법의 타당성을 검토해 볼 필요가 있다. 그리고 이용하게 하는 행위에 가중처벌 규정이 적용되는지 여부도 문제된다. 자본시장법의 벌칙 조항은 이용하거나 이용하게 한 자를 동일하게 취급하고 있으므로(자본시장법 제443조 참조) 가중처벌 규정도 당연히 적용되는 것으로 해석되나, 실제 이용행위로 인한 부당이익이나 회피손실은 이용행위자의 것이고 이용하게 한 자의 것이 아닌 경우가 많을

32) 형법 제15조 제2항은 "결과로 인하여 형이 중한 범죄에 있어서 그 결과의 발생을 예견할 수 없었을 때에는 중한 죄로 처벌하지 아니한다."라고 규정하고 있다.

것이므로 그 법정형을 명확히 할 필요가 있을 것이다.

2. 양벌규정

가. 의 의

자본시장법에서는 법인 또는 개인의 업무에 관하여 그 법인의 대표자나 법인 또는 개인의 대리인, 사용인 그 밖의 종업원이 미공개중요정보 이용행위를 한 경우에는 그 행위자를 벌하는 외에 그 법인 또는 개인에게도 해당 조문의 벌금형을 과한다(제448조 본문). 예컨대 법인의 대표이사가 법인의 업무로서 자사주를 취득하거나 개인의 집사가 그 개인의 재산업무에 관하여 주식거래[33] 등을 하는 경우이다.

'업무에 관하여'란 당해 행위가 법인 또는 개인의 업무에 관련되어 행해지고 그 효과도 법인 또는 개인에 미치는 것을 말하며 그 업무와 관계없이 한 위반행위에는 적용되지 않는다. 대리인, 사용인 그 밖의 종업원은 회사관계자 중 원내부자인 상장법인의 임직원·대리인의 범위와 동일하며 임원은 사용인, 그 밖의 종업원의 범위에 포함된다. 고용계약이 없더라도 업무 보조자로 일하면서 사용자의 통제 하에 있는 자도 종업원에 포함된다.[34]

자본시장법은 양벌규정에 법인 또는 개인이 그 위반행위를 방지하기 위하여 해당 업무에 관하여 상당한 주의와 감독을 게을리하지 아니한 경우에는 책임을 지지 않는다는 단서 조항을 신설하였다(법 제448조 단서). 종업원의 범죄행위에 대하여 영업주에게 비난받을 만한 행위가 있었는지 여부와 관계없이 처벌하는 무과실책임주의는 책임 없는 자에게 형벌을 부과할 수 없다는 책임주의에 반한다는 헌법

33) 대법원 2008. 11. 27. 선고 2008도6219 판결.

34) 회사의 업무가 폭주하여 고용계약 없이 투자상담, 심부름 등 회사의 업무를 보조한 자도 법인의 임직원·대리인에 포함된다. 대법원 1993. 5. 14. 선고 93도344 판결.

재판소 결정[35] 취지를 반영한 것이다.

법인의 대표자는 그 행위가 법인의 행위로 간주되므로 위 단서 조항이 적용될 여지가 없으나, 그 외의 경우에는 대표자나 감독자가 주의나 감독을 게을리 하였는지 여부가 문제될 것이다. 대규모 기업 조직의 경우에는 법인 등의 대표자가 항상 자발적으로 직접 종업원의 구체적 행위를 지시·감독하는 것이 불가능하기 때문에 예를 들어, 위반행위를 방지하기 위해 적절한 제도, 내부통제조직을 만들고 그 조직이 적절히 기능할 수 있도록 주의감독하고 있었다면 상당한 주의를 기울였다고 볼 수 있을 것이다.[36]

나. 양벌규정의 적용범위

법인의 임원등이 법인의 업무에 관하여 미공개중요정보를 자사주 매입이나 자사주 매도에 이용한 경우에, 임원등의 처벌여부 및 적용법조가 문제된다. 먼저 법인은 법 제174조에서 금지규정의 주체로 규정되어 있지만 법 제443조의 처벌규정으로 직접 의율할 수 없다. 법인에게 징역형을 선고하는 것은 무의미하고 법인은 범죄능력도 없기 때문에 양벌규정으로 처벌할 수밖에 없다.

한편, 임원등의 경우는 견해가 나뉜다. 1설은 양벌규정의 '행위자를 처벌하는 외'라는 문언에 의해서 그 규정의 수범자가 임원등에게도 확장되어 범죄가 성립한다고 한다.[37] 임원등은 먼저 양벌규정인 법 제448조가 적용되고 그 규정에 의하여 처벌규정인 법 제443

35) 헌법재판소 2007. 11. 29. 선고 2005헌가10 결정.

36) 松本眞輔, 前揭書, 213頁.

37) 木目田 裕·山田將之, "インサイダー取引規制における實務上の諸問題(1); 規制の概要と法一六六條の成立要件(上)", 98頁; 본칙에서 금지 내지 의무의 주체인 사람(人)을 한정하고 벌칙에서 처벌주체를 종업원까지 확대하는 취지로 규정하고 있지 않은 경우에는, 행위자인 종업원은 양벌규정의 '행위자를 처벌하는 외'의 규정에 의하여 비로소 처벌되며, 이런 의미에서 위 문언은 행위주체를 확대하는 것으로 구성요건을 수정하는 것이라고 할 수 있다. 伊藤榮樹, 注釈特別刑法(第一券), 立花書房(1985), 248頁.

조가 적용된다. 이런 과정을 거치는 이유는 법인의 범죄능력이 인정되지 않기 때문이다. 2설은 회사의 업무로 미공개중요정보를 이용하더라도 임원등은 법 제174조의 미공개중요정보 이용행위 금지 규정의 주체이므로 법 제443조의 처벌규정이 직접 적용된다는 것이다. 자신의 계산으로 하든 법인의 계산으로 하든 미공개중요정보 이용행위가 성립하므로 2설이 타당하며,[38] 판례의 태도도 같다.[39][40]

한편, X상장회사와 계약관계에 있는 A회사의 임원 갑이 그 계약 이행 과정에서 X회사의 호재성 정보를 알게 되자, 갑은 A사의 업무와 관련하여 B사의 임원 을과의 사이에 을이 B회사의 명의로 X회사의 주식을 매수한 후 A회사에게 그 배당을 지급하기로 합의하고, 위 을이 그 정보를 이용하여 B회사의 명의로 X회사 주식을

38) 반면, 허위의 증권신고서 제출 금지규정의 수범자는 법인이지만 처벌규정의 행위주체는 "~제출한 자"라고 규정하여 금지규정의 주체와 처벌규정의 주체가 다르다. 이때 법인의 대표이사가 허위의 증권신고서를 제출한 경우, 금지규정의 수범자는 법인이더라도 처벌규정에서 행위주체는 대표이사이므로 처벌규정에 의해서 직접 처벌을 할 수 있다는 주장과 증권신고서의 제출의무자는 법인이지 대표이사가 아니므로 양벌규정의 '행위자를 처벌하는 외'라는 문언에 의해서 그 규정의 수범자가 대표이사에게도 확장되어 범죄가 성립한다는 주장이 가능하다. 이 경우에는 금지규정의 위반자는 법인인데 처벌의 주체는 그 행위자인 것이 모순되므로, '행위자를 처벌하는 외'의 문언에 의하여 그 행위자가 처벌되는 것으로 보는 것이 상당하다.

39) A사의 대표이사가 B상장법인의 미공개중요정보를 이용하여 A사가 소유하고 있던 B사 발행의 주식을 매도한 사례에서 대표이사는 미공개정보 이용행위의 처벌규정으로, A사는 양벌규정으로 처벌하였다. 2007. 7. 26. 선고 2007도4716 판결; 상장회사의 임직원들이 회사가 부도위기에 처하자 감자 이사회 결의 전에 자사주식을 매각한 사례에서 양벌규정인 아닌 미공개정보 이용행위의 처벌 규정으로 처벌하였다. 대법원 2002. 4. 12. 선고 2000도3350 판결; 회사 대표이사가 회사 소유의 타 회사 발행의 주식을 미공개중요정보를 이용하여 매도한 사안에서 대표이사는 미공개정보 이용행위의 처벌규정, 법인은 양벌규정으로 처벌하였다. 수원지방법원 2003. 7. 25. 선고, 2003고단1044, 1999(병합) 판결.

40) 회사의 중요정보를 지득한 개인으로부터 그 소유의 동 회사 주식 처분을 요청받은 자가 주식 처분에 관한 개인의 사용인 내지 대리인으로서 동 정보를 주식처분에 이용한 경우, 대리인은 직접 처벌규정으로, 그 개인은 양벌규정으로 처벌하였다. 서울고등법원 2008. 6. 24. 선고 2007노653.

매수한 경우에, 갑의 행위에 대하여 A회사는 당연히 양벌규정으로 처벌되나 을과 B회사까지도 공범으로 처벌할 수 있는지 문제된다.[41)]

위 1설에 의하면 갑은 양벌규정의 '행위자를 처벌하는 외'의 문언에 따라 처벌되고 A회사는 양벌규정의 적용을 받는다. 이때 을은 갑의 위반행위에 대한 신분없는 공범으로 A회사 임원은 아니지만 A회사 임원인 갑의 공범자가 되어 처벌된다.[42)] 그런데 을의 공범행위는 B회사가 아닌 A회사의 금지규정 위반을 전제로 한 것이기 때문에 을의 공범행위로 B회사까지 양벌규정의 대상이 되지는 않는다.[43)] 위 2설에 의하여도 갑은 처벌규정의 대상이므로 을은 갑의 위반행위에 대한 신분 없는 공범으로 처벌이 되지만 을의 공범행위는 A회사의 금지규정 위반을 전제로 하는 것이므로 B사까지 양벌규정의 적용을 받는 것은 아니다. 결론적으로 양벌규정의 적용을 받는 법인과 신분 없는 다른 법인과의 공범은 성립하지 않는다.

41) 을의 B회사의 업무와 관련한 위반행위는 논외로 한다.

42) 갑은 A회사의 임원이고 그 행위가 A회사의 업무에 관련한 경우에 한하여 범죄주체가 되므로 그러한 의미에서 신분범이고, 갑의 행위에 가공한 을은 비신분자로서 공범이 된다.

43) 木目田 裕·山田將之, "インサイダー取引規制における實務上の諸問題(1); 規制の概要と法一六六條の成立要件(上)", 98~99頁.

제5장

시장정보를 이용한 미공개정보 이용행위의 특칙

제1절 서 설

구 증권거래법 하에서 미공개중요정보 이용행위는 상장법인의 회사관계자나 그 정보수령자가 당해 법인의 업무등에 관한 정보를 이용하여 당해 법인이 발행한 유가증권을 거래하는 경우를 규제하였다. 즉 회사의 원내부자나 준내부자, 그들로부터 정보를 받은 자를 규제대상자로, 회사의 업무등에 관한 정보를 규제대상 정보로, 그 회사 발행의 유가증권을 규제대상 증권으로 하여 회사 중심으로 미공개중요정보 이용행위를 규제하여 왔다. 다만 그에 대한 예외로서 회사외부자인 공개매수자의 회사관계자나 그 정보수령자가 증권의 수급에 관한 정보로서 시장정보에 해당하는 미공개된 공개매수의 실시 또는 중지에 관한 정보를 이용한 거래를 규제하는 특칙을 규정하고 있었다(이하 '공개매수 특칙'이라 한다). 공개매수정보가 회사외부정보이고 그 행위자도 회사외부자임에도 공개매수가 투자자의 투자판단이나 주가에 미치는 영향이 중대하여 정보격차의 불공정한 이용으로 규제할 필요가 있었기 때문이다.

자본시장법에서는 그 외에 주식등의 대량취득·처분의 실시 또는 중지에 관한 미공개정보를 거래에 이용하거나 이용하게 하는 행위를 규제하는 특칙을 신설하였다(이하 '대량취득·처분 특칙'이라 한다). 주식등의 대량취득자나 대량처분자는 주식등 발행회사의 외부자이고 그 정보도 회사외부정보로서 시장정보에 해당함에도 주식등의 대량취득이나 처분은 회사에 대한 지배권이나 경영권의 변화를 의미하는 중요한 것으로 투자자의 투자판단에 미치는 영향이 중대하므로 그 불공정한 정보격차의 이용을 규제할 필요가 있기 때문이다. 자본시장법은 구 증권거래법에 비해 규제대상으로서 회사외부자의 범위와 시장정보의 범위를 확대하였으나 아직도 업무정보 이외의 시장정보를 원칙적인 규제대상으로 하지 않고 있다. 시장정보도 투자자의 투자판단에 중대한 영향을 미치는 한 규제대상으로 함이 타당하다.

제 2 절 공개매수정보의 이용행위

Ⅰ. 의 의

자본시장법은 주식등에 대한 공개매수의 실시 또는 중지에 관한 미공개정보를 그 주식등과 관련된 특정증권등의 매매, 그 밖의 거래에 이용하거나 타인에게 이용하게 하는 행위를 금지한다(법 제174조 제2항). 이는 공개매수대상회사의 회사관계자가 아닌 공개매수자가 공개매수대상회사의 업무정보가 아닌 시장정보를 이용하는 것을 금지하는 것으로 공개매수는 투자자의 투자판단에 중대한 영향을 미치기 때문에 특칙으로 규정한 것이다.

구 증권거래법은 공개매수 특칙에 대하여 일반적인 미공개정보 이용행위 금지조항을 준용하는 입법형식이었으나, 자본시장법은 공개매수 특칙을 별도로 규정하면서 행위주체별로 정보지득 경위를 세분화하고 행위주체에 공개매수자와 계약체결 교섭중인 자를 추가하였고, 공개매수자의 공개매수를 목적으로 한 거래는 규제대상에서 제외하는 규정을 신설하였다.[1)][2)]

1) 미국 SEC는 부정유용이론을 바탕으로 SEC Rule 14e-3의 규칙을 제정하여, 기업매수자, 대상회사, 그의 이사나 임직원 등으로부터 공개매수 정보를 입수한 자가 이를 공개하거나 그 정보를 이용한 증권거래를 금지하고 그 정보를 이용하여 증권거래를 할 것으로 합리적으로 예견되는 외부인에게 그 정보를 제공하는 것을 금지하고 있다. 규제대상 정보는 SEC Rule 10b-5에 규정에 의하면 신인의무위반에 의해서 얻어질 것을 요하지만, SEC Rule

공개매수란 기업지배권의 획득이나 유지 등을 목적으로 불특정 다수인에 대하여 의결권 있는 주식등의 매수의 청약을 하거나 매도의 청약을 권유하고 증권시장 밖에서 그 주식등을 매수하는 것을 말한다(법 제133조 제1항). 장외에는 장외거래뿐만 아니라 장외거래와 실질적으로 동일한 사전 협의된 장내매수(시간외매매)도 포함한다. 자본시장법은 주식등의 매수를 하는 날로부터 6개월간 장외에서 10인 이상으로부터 매수·교환·입찰, 그 밖의 유상취득을 한 후에 공개매수자와 특별관계자가 보유하게 되는 주식등의 수의 합계가 그 주식등 총수의 5% 이상이 되는 경우나 본인과 그 특별관계자가 보유하는 주식등의 수의 합계가 그 주식등 총수의 5% 이상인 자가 그 주식등의 매수 등을 하는 경우 반드시 공개매수에 의할 것을 규정하고 있다(법 제133조 제1항, 제2항). 이는 회사의 지배권이 변동될 수 있기 때문에 공개매수자의 불공정한 주식 매수로부터 또는 공개매수 대상회사 경영진의 부당한 방어책으로부터, 대상회사의 주주가 충분한 정보없이 성급하게 매도하는 것을 방지함으로써 주주의 이익을 보호하기 위한 것이다.[3] 이때 5%는 매수하는 주식의 규모가 아니라 매수 등을 한 후에 본인 등이 보유하게 된 지분비율을 의미한다. 공개매수자는 공개매수 공고일 이후 공개매수 이외의 방법으로 주식등을 취득할 수 없다.

14e-3의 규정에 의하면 그러하지 아니하다. 손성, 앞의 논문, 268면~269면 참조.

2) 일본은 공개매수를 하는 자는 그 공개매수의 실시 또는 중지에 관한 사실이 공표되기 전에 공개매수의 실시와 관련하여서는 매수등을, 공개매수의 중지와 관련하여서는 매도등을 하지 못한다고 규정하고 있다(金融商品去來法 제167조).

3) 임재연, 자본시장법(2010), 420면; 김건식·정순섭, 앞의 책, 227면.

Ⅱ. 공개매수자

공개매수자란 공개매수의 공고를 한 자[4]를 의미하고 법인뿐만 아니라 개인도 공개매수자가 될 수 있으며 상장법인임을 요하지 아니한다.

공개매수자가 법인인 경우에 행위주체의 의미와 범위는 일반적인 미공개중요정보 이용행위의 경우와 거의 동일하다.[5] 공개매수회사(그 계열회사를 포함)의 임직원 및 대리인은 그 직무와 관련하여, 공개매수회사의 주요주주는 그 권리를 행사하는 과정에서, 공개매수회사에 대하여 법령에 따른 허가·인가·지도·감독, 그 밖의 권한을 가지는 자는 그 권한을 행사하는 과정에서, 공개매수회사와 계약을 체결하고 있거나 교섭 중에 있는 자의 경우에는 그 계약 체결·교섭 또는 이행과정에서, 공개매수회사의 주요주주나 준내부자의 사용인이나 그 밖의 종업원은 직무와 관련하여 그 정보를 지득하여야[6] 행위주체가 되는 진정신분범이다.

공개매수 특칙은 법문상 법인을 전제로 한 규정양식을 띠고 있지만 공개매수자는 법인이 아닌 개인이나 개인기업도 가능하므로 이들에게도 당연히 적용된다. 따라서 공개매수인의 사용인, 그 밖의 종업원이나 공개매수인과 법률상 또는 계약상의 관계가 있는 자도 규제대상이 된다. 그러나 공개매수인은 개인이므로 주요주주는 존재할 수 없다. 향후 공개매수자를 규정함에 있어 법인과 개인으로 나

4) 자본시장법 제134조 제2항.

5) 편의상 공개매수자가 법인인 경우 공개매수회사, 공개매수자가 개인인 경우 공개매수인, 그리고 행위주체를 공개매수관계자로 표현한다.

6) A회사가 B회사를 공개매수함에 있어 그 주간사계약을 체결한 증권회사의 담당 직원이 공개매수 업무와 관련하여 A회사와 법률자문계약을 체결한 법무법인과 재무자문계약을 체결한 증권회사와 교섭하면서 위 정보를 지득하고 지인에게 알려준 행위로 처벌하였다. 대법원 2008. 12. 22. 선고 2005도10122 판결(하급심, 서울중앙지방법원 2008. 10. 22. 선고 2008노2270 판결, 서울중앙지방법원 2008. 6. 25. 선고 2008고정1502 판결).

누어 행위주체를 규정할 필요가 있다.

그리고 위와 같은 지위에서 공개매수정보를 지득한 후 그 지위에 해당하지 않게 된 날로부터 1년이 경과하지 않은 전(前)공개매수관계자도 규제대상이다. 그리고 공개매수관계자나 전공개매수관계자로부터 정보를 받은 1차 정보수령자만이 규제대상이다.

주권상장법인은 해당 법인의 명의와 계산으로 이익배당을 할 수 있는 한도 내에서 공개매수의 방법으로 자기주식을 취득할 수 있다(법 제165조의2 참조). 이 경우에는 주권상장법인이 자기주식을 취득하면 자산의 변동이 발생하므로 시장정보가 아닌 당해 법인의 재산·경영에 관한 업무정보에 해당하게 되어 일반적인 미공개중요정보 이용행위가 적용될 것이다.

Ⅲ. 공개매수 정보

자본시장법은 '주식등에 대한 공개매수의 실시 또는 중지에 관한 미공개정보'를 규제대상으로 규정하고 있다.

1. 주식등의 개념

주식등이란 공개매수의 적용대상 증권으로서 의결권 있는 주식, 그 밖에 의결권 있는 주식과 관계되는 증권을 의미한다.[7] 첫째 ① 주권상장법인이 발행한 증권으로서 그 중에서 ㉠ 주권, 신주인수권이 표시된 것, 전환사채권, 신주인수권부사채권과 ㉡ 위 ㉠의 증권

7) 법 제133조 제1항 및 시행령 제139조 참조. 법에는 '의결권 있는 주식, 그 밖에 대통령령으로 정하는 증권'으로 규정하여 공개매수의 대상이 의결권 있는 '주식'과 '그 밖에 대통령령으로 정하는 증권'으로 표현하였는데, 시행령에서는 '의결권 있는 주식, 그 밖에 대통령령으로 정하는 증권'이란 '의결권 있는 주식에 관계되는 다음 각 목의 어느 하나에 해당하는 증권'이라고 그 표현을 약간 달리하고 있는바, 처음부터 법에서 '의결권 있는 주식과 그와 관계되는 대통령령으로 정한 증권'으로 표현하는 것이 좋을 듯하다.

과 교환을 청구할 수 있는 교환사채권, 그리고 ⓒ 위 ㉠과 ㉡의 증권을 기초자산으로 하는 파생결합증권으로 그 권리의 행사로 그 기초자산을 취득할 수 있는 파생결합증권이 이에 해당한다. 둘째 ② 위 ①의 주권상장법인 외의 자가 발행한 증권으로서 ㉠ 위 ①의 증권과 관련된 증권예탁증권과 ㉡ 위 ①의 증권이나 ②의 ㉠의 증권예탁증권과 교환을 청구할 수 있는 교환사채권, 그리고 ⓒ 위 ①의 증권이나 ②의 ㉠에 따른 증권예탁증권, ②의 ㉡에 따른 교환사채권 등의 증권을 기초자산으로 하는 파생결합증권으로 그 권리의 행사로 그 기초자산을 취득할 수 있는 파생결합증권 등이 이에 해당한다. 즉 주권상장법인이 발행한 증권으로 의결권 있는 주식과 관련된 주권이나 채권, 그와 교환할 수 있는 교환사채권, 그리고 이들을 기초자산으로 하는 파생결합증권 등 권리행사로 기초자산을 취득할 수 있는 것으로 모두 의결권 있는 주식이거나 의결권 있는 주식을 취득할 수 있는 권리가 있는 증권이다. 그리고 타법인이 발행한 것으로서 주권상장법인이 발행한 위 의결권과 관련 있는 주식이나 증권을 취득할 수 있는 증권예탁증권, 교환사채권, 파생결합증권을 말한다.

2. 정보의 중요성

정보의 내용은 주식등에 대한 공개매수의 실시 또는 중지에 한한다. 공개매수의 중지란 공개매수자가 공개매수의 실시를 공고한 후 그 공개매수를 하지 않기로 결정한 것을 의미한다.[8] 공개매수의 실시를 예정하였으나 그 공고 전에 중지하기로 한 경우는 공개매수의 중지가 아니다.

자본시장법은 규제대상 정보를 단순히 '공개매수의 실시 또는 중지에 관한 미공개정보'라고만 규정하고 일반적인 미공개중요정보

8) 일본 金融商品去來法은 공개매수자가 공개매수의 실시 결정을 공표한 후 그 공개매수를 하지 않을 것을 결정한 것을 의미한다고 규정하고 있다(법 제167조 제2항).

이용행위의 경우처럼 투자자의 투자판단에 중대한 영향을 미칠 수 있는 미공개중요정보라고 규정하지 않고 있어 공개매수정보의 중요성이 필요한지가 문제된다.

공개매수의 경우에도 중요성의 요건이 구비되어야 한다는 견해가 있으나[9] 공개매수는 증권시장 밖에서 그 주식등의 총수의 100분의 5 이상을 취득하는 것으로 기업의 지배권 변동을 목적으로 하기 때문에 그 자체가 이미 중요정보이다. 구 증권거래법은 공개매수에 관하여 미공개정보 이용행위의 규정을 준용하면서 규제대상인 '공개매수의 실시 또는 중지에 관한 정보'를 중요한 정보로 간주하였고 자본시장법도 제174조에서 '미공개중요정보 이용행위 금지'라는 제목 하에 제1항의 일반적인 미공개중요정보 이용행위 및 제3항의 주식등의 대량취득·처분 정보의 이용행위와 함께 제2항에서 공개매수정보의 이용행위를 미공개중요정보 이용행위의 한 유형으로 규정하고 있다. 따라서 공개매수정보는 중요정보로 간주된다고 해석하는 것이 입법취지에 부합하며[10] 공개매수가 어떤 사정으로 인하여 투자자의 투자판단에 영향을 미칠 수 없는 경우라 하더라도 그 정보를 이용한 행위는 규제대상이다.

공개매수정보는 소정의 공개방법에 따라 불특정 다수인이 알 수 있도록 공개되어야 한다. 그 공개방법은 공개매수자나 그로부터 공개권한을 위임받은 자가 일반적인 미공개중요정보 이용행위의 공개방법에 따라 공개하고 일정한 주지기간이 지나야 한다(시행령 제201조 제1항, 제2항). 한편, 공개매수를 하고자 하는 자는 공개매수공고를 하여야 하는데 그 방법은 신문 등의 진흥에 관한 법률에 따른 일반 일간신문 또는 경제 분야의 특수일간신문 중 전국을 보급지역으로 하는 둘 이상의 신문에 공고하여야 한다(시행령 제145조). 공개매

9) 한국증권법학회, 자본시장법(주석서Ⅰ), 박영사(2009), 878면.
10) 윤승한, 자본시장법 강의, 삼일인포마인(2009), 1004면.

수의 공고 방법은 미공개정보의 공개방법 중 신문에 의한 방법과 동일하지만 주지기간이 없을 뿐이다. 따라서 공개매수 공고 후 일정한 주지기간이 지나면 그 공개매수 정보도 공개된 것으로 볼 수 있을 것이다.

Ⅳ. 금지행위

자본시장법은 공개매수관계자나 정보수령자가 공개매수의 실시 또는 중지에 관한 미공개정보를 그 주식등과 관련된 특정증권등의 매매, 그 밖의 거래에 이용하거나 타인에게 이용하게 하는 행위를 금지하고 있다.

1. 주식등과 관련된 특정증권등의 범위

매매, 그 밖의 거래의 대상은 '주식등과 관련된 특정증권등'이다. '주식등'은 공개매수의 적용대상 증권으로서 주권상장법인의 의결권 있는 주식과 관련이 없는 증권은 배제된다. 그렇다면 '주식등과 관련된 특정증권등'에서도 의결권 있는 주식과 관련이 없는 증권은 배제되는가. 공개매수는 경영권을 취득하기 위한 것이므로 의결권과 관계있는 증권이 중요하나, 그 공개매수정보의 이용행위는 공개매수 정보의 비대칭성을 거래에 이용하여 통상의 투자자의 희생 하에 이익을 취득하거나 손실을 회피하는 것을 규제하는 것이고 또한 부당이익이 일정 금액 이상이면 가중처벌하는 점에서 의결권의 보유 여부와는 관련이 적다. 또한 의결권 있는 주식과 관련된 증권만 포함된다면 '주식등'으로 표현해도 충분하지 굳이 '주식등과 관련된'이라고 표현할 필요가 없다. 따라서 의결권 있는 주식과 관련이 없는 특정증권등도 규제범위에 포함되어야 한다. 그렇다면 '주식등과 관련된'의 의미는, '의결권 있는 주식에 관계된 증권과 관련된'이 아니라

'의결권 있는 주식을 발행한 주권상장법인이 발행한 증권과 관련된' 특정증권등을 의미하는 것이다. 그러나, 해석상의 다툼을 없애기 위해 입법론으로 '주식등과 관련된'을 삭제하거나 '주권상장법인의 주식등과 관련된' 등으로 명백히 하여야 할 것이다.

2. 공개매수자의 사전매수행위

구 증권거래법 제188조의2 제3항에서 미공개정보 이용행위의 금지 규정을 준용하면서 '당해 법인'을 '공개매수인'으로 간주하여 공개매수자 본인을 규제대상으로 규정하였고 이에 따라 사전매수가 금지되었다. 이에 대하여 공개매수자를 규제대상으로 할 경우 공개매수신고 전에는 미공개정보 이용행위 금지의 규제를 받고 공개매수신고서 제출 후에는 공개매수절차에 의하지 않는 매수는 금지되므로 공개매수자의 공개매수 목적 달성을 어렵게 한다는 비판이 있는[11][12] 반면, 공개매수자가 미리 주식을 매수하는 경우 통상의 투자자가 그 사실을 알았다면 매도하지 않았을 것이므로 통상의 투자자의 보호를 위해서 공개매수자로 규제할 필요가 있다는 견해[13]도 있었다.

자본시장법은 제174조 제2항 본문에서 공개매수정보 이용행위의 행위주체로 공개매수자를 규정하면서 구 증권거래법과 달리 단서조항에서 공개매수자가 공개매수를 목적으로 거래하는 경우에는 규제대상에서 제외하는 규정을 신설하였다(법 제174조 제2항 단서).[14][15]

11) 김병태, 앞의 논문, 230면; 윤광균, "증권거래법상 내부자거래의 규제", 홍익법학 제8권 제1호(2007), 168면.

12) 공개매수를 계획하고 있는 공개매수자가 공개매수 방침을 확정한 후 5% 미만까지는 상대방 회사의 주식을 사전 매집하는 경우가 많은데, 이러한 사전매수행위는 공개매수를 위하여 당연히 필요한 사전준비로서 충실의무 등의 위반에 해당되지 않기 때문에 규제대상에 포함시키는 것은 부적절하다. 정규윤, "자본시장의 신종 불공정거래행위", BFL 제25호, 서울대학교 금융법센터(2007. 9), 13면.

13) 임재연, 증권거래법(2006), 박영사, 923면.

그런데 단서 조항은 '공개매수를 하려는 자'가 아닌 '공개매수자'라고 규정하여 공개매수를 하려는 자의 공개매수정보를 이용한 사전매수행위(속칭 '발판매수')를 허용한 것인지가 문제된다. 이에 대하여 본문에서 공개매수자를 규제대상으로 규정하는 것은 적대적 M&A의 공격 세력을 보호하지 않으려는 입법적 결단으로 보아야 하고 단서 조항의 주체도 공개매수공고를 한 자인 공개매수자이므로 공개매수 공고 전의 사전매수행위는 허용되지 않으며 단서 조항은 단지 공개매수자의 공개매수행위 그 자체가 허용된다는 주의적·확인적 조항에 불과하다고 해석될 수 있을 것이다.

그러나 단서 조항은 구 증권거래법에서 금지되었던 공개매수인의 발판매수에 대한 허용 여부의 다툼에서 비롯된 것이고[16] 공개매수 공고 후에는 당연히 공개매수가 허용되므로 굳이 적용제외 규정을 둘 필요가 없다. 공개매수를 하려는 자가 공개매수 공고 전에 공개매수 대상회사의 주식등을 취득하는 것이 미공개정보를 이용하기 위한 것이 아니라 공개매수의 목적이라면 처음부터 공개매수라는 사전계획에 따라 주식을 매수한 것으로 미공개정보 이용행위로 볼 수 없을 것이다. 따라서 공개매수자는 '공개매수를 하려는 자'를 의미하며 공개매수하려는 자의 공개매수 목적의 사전매수행위는 허용되는 것으로 해석된다.[17][18]

---

14) 당초에는 자본시장법은 공개매수자를 규제 대상자에서 명문으로 제외하였으나 2009. 2. 23. 개정으로 규제대상자에 포함시켰다. 한국증권법학회, 앞의 책, 878면.

15) 일본은 공개매수자 본인과 그의 계산으로 매수하는 임원등은 규제대상이 아니다. 木目田 裕·杉原えり, "インサイダー取引規制における實務上の諸問題(4); コーポレート業務とインサイダー取引規制", 商事法務, No. 1845(2008. 10.), 52頁.

16) 미국에서는 Rule 14e-3c에서 면책조항을 두어 해결하고 있다.

17) 미국에서 기업매수자가 공개매수를 발표하기 전에 미리 일정한 지분을 취득하기 위하여 공개시장에서 주식을 매수하는 행위가 자신의 내부정보를 이용하여 주식을 매매한 것인지에 대하여 논란이 있었는데 신인의무위반이 인정되지 않기 때문에, SEC Rule 10b-5 위반에 해당되지 않는다는 것이

주식의 사전매수행위가 공개매수 목적 이외의 다른 목적이 있는 경우에는 규제대상이 될 수 있다. 공개매수의 목적 여부를 판단하기 위해서는 공개매수하려는 자의 내심의 의사를 확인하여야 하는데 현실적으로 그 입증이 어려울 것이다. 공개매수신고서에 공개매수대상회사 발행의 보유주식을 기재하지 않았다면 미공개정보 이용행위의 의사를 의심할 수 있는 반면, 공개매수신고서에 보유주식을 기재하거나 5% 이상 대량보유보고의무를 이행하면서 경영참가 목적을 기재하였다면 공개매수 목적이 없다고 의심하기는 어려울 것이다.[19] 단서 조항은 공개매수자에 한하므로 공개매수관계자나 정보수령자의 사전매수행위는 규제대상이 된다. 향후 단서조항의 주체를 '공개매수를 하려는 자'로 명확히 할 필요가 있다.

V. 미공개중요정보 이용행위와의 관계

1. 특칙의 적용범위

일반적인 미공개중요정보 이용행위는 업무정보를 규제대상 정보로 하고 상장법인의 회사관계자와 그로부터 정보를 받은 정보수령

지배적인 견해이다. 정규윤, 앞의 논문, 13면 참조; 다만 음성적인 M&A를 방지하기 위하여 SEC Rule 13d-1은 공개회사의 주식의 5% 이상을 취득한 경우에는 10일 이내에 보고할 것을 의무화하고 있다. 임재연, 미국증권법(2009), 608면.

18) 변제호·홍성기·김종훈·엄세용·김유석, 자본시장법, 지원출판사(2009), 504면; 김순석, "자본시장과 금융투자업에 관한 법률상의 불공정거래의 규제", 인권과 정의(2009. 1.), 45면.

19) 공개매수를 하려는 자가 공고 전에 장외에서 공개매수대상회사의 대주주 등으로부터 공개 후에 10% 이상의 주식을 취득하기로 하는 내용의 주식양수계약을 체결한 후 동 내용의 공고 전에 대량보유보고의무가 발생하지 않을 정도로 공개매수 대상주식을 4.99%까지 실명 또는 차명으로 취득하고 공고 후 대주주로부터 10%의 주식을 매수한 후 주가가 상승하자 4.99%를 매도하여 공개매수 자금으로 사용하는 경우가 있다. 즉 5% 보고의 룰(rule)을 어기지 않으면서 주식매수 사실을 숨기는 전형적인 탈법행위이다. 이 경우에는 특별한 사정이 없는 한 공개매수 목적을 인정하기 어려울 것이다.

자만을 규제대상으로 한다. 반면 공개매수 특칙은 공개매수대상회사의 증권의 수급에 관한 시장정보와 공개매수관계자와 그로부터 정보를 수령한 자가 규제대상이다. 양자는 규제 대상 정보와 대상자가 다르므로 공개매수의 특칙이 적용되는 영역과 일반적인 미공개중요정보 이용행위가 적용되는 영역이 다르다. 한편, 공개매수 정보는 공개매수대상회사의 입장에서는 시장정보이지만[20] 공개매수자의 입장에서는 공개매수대상회사의 주식을 취득하면 회사의 자산이 증가한다는 점에서 업무정보에 해당한다. 따라서 동 정보를 공개매수대상회사의 주식거래에 이용하면 공개매수 특칙이 적용되고, 공개매수회사의 주식거래에 이용하면 일반적인 미공개중요정보 이용행위가 성립된다. 경우를 나누어 살펴본다(도표 2 참조).

▌도표 2▐ 상장법인 A가 상장법인 B를 공개매수하는 경우

	정보이용자	거래대상	규제 근거
1	A회사 임원등	B회사 특정증권등	• 공개매수 특칙 적용(회사관계자)
2	A회사 임원등	A회사 특정증권등	• 일반적인 미공개중요정보 이용행위 성립(회사관계자)
3	B회사 임원등	B회사 특정증권등	• 공개매수 특칙 적용(정보수령자)
4	B회사 임원등	A회사 특정증권등	• 일반적인 미공개중요정보 이용행위 성립(정보수령자)

※ 공개매수정보는 A회사 입장에서는 업무정보이고, B회사 입장에서는 시장정보임.

공개매수회사 임원등의 이용행위를 살펴보면, 공개매수회사(A) 임원등이 공개매수정보를 이용하여 공개매수대상회사(B)의 주식을 거래한 경우에는 공개매수특칙이 적용된다(1의 경우). 다음으로 공개매수회사 임원등이 공개매수의 정보를 이용하여 공개매수회사의 주

20) 공개매수 정보가 경영권 양수도의 정보를 수반할 경우에, 경영권 양수도의 정보는 공개매수대상회사의 입장에서 업무정보가 될 수 있으나, 이 경우는 논외로 한다.

식을 거래한 경우(2의 경우)에는 공개매수회사의 입장에서 공개매수 정보는 공개매수대상회사의 주식을 취득하여 자산을 증가시키고 경영권을 취득하는 것으로 공개매수회사의 업무정보에 해당하고 시장정보가 아니므로 일반적인 미공개중요정보 이용행위로서 규제된다. 이 경우에는 공개매수정보가 투자자의 투자판단에 중대한 영향을 미치는 정보여야 한다.

정보의 내용은 동일하지만 거래대상 특정증권등과 관련된 상장법인이 달라짐에 따라 그 정보가 업무정보가 되기도 하고 시장정보가 되기도 하는데 어떤 경우이건 불공정한 정보격차의 이용행위인 점은 동일하므로 시장정보와 업무정보를 구별하여 다룰 필요가 있는지 의문이다.

2. 공개매수대상회사와 정보이용행위

원칙적으로 공개매수대상회사 임원등은 정보생성자인 공개매수회사의 임원등으로부터 공개매수 정보를 수령하는 자의 위치에 있다. 따라서 공개매수대상회사 임원등이 공개매수회사 임원등으로부터 공개매수 정보를 수령하여 ① 공개매수대상회사의 주식을 거래하면 공개매수 정보의 수령자로서 공개매수특칙이 적용되는(3의 경우) 반면 ② 공개매수회사의 주식을 거래하면 공개매수회사의 업무정보를 받은 1차 정보수령자로서 공개매수의 특칙이 적용되지 않고 일반적인 미공개중요정보 이용행위가 성립한다(4의 경우).

그런데 공개매수대상회사 임원등은 형식적으로 공개매수회사 임원등으로부터 그 정보를 수령하는 것이지만 회사의 경영권과 밀접한 관계가 있으므로 직무와 관련하여 그 정보를 스스로 알아내거나 알게 되는 등 그 정보에 접근할 수 있는 기회가 통상의 투자자에 비하여 높기 때문에 정보수령자의 지위보다 회사관계자의 지위에 있다. 그러나 그 경우에도 그 정보를 이용하여 ① 공개매수대상회사의 주식을 거래하면 시장정보이므로 공개매수특칙의 정보수령자로 규제되고 ② 공개매수회사의 주식을 거래하면 공개매수회사의 임원등이 아니므로 공개매수회사의 업무정보를 수령한 자로서 일반적인 미공개중요정보 이용행위로 규제될 것이다.

공개매수대상회사의 임원등은 직무와 관련하여 정보를 지득하게 되더라도 회사관계자의 지위에서 규제될 수 없고 정보수령자의 지위에서 규제될 뿐이고 동일한 내용의 정보임에도 시장정보인지 업무정보인지에 따라 규제가 달라진다. 미공개중요정보 이용행위의 규제목적에 비추어 불합리함은 말할 것도 없다. 업무정보만을 규제대상으로 하고 시장정보를 예외적으로 규제대상으로 하고 회사관계자들의 당해 회사 관련 특정증권등의 거래만을 규제하는 회사관계 중심의 규제에서 비롯되는 근본적인 문제이다. 따라서 시장정보를 규제대상 정보에 포함시킬 필요가 있다.

제3절 주식등의 대량취득·처분정보의 이용행위

Ⅰ. 서

1. 의 의

자본시장법은 주식등의 대량취득·처분의 실시 또는 중지에 관한 미공개정보를 그 주식등과 관련된 특정증권등의 매매, 그 밖의 거래에 이용하거나 타인에게 이용하게 하는 행위를 금지하는 규정을 신설하였다(법 제174조 제3항). 주식등의 대량취득·처분을 하는 자는 대상회사[1]의 외부자이고 그 대상회사와는 상관없이 외부자 사이에서 소유하고 있는 대상회사의 주식등을 취득·처분하는 것이며 그 정보도 증권의 수급에 관한 시장정보이므로 구 증권거래법에서는 일반적인 미공개중요정보 이용행위로의 규제가 어려웠다. 그러나 주식등의 대량취득·처분은 대부분 경영권 양수도가 수반되는 중요한 사실로서 주가에 중대한 영향을 미치는 거래이기 때문에 자본시장법은 이를 규제대상으로 하는 특칙을 신설하였다. 공개매수정보와 마찬가지로 주식등의 대량취득·처분정보도 시장정보임에도 미공개정보 이용행위로 처벌하는 것은 미공개정보 이용행위의 규제에 있어 기존의 회사관계 중심의 규제에서 정보 이용 중심의 규제로 변화되어 가는

1) 이하에서 대량취득·처분되는 주식등과 관련된 주권상장법인을 편의상 '대상회사'라고 부르기로 한다.

것을 의미한다.

주식등의 대량취득은 '주식등의 매수등을 하는 날로부터 과거 6개월간 10인 이상의 불특정다수인으로부터 그 주식등의 총수의 100분 5 이상을 취득하는 경우'가 아닌 경우에 해당한다. 주식등을 10인 이내의 자로부터 대량 취득하는 경우가 전형적이며 장외매수뿐만 아니라 장내매수도 가능하다. 또한 주식등의 대량취득의 경우뿐만 아니라 대량처분의 경우도 규제대상이 된다.[2)]

2. 입법이유

주식등의 대량취득·처분과 관련하여 실무상 자주 발생하는 사례는 '상장법인의 대주주이자 대표이사인 갑이 그 소유의 주식과 경영권을 을에게 양도하며, 갑은 양도완료 시까지 을이 동 회사의 명의로 유상증자하는 것을 승낙하는 MOU를 체결한 후, 유상증자를 완료할 즈음에 을이 갑에게 그 인수자금을 전액 지불하면서 계약 체결과 동시에 대주주 지분과 경영권 양도를 공시하는데 이때 양도인과 양수인이 위 계약 체결 전에 위 회사의 주식을 거래하는 경우'이다.

구 증권거래법 하에서 양수인은 상장법인과 계약을 체결한 자가 아니어서 준내부자가 아니고 양도인과 함께 정보를 생성한 자이므로 정보수령자도 아니어서 처벌할 수 없었다.[3)][4)] 반면, 이때 양도인도 처벌할 수 있는지에 대하여는 다툼이 있었으나 '대주주 지분의 양도'는 개인적 거래이고 시장정보여서 규제할 수 없으나, 주식의 양

2) 일본은 주권등의 의결권수의 5% 이상을 매집하는 자의 매집행위의 실시 또는 중지에 관한 사실이 공표되기 전에, 매집행위의 실시에 관련하여서는 매수등을, 매집행위의 중지와 관련해서는 매도등을 하지 못한다고 규정하고 있다(金融商品去來法 제167조).

3) 대법원 2003. 11. 14. 선고 2003도686 판결(화승강업 사건).

4) 다만, 실무에서는 'A회사의 유상증자 정보'와 관련하여서는 갑이 을에게 상장회사의 유상증자에 관한 대리권을 수여한 것이므로 양수인 을은 당해 회사의 대리인으로 의율하여 처리하고 있다.

수도에 수반되는 '경영권의 양도'는 업무정보이고 주요주주는 자신의 지분양도로 그에 수반되는 경영권 양도 정보를 알게 되었으므로 주요주주의 지위[5]에서 직무와 관련하여 알게 된 것으로 처벌할 수 있었다.[6]

이와 같은 규제의 공백과 다툼을 해결하기 위하여 자본시장법은 주식등의 대량취득·처분인 시장정보를 규제대상으로 신설한 것이다. 그리고 우리나라의 경우 1997년 이후 많은 M&A 사례들이 발생하였는데 공개매수가 아닌 우호적인 세력이 결집하여 단순하게 주식매집 방법으로 하는 경우 그에 수반된 미공개중요정보 이용행위를 방지할 필요도 있기 때문이다.[7]

구 증권거래법 하에서도 증권의 대량취득자는 처벌할 수 없었으나 증권의 대량처분자는 규제대상에서 완전히 벗어나 있었던 것은 아니다. 주식등의 대량취득·처분 정보의 이용행위에 대하여 자본시장법 시행 이전의 행위는 일반적인 미공개중요정보 이용행위의 해석에 따르지만 자본시장법 하에서는 대량취득·처분 특칙이 우선 적용되고 그 규제범위에서 벗어나는 부분에 대하여는 일반적인 미공개중요정보 이용행위로 규제될 것이다.

---

5) 주요주주가 대표이사의 지위를 겸할 경우 대표이사가 그 직무와 관련하여 지득한 정보임은 명백하다.

6) 대법원이 화승강업 사건에서 '양도인인 주요주주도 정보를 생성하였지 직무와 관련하여 그 정보를 알게 된 것이 아니다'라고 판시한 내용을 근거로 양도인을 처벌할 수 없다고 주장하는 견해가 있으나, 앞서 언급한 바와 같이 받아들이기 어렵다. 제4장/제2절/Ⅰ./2./나./(2)/ 구 증권거래법하에서의 판례의 태도 참조.

7) 1997년에는 사실상 최초의 M&A사례인 한화종금의 경영권 분쟁사건과 미도파경영권 분쟁사건이 있었는데 미도파경영권 분쟁사건에서 내부자거래의 문제가 발생하였다. 신동방그룹이 대농그룹 계열사인 미도파백화점을 적대적 M&A하기 위하여 우호적인 세력과 결탁하여 미도파 주식을 은밀하게 매집한 사건으로 이때 우호 세력인 홍콩의 증권회사가 미도파 주식의 매집을 대리하는 Brokering업무와 회사 자체의 자본으로 미도파 주식을 매집하는 Dealing업무도 함께 수행하였는데 당시 실정법상 내부자거래 규정으로 규제할 수 없었다. 손성, 앞의 논문, 276면~277면 참조.

Ⅱ. 대량취득자와 대량처분자

주식등의 대량취득·처분을 하는 자(계열회사를 포함)와 그 임직원 및 대리인, 주요주주, 법률상 또는 계약상의 관계가 있는 자 등은 직무관련등으로 정보를 지득하여야 행위주체가 되는 진정신분범이며, 그와 같은 자에 해당하지 않게 된 날부터 1년이 경과하지 않은 자도 규제대상이다. 그리고 그들로부터 정보를 알게 된 1차 정보수령자도 규제대상이다.

주식등의 대량취득·처분을 하는 자는 법인이나 개인 모두가 그 주체가 되는데 자본시장법은 공개매수 특칙의 경우와 같이 법인을 전제로 행위주체를 규정하고 있어 개인인 경우에 그 규정이 매끄럽지 못하다. 실무적으로는 법인 못지않게 개인에 의한 주식등의 대량취득이나 처분도 많이 발생하고 있으므로, 개인인 경우 그의 사용인이나 종업원을 행위주체로 규정하여 그 의미를 명확히 할 필요가 있다.

주식등을 대량처분하는 자는 아래에서 기술하는 바와 같이 주식등의 발행총수의 10% 이상이거나 최대주주의 변동을 초래할 비율을 처분하여야 한다. 대량처분을 하는 자는 상법상의 모회사가 소유하고 있는 자회사 관련 주식등을, 지배회사가 소유하고 있는 종속회사 관련 주식등을, 주요주주나 대주주가 소유하고 있는 주식등을 처분하는 자 등이다. 그러나 그에 미치지 못하는 주식등의 처분이더라도 경영권의 양도가 수반되면 앞서 설명한 바와 같이 그 처분자의 그 정보이용행위는 일반적인 미공개중요정보 이용행위가 성립될 수 있다. 대량취득을 하는 자는 장외에서 대주주나 여러 주주들로부터 또는 장내에서 주식등을 대량으로 취득하는 자이다. 대량취득을 하는 자는 반드시 경영권에 영향을 줄 목적이 있어야 하며 주식등의 발행총수의 10% 이상이거나 최대주주의 변동을 초래할 비율을 취득하여야 한다.

Ⅲ. 주식등의 대량취득·처분 정보

1. 대량취득·처분의 기준

주식등의 대량취득·처분의 실시 또는 중지에 관한 미공개정보가 규제대상이다. 이때 주식등의 대량취득·처분이란 경영권에 영향을 줄 가능성이 있는 것으로 ① 대량취득의 경우 그 보유목적이 경영권에 영향을 주기 위한 것이고, ② 금융위원회가 정하여 고시하는 비율 이상의 대량취득·처분으로 현행 고시에 따르면 주식등의 총수의 10% 또는 최대주주 변동을 초래할 비율 이상이며,[8] ③ 그 취득·처분이 자본시장법 제147조 제1항에 따른 주식등의 대량보유 등의 보고대상에 해당하는 요건을 모두 충족하여야 한다.[9]

여기서 보유목적이 경영권에 영향을 주기 위한 대량취득이라는 것은, 임원의 선임·해임 또는 직무의 정지, 이사회 등 회사의 기관과 관련된 정관의 변경, 회사의 자본금의 변경, 회사의 배당의 결정, 회사의 합병·분할과 분할합병, 주식의 포괄적 교환과 이전, 영업전부의 양수·양도, 영업전부의 임대 또는 경영위임·타인과 영업의 손익 전부를 같이 하는 계약·그 밖에 이에 준하는 계약의 체결, 변경 또는 해약, 회사의 해산 등을 위하여 회사나 그 임원에 대하여 사실상 영향력을 행사하기 위한 목적을 의미한다(시행령 제154조 제1항). 그리고 주식등의 대량보유 등의 보고대상이어야만 하는데 그 기준은 대량취득·처분으로 본인과 그 특별관계자가 보유하게 되는 주권상장법인의 주식등의 수의 합계가 그 주식등의 총수의 100분의 5 이

---

8) 자본시장조사업무규정 제54조(미공개정보 관련 대량취득·처분의 최소비율 요건) 참조.

9) 법 제174조 제3항, 동법 시행령 제201조 제3항, 자본시장조사업무규정 제54조 제1항 참조.

상을 보유(취득의 경우)하게 되거나 그 보유 주식등의 합계가 주식등의 총수의 100분의 1 이상 변동(취득·처분의 경우)된 경우이다.

그리고 대량취득·처분의 비율은 공개매수의 경우처럼 주식등의 취득 결과 주식등의 총수의 10% 이상 또는 최대주주 변동을 초래하는 것을 의미한다. 그런데 공개매수의 경우와 달리 주식등의 대량취득·처분의 방법이나 기간이 정해져 있지 않기 때문에 그 정보의 중요성이나 규제의 필요성을 인정하기 어려울 경우가 있을 수 있다. 예컨대 9.99%의 주식을 취득하고 1년 후에 나머지 0.01%의 주식을 취득하는 경우이다. 법정형이 무기징역까지 있는 범죄에 대하여 대량취득·처분의 비율은 중요한 구성요건요소이므로 금융위원회 고시보다는 법률이나 시행령으로 정하는 것이 바람직하다.

한편, 대량취득·처분이란 취득하는 자와 처분하는 자가 동시에 그 요건을 충족하여야 하는 것은 아니다. 취득자는 반드시 경영권에 영향을 줄 목적이 필요하지만 처분자에게는 그러한 요건이 요구되지 않으며 대량처분을 하는 자가 다수에게 주식등을 나누어 주거나 반대로 대량취득을 하는 자가 여러 사람으로부터 주식을 취득하는 경우에도 그 처분정보나 취득정보는 각각 중요한 시장정보로서 규제대상이 될 수 있기 때문이다.

2. 정보의 중요성

자본시장법은 공개매수 정보의 경우와 같이 단순히 '주식등의 대량취득·처분의 실시 또는 중지에 관한 미공개정보'라고만 규정하고 있고 투자자의 투자판단에 중대한 영향을 미칠 수 있는 미공개중요정보라고 규정하지 않고 있다. 그러나 공개매수 특칙의 경우와 같이 자본시장법 제174조는 주식등의 대량취득·처분 정보를 이용한 미공개정보 이용행위를 미공개중요정보 이용행위의 한 유형으로 규정하고 있고, 정보 그 자체가 기업의 지배권이 변동될 수 있는 중요한 것이기 때문에 정보의 중요성을 별도의 요건으로 하지 않은 것이다. 따라서 주식등의 대량취득·처분이 어떤 사정으로 인하여 투자자의 투자판단에 영향을 미칠 수 없더라도 그 정보를 이용한 행위는 규제대상이 된다. 주식등의 대량취득·처분의 기간이 정해져 있지 않기 때문에 중요정보의 생성시점을 확정하는 데 어려움이 있을 것이다.

주식등을 동시에 취득과 처분하는 정보뿐만 아니라 대량처분 정보나 대량취득 정보도 규제대상이다. 주식등의 대량취득·처분의 실시나 중지 정보는 공개되지 않은 것이어야 한다. 대량취득·처분을 할 자나 그로부터 공개권한을 위임받은 자가 일반적인 미공개중요정보 이용행위의 공개방법으로 그 정보를 공개하고 그 공개방법에 따른 기간이나 시간이 지나면 공개가 된다.

Ⅳ. 금지행위

주식등의 대량취득·처분의 실시 또는 중지에 관한 미공개정보를 그 주식등과 관련된 특정증권등의 매매, 그 밖의 거래에 이용하거나 타인에게 이용하게 하는 행위는 금지된다. 매매, 그 밖의 거래의 대상은 '주식등과 관련된 특정증권등'이다.

이때 '주식등과 관련된 특정증권등'의 범위는 공개매수 특칙의 경우와 마찬가지로 해석된다. 주식등의 대량취득·처분은 경영권에 영향을 줄 수 있는 것으로 의결권 있는 주식등이 중요하나 그 정보의 이용행위는 그 경제적 이익과 밀접한 관련이 있으므로 의결권 없는 주식과 관련된 특정증권등도 규제대상이 되는 것이 당연하다. 따라서 '주권상장법인이 발행한 증권등과 관련된 특정증권등'을 의미한다. 그러나 해석상의 다툼을 없애기 위해서 입법론으로 그 표현을 명백하게 할 필요가 있다.

자본시장법은 공개매수의 특칙과 같이 주식등의 대량취득·처분을 하는 자가 대량취득·처분을 목적으로 거래하는 경우에는 규제대상에서 제외하고 있다.

Ⅴ. 미공개중요정보 이용행위와의 관계

1. 특칙의 적용범위

자본시장법은 X상장법인의 대주주인 A상장법인이 그 소유주식을 B상장법인에 대량양도하는 경우에, 대량처분자인 A법인과 대량취득자인 B법인의 회사관계자나 정보수령자는 주식등의 대량취득·처분 특칙의 규제대상으로 하고 있으나, X회사의 회사관계자나 정보수령자는 특칙의 규제대상으로 하고 있지 않다. 일반적인 미공개중요정보 이용행위는 업무정보와 상장법인의 회사관계자와 그로부터 정보를 받은 정보수령자만이 규제대상인데 대량취득·처분의 특칙은 시장정보와 대상회사의 외부자인 대량취득·처분을 하는 자와 그로부터 정보를 수령한 자가 규제대상이다. 양자는 규제대상 정보와 대상자가 다르므로 서로 적용되는 영역이 다르다. 주식등의 대량취득·처분 정보는 X회사의 입장에서는 시장정보이지만 A와 B회사의 입장에서는 X회사 주식의 매매로 자산의 변화가 생기는 업무정보이다. 따라서 동 정보를 X회사의 주식 거래에 이용하면 동 특칙이 적용되고 A와 B회사의 주식거래에 이용하면 일반적인 미공개중요정보 이용행위가 성립된다.

X회사의 주식등의 대량취득·처분정보를 지득하고 X, A, B의 회사관계자가 X, A, B의 특정증권등을 거래한 경우를 나누어 살펴보자. ① 먼저 X회사의 특정증권등을 거래한 경우이다. 이때 동 정보는 원칙적으로 X회사의 시장정보이므로 대량취득·처분 특칙이 적용된다. 대량처분회사(A)관계자와 대량취득회사(B)관계자가 그 정

‖ 도표 3 ‖ 상장법인 A가 소유하는 X상장법인의 주권등을 B상장법인에게 대량처분 시

	정보이용자	거래대상	규제 근거
1	A회사 관계자	X회사 특정증권등	특칙의 적용(처분법인의 회사관계자)
2	B회사 관계자	X회사 특정증권등	특칙의 적용(취득법인의 회사관계자)
3	X회사 관계자	X회사 특정증권등	특칙의 적용(정보수령자) 일반 미공개중요정보 이용행위 불성립 (X사의 시장정보)
4	A회사 관계자	A회사 특정증권등	일반 미공개중요정보 이용행위 성립 (A사의 X사 소유주식 처분은 A사의 업무정보)
5	B회사 관계자	A회사 특정증권등	일반 미공개중요정보 이용 성립 (A사와 계약 교섭중의 자 또는 정보수령자)
6	X회사 관계자	A회사 특정증권등	일반 미공개중요정보 이용행위 성립(정보수령자) (A사의 업무정보)
7	B회사 관계자	B회사 특정증권등	일반 미공개중요정보 이용행위 성립 (B사의 X사 주식 취득은 B사의 업무정보임)
8	A회사 관계자	B회사 특정증권등	일반 미공개중요정보 이용행위 성립 (B사와 계약 교섭중의 자 또는 정보수령자)
9	X회사 관계자	B회사 특정증권등	일반 미공개중요정보 이용행위 성립(정보수령자) (B사의 업무정보)

※ 대량취득·처분 정보는 X회사 입장에서는 시장정보이지만, A와 B회사의 입장에서는 업무정보임.

보를 이용하면 X회사의 외부자이지만 특칙에 의하여 처벌된다(1, 2의 경우). 대상회사(X)관계자가 그 정보를 이용한 경우에는 A와 B의 회사관계자로부터 동 정보를 전달받은 자로서 즉 동 특칙의 정보수령자로서 처벌이 가능하다(3의 경우). ② 다음으로 A회사의 특정증권등을 거래한 경우이다. 이때 동 정보는 A회사가 그 소유의 X회사 주식등을 매도하여 자산에 변동이 생기는 것으로 A회사의 업무정보

이므로 일반적인 미공개중요정보 이용행위의 성립이 가능하다. 대량처분회사(A)관계자가 그 정보를 이용하면 미공개중요정보 이용행위가 성립하고(4의 경우), 대량취득회사(B)관계자가 그 정보를 이용하면 계약 체결·교섭중의 자이거나 1차 정보수령자로서 미공개중요정보 이용행위가 성립할 수 있다(5의 경우). 대상회사(X)관계자가 그 정보를 이용한 경우에는 1차 정보수령자로서 일반적인 미공개중요정보 이용행위가 성립할 수 있다(6). ③ 마지막으로 B회사의 특정증권등을 거래한 경우이다. 이때 동 정보는 B회사가 X회사 주식등을 매수하여 자산에 변동이 생기는 것으로 B회사의 업무정보이므로 일반적인 미공개중요정보 이용행위의 성립이 가능하다. 대량취득회사(B)관계자가 그 정보를 이용하면 미공개중요정보 이용행위가 성립하고(7의 경우), 대량처분회사(A)관계자가 그 정보를 이용하면 계약체결·교섭중의 자이거나 1차 정보수령자로서 미공개중요정보 이용행위가 성립할 수 있다(8의 경우). 대상회사(X)관계자가 그 정보를 이용한 경우에는 1차 정보수령자로서 일반적인 미공개중요정보 이용행위가 성립할 수 있다(9의 경우).

한편, 대량취득·처분의 경우에 경영권의 양도가 수반되는 경우 X회사의 '경영권 양도' 정보는 시장정보가 아닌 업무정보이다. 따라서 대량처분회사(A)는 X회사의 주요주주의 지위에서 X회사에 대한 '경영권 양도'의 정보를 이용하여 X회사 주식을 거래하면 일반적인 미공개중요정보 이용행위로서의 규제가 가능한 반면, 대량취득회사(B)는 X회사와 준내부자의 관계가 없으므로 대량취득회사(B)는 일반적인 미공개중요정보 이용행위의 규제대상은 아니다. 그리고 대상회사(X)관계자가 직무관련등으로 경영권양도 정보를 지득하여 X회사의 주식을 매매한 경우에는 일반적인 미공개중요정보 이용행위의 성립이 가능하다.

주식등의 대량취득·처분이 경영권양도에 수반될 경우에는 양도인의 경우에는 동 특칙과 일반적인 미공개중요정보 이용행위가 동시에 성립할 수 있는데 이 때 동 특칙이 우선 적용될 것이다. 위와 같이 동일한 내용의 정보를 어느 회사와 관련된 특정증권등의 거래에 이용하느냐에 따라 시장정보와 업무정보로 나뉘어 그 규제 여부와 근거가 달라지는 것은 불합리하다.

2. 대량취득·처분의 대상회사와 정보이용행위

자본시장법은 대량처분을 하는 자와 대량취득을 하는 자의 회사관계자만을 대량취득·처분 특칙의 규제대상으로 하고 있으며 대상회사의 회사관계자는 규제대상으로 하고 있지 않다. 따라서 대상회사의 회사관계자가 동 정보를 이용하여 대상회사의 주식을 거래하는 경우에는 동 특칙의 회사관계자가 아닌 정보수령자로서만 처벌이 가능하다(3의 경우). 그러나 대상회사의 주식등이 대량으로 매매되는 것은 경영권의 양도나 최대주주의 변경 등 회사의 지배구조와 밀접한 관련이 있기 때문에 대상회사의 회사관계자들이 직무관련등으로 통상의 투자자들에 비하여 그 정보에 쉽게 접근할 수 있다. 따라서 대상회사의 회사관계자도 시장정보인 주식등의 대량취득·처분 정보의 이용행위의 회사관계자로 규제할 필요가 있다.

반면 주식등의 대량취득·처분에 경영권의 양수도가 수반될 경우 그 정보는 대상회사의 업무정보에 해당하여 일반적인 미공개중요정보 이용행위의 규제대상이 될 수 있으므로 대상회사의 임원등이 직무와 관련하여 또는 대상회사의 주요주주가 그 권리를 행사하는 과정에서 그 정보를 알게 된 경우로 규제할 수 있을 것이다.

제6장

미공개중요정보 이용행위의 규제의 개선

제 1 절 기본적인 규제방향

자본시장법은 불공정한 정보격차의 이용행위를 규제하여 자본시장의 공정성과 투자자의 신뢰를 보호하기 위해서 미공개중요정보 이용행위를 규제하고 있다. 그런데 자본시장법은 불공정한 정보격차의 이용행위 중에서 회사정보 접근에 우월적 지위를 가진 자나 회사의 업무정보를 중심으로 규제함으로써 그 규제범위를 제한하여 회사관계 중심의 규제 태도를 취하고 있다. 자본시장법은 구 증권거래법보다 그 규제범위를 확대하였지만 자본시장법의 미공개중요정보 이용행위 금지 규정의 해석상 아직도 보호법익이나 규제목적 또는 규제근거에 비추어 규제되어야 될 필요가 있는 행위들이 여전히 규제대상에서 제외되어 있다. 따라서 단기적으로는 그에 대한 개선이 필요하며 장기적으로 세계적인 입법 추세에 따라 회사관계 중심의 규제에서 정보이용의 규제로 전환하는 제도적인 개선에 대한 검토가 필요하다.

자본시장법의 미공개중요정보 이용행위 금지 규정을 해석하면서 나타나는 문제점은 다음과 같은 것이 있다. 먼저 행위주체의 인정범위가 좁다. 정보접근의 우월적 지위를 가진 자에 대하여 정보지득 경위에서 직무관련등을 요구함에 따라 행위주체의 요건이 엄격하여 규제의 범위가 좁다. 직무관련등으로 지득한 정보이용행위와 그렇지 않은 경우에 있어 보호법익의 침해 정도는 차이가 없는데 그 요건이 필요한지 의문이다. 회사외부자로서 상장법인의 업무에 대한 정보를 생성한 자는 그 정보에의 접근가능성이 가장 우월함에도 그 상장법인과 법률상 또는 계약상의 관계가 없는 경우에는 규제할 수 없다. 또한 계열회사의 준내부자도 계열회사의 원내부자 못지않게 정보접근의 우월적 지위가 인정됨에도 규제대상에서 제외되어 있다. 또한 회사관계자로부터 정보수령을 받은 1차 정보수령자만을 규제대상으로 하기 때문에 불법적으로 또는 우연히 정보를 수령한 자를 규제할 수 없으며, 실무상 회사관계자의 이용행위보다 1차 정보수령자의 이용행위가 더 많음에도 정보전달 경위에 대한 입증이 곤란하여 규제가 힘든 경우가 발생하고 있다.

다음으로 규제대상 정보의 범위가 좁다. 계열회사 정보를 규제대상으로 명확하게 규정하지 않고 있고, 또한 시장정보도 투자자의 투자판단에 중대한 영향을 미칠 수 있음에도 예외적으로 규제하여 규제의 공백이 발생할 뿐만 아니라 동일한 내용의 정보임에도 관련회사의 입장에 따라 업무정보가 되기도 하고 시장정보가 되기도 하는 불합리가 발생하고 있다.

그리고 부당이익이나 회피손실이 일정금액 이상일 경우에는 최고 무기징역까지 가중처벌하고 있으나 그 산정기준을 명확하게 규정하고 있지 않다. 또한 그 부당이익을 범죄수익은닉의 규제 및 처벌 등에 관한 법률에 의하여 몰수할 수 있지만 이는 임의적 규정이므로 일본처럼 필요적 몰수 규정의 도입을 검토할 필요가 있다. 이용하게 하는 행위는 이용행위보다 보호법익이 침해될 우려나 그 행위의 불법성이나 비난가능성의 정도도 적은 경우가 많음에도 자본시장법이 그 처벌이나 규제를 동일하게 하는 것이 타당한지도 의문이다. 그 외 사채권도 그 발행법인이 파산할 경우 부실채권이 되므로 규제 필요성이 있으나 특정증권등의 범위에서 제외되어 있다.

그리고 공개매수의 특칙 및 대량취득·처분의 특칙과 관련하여 공통으로 사전매수행위의 허용 여부, 거래대상인 주식등과 관련된 특정증권등의 범위, 정보의 중요성 요건 여부 등을 명확히 하고 행위주체를 법인과 개인인 경우로 나누어 규정할 필요가 있다. 대량취득·처분의 경우 그 방법과 기간 등 요건에 관한 규정이 없고 구성요건요소인 취득·처분의 비율을 금융위원회 고시로 정하도록 하는 것이 위임입법의 범위 내인지에 대한 검토도 필요하다.

기본적으로 자본시장법에서 나타나는 위 문제점들에 대한 개선이나 입법이 요구된다고 할 것이다. 단기적으로 위 문제점들에 대한 개선이 이루어진다고 하여도 회사관계 중심의 규제태도를 취하는 한 여전히 원초적인 규제의 공백은 발생한다. 불공정한 정보격차의 이용은 회사와 관계된 사람이나 정보와 관련하여서만 나타나는 것이 아니기 때문이다. 미공개중요정보 이용행위의 규제가 투자자간의 정보의 불평등을 없애 불공평함을 제거하는 점에 있다면 그 근본적인 처방은 회사관계 중심의 규제에서 정보이용 중심의 규제로 나아가 정보이용의 규제로 전환하는 것, 즉 '내부자에 의한 거래'의 금지에서 '내부정보에 근거한 거래'의 금지 방향으로 제도적 개선을 하는 것이다. 각국의 입법 추세도 정보 이용 중심의 규제 방향으로 가고 있다. 따라서 우리도 미공개중요정보 이용행위와 관련한 규제체계를 점진적으로 정보이용의 규제 방향으로 개선하는 것에 대한 검토가 필요하다.

제 2 절 해석론상 개선방안

Ⅰ. 행위주체의 확대

1. 회사관계자의 범위 확대

가. 신분범의 요건 완화

자본시장법은 회사관계자를 '직무관련등으로 미공개중요정보를 알게 된 자'로 규정하여 신분범으로 규정하고 있다. 그러나 '직무관련등으로 미공개중요정보를 알게 된'이라는 부분을 굳이 신분범의 요소로 규정할 필요가 있는지 의문이다. 원래 신분이란 '남녀의 성별, 내·외국인의 구별, 친족관계, 공무원 자격과 같은 관계뿐만 아니라 널리 일정한 범죄행위에 관련된 범인의 인적 관계인 특수한 지위나 상태'를 의미하는 것으로, 일신전속적인 행위자 관련적 표지이지 행위 관련적 표지가 아니고 그 신분은 일정한 범위의 사람만이 가지는 특수성, 한정성을 띠어야 하는 것이다.[1)]

그러나 '직무관련등으로 알게 된 미공개중요정보'란 그 성질상 행위의 객체로서 행위 관련적 요소이지 행위자 관련적 요소의 성질은 희박하다. 따라서 회사의 임직원 및 주요주주, 법령상의 권한을 가진 자, 계약체결자나 체결교섭 중인 자만을 행위주체 요소로 남겨두고 '직무관련등으로 알게 된 미공개중요정보' 부분을 행위의 객체

1) 임웅, 앞의 책, 467~468면.

로 하여 '회사관계자는 직무관련등으로 알게 된 미공개중요정보를 매매, 그 밖의 거래에 이용하거나'라고 규정하는 것이 그 실질에 맞다.[2] 또한 그렇게 할 경우 규제대상자가 확대될 수 있다.[3] 자본시장법은 정보수령자를 '회사관계자로부터 미공개중요정보를 받은 자'라고 규정하고 있기 때문에 정보수령자는 회사관계자가 직무관련등으로 정보를 지득한 사실까지 인식하여야 하지만 직무관련등을 행위객체로 할 경우에는 회사관계자가 직무관련등으로 그 정보를 알게 된 사실까지 인식할 필요는 없고 그 정보를 전달받기만 하면 규제대상이 되므로 정보수령자의 범위가 확대된다.

나아가 '직무관련등'은 EU 지침이나 영국, 호주, 독일 등에서는 요구되지 않는 독특한 요건으로 신분범의 요건이나 행위 객체로 할 필요가 있는지 의문이다. 불공정한 정보격차의 이용에 대한 규제 필요성이 정보의 지득경위에 따라 달라지는 것은 아니기 때문이다. 따라서 궁극적으로는 정보지득경위 요건을 신분범의 요건에서 제거할 필요가 있다.

나. 계열회사의 준내부자

자본시장법은 상장법인 계열회사의 원내부자만을 행위주체로 규정하고 있으나, 계열회사와 계약상 또는 법률상의 관계에 있는 자도 상장법인의 미공개중요정보에 접근할 수 있는 우월적 지위에 있을 수 있다. 예컨대 계열회사와 법률 자문계약을 체결하고 있거나

2) 형법은 업무상 비밀누설죄를 "의사·한의사~대서업자나 그 직무상 보조자 또는 차등의 직에 있던 자가 그 업무처리중 지득한 타인의 비밀을 누설한 때에는 3년 이하의 징역이나~벌금에 처한다."(형법 제317조)라고 규정하고 있다. 즉 '업무처리중 지득한 비밀'을 행위 객체로 규정하고 있다.

3) 국내에서 미공개중요정보를 알게 된 외국인이 외국 시장에서 그 정보를 이용한 경우, '미공개중요정보를 알게 된 사실'이 신분범의 요건이면 국내에서는 실행행위가 없으므로 외국인을 국외범으로 처벌할 수 없을 수도 있다. 服部秀一, 前揭書, 290頁; 그러나 자본시장법 제2조의 적용여부는 별론으로 하고 행위객체로 할 경우에는 정보의 지득 행위는 국내에서 발생하였으므로 처벌대상이 될 수 있다.

법령상의 권한을 가진 자가 자문이나 법령상의 권한을 행사하는 과정에서 상장법인의 미공개중요정보를 알게 되는 경우이다. 따라서 계열회사의 준내부자도 행위주체로 추가할 필요가 있다.

다. 회사외부정보의 생성자

자본시장법은 상장법인의 회사내부자인 원내부자 외에 일정한 범위에서의 회사외부자를 행위주체로 규정하고 있다. 즉 상장법인과 법령상 또는 계약상의 관계에 있는 준내부자, 상장법인의 계열회사의 임직원·대리인 및 주요주주, 그리고 공개매수인과 주식등의 대량취득·처분자이다.

그러나 그러한 관계가 없는 회사외부자는 규제대상이 아니기 때문에 회사외부자가 상장법인에 대한 중요정보, 즉 회사외부정보를 생성하여 이용한 경우에 처벌할 수 없다. 왜냐하면 그러한 회사외부자는 정보생성자이므로 정보수령자가 될 수 없고 그 상장회사와 법률상 또는 계약상 관계가 없기 때문에 회사관계자가 될 수도 없기 때문이다. 상장법인의 준내부자가 회사외부정보를 생성한 경우에는 준내부자 관계라는 특별한 지위가 있기 때문에 처벌할 수 있으나, 그러한 관계가 없는 회사외부자는 회사외부정보를 생성하더라도 규제대상이 될 수 없는 것이다. 예컨대, 대기업이 치열한 경쟁관계에 있는 수개의 상장회사 중 어느 하나의 상장회사에 대하여 대량의 물품을 공급하기로 결정한 경우 그 대기업의 임원이 그 정보를 이용하여 그 상장회사의 주식을 거래한 경우이다.

회사외부정보의 생성자는 상장법인의 회사관계자나 자본시장에 참여하는 통상의 투자자보다도 그 정보에 접근할 수 있는 지위가 더 우월함에도 규제하지 않는 것은 불합리하므로 규제대상에 포함시켜야 할 것이다.[4] 이 경우 회사외부자로부터 정보를 수령한 자도 처

4) 예일대학의 Ares 교수와 스탠포드대학의 Bankman 교수는 "일반 내부자거래의 경우에는 그 거래로 인한 이익이나 비용이 모두 당해 회사와 그 주주

벌대상에 포함시켜야 할 것이다.

영국 및 2003년 EU지침은 고용, 직무 또는 업무 과정에서 정보에 접근할 수 있는 수단을 보유함으로써 내부정보를 알게 된 자를 내부자로 규제하는데 발행회사 직원뿐만 아니라 그 이외의 외부회사의 직원 등도 포함하며, 내부자와 내부정보 개념은 회사 내부를 전제로 하지 않고 두 개념 모두 회사 외부를 포괄하는 개념이다. 따라서 자기 회사의 업무정보이지만 다른 회사의 주가에 영향을 줄 수 있는 정보인 경우 그 정보를 지득하고 다른 회사 주식을 거래하는 행위나 다른 회사의 업무정보이지만 자기회사의 주가에 영향을 줄 수 있는 정보를 지득하고 자기 회사의 주식을 거래하는 행위가 모두 금지된다. 그리고 호주와 독일에서는 내부자나 외부자의 구별없이 정보를 지득하고 거래행위를 하면 누구든지 규제대상이 되는 점을 참고할 필요가 있다.[5)]

들에게 귀속되나 회사외부자의 미공개중요정보 이용행위를 의미하는 대체적 내부자거래(substitute insider trading)의 경우에는 그 거래로 인한 이익이나 비용이 대체거래를 하는 내부자의 회사주주에게 귀속되지 않고 대체거래되는 주식을 발행한 회사의 주주에게 귀속되어 일반적인 내부자거래보다도 더 규제가 필요하다."라고 주장한다. Ares, Ian & Joe Bankman, Substitute for Insider Trading, 54 Stan. L. Rev.235(2001). pp.267～285; 장근영, 앞의 논문, 288면 참조.

5) 부정유용이론에 따르면 공개매수와 같은 M&A의 경우 실정법상의 적용대상에 해당하지 않더라도 부정유용이론의 요건을 충족하면 해석상으로 내부자거래의 책임을 추궁할 수가 있기 때문에, 실질적으로 내부자거래의 규제경향은 단순한 내부정보뿐만 아니라 시장정보도 규제하며 규제대상자도 전통적인 내부자의 개념에서 구조적 내부자(Structural Insider)의 개념으로 확대되어가고 있다. 이때 구조적 내부자란 회사 내부에서 통상의 투자자보다 정보에 접근하기가 용이한 지위에 있는 내부자나 준내부자와는 달리 회사 내부의 지위는 없고 회사 내부가 아닌 자본시장 전체에 있어서 통상의 투자자들보다 우월한 지위를 점유하고 있는 자들로서 회사의 주주들이 가져야 할 이익의 범위를 더 확대하여 자본시장에서의 통상의 투자자들에 대한 의무를 부여하는 개념이다. 이때 의무부과의 근거가 무엇인지 비판이 있을 수 있지만, 증권거래법 제1조에 규정된 '증권의 발행과 매매 기타의 거래를 공정하게 하여 증권의 유통을 원활히 하고 투자자를 보호함으로써 국민경제의 발전에 기여함'이라는 목적을 고려한다면 그 규정에 의하여 증권거래

라. 회사외부정보와 관련된 당해회사의 관계자

회사외부자가 상장법인에 관한 회사외부정보를 생성한 경우 그 법인의 회사관계자가 직무관련등으로 그 정보를 알게 되면 정보수령자가 아닌 그 법인의 회사관계자의 지위로 규제된다고 해석된다. 그 정보가 외부에서 생성되어 그 법인으로 전달되었더라도 그 법인의 회사관계자는 그 정보에 접근할 수 있는 특별한 지위에 있기 때문이다. 그러나 논란을 피하기 위하여 명문으로 규정하는 것이 바람직하다.

한편, 공개매수대상회사 관계자가 공개매수정보를 직무관련등으로 지득하고 공개매수대상회사의 주식거래에 이용한 경우에는 동 정보는 시장정보이므로 공개매수 특칙이 적용되어 회사관계자의 지위에서 처벌할 수 없고 다만 그 정보수령자로서만 처벌할 수 있을 뿐이다. 그러나 이 경우에도 공개매수대상회사 관계자는 통상의 투자자에 비해 정보접근의 우월적 지위가 인정되므로 공개매수특칙의 규제대상자로 추가할 필요가 있다. 이와 같은 규제의 공백은 주식등의 대량취득·처분의 경우에도 마찬가지로 발생한다. 대량처분자와 대량취득자의 회사관계자는 주식등의 대량취득·처분 특칙의 규제대상으로 하고 있으나, 대량취득·처분의 대상회사의 회사관계자는 행위주체로 규정하고 있지 않아 회사관계자로서가 아닌 정보수령자로서 처벌될 수 있을 뿐이다. 또한 이는 업무정보가 아닌 시장정보이므로 일반적인 미공개중요정보 이용행위의 법리도 적용되지 않는다. 다만 주식등의 대량취득·처분이 경영권의 양수도를 수반할 경우에는 업무정보에 해당하므로 규제대상이 될 수 있을 뿐이다. 따라서 시장정보를 규제대상 정보에 포함시키거나 대량취득·처분의 대상회사의

법상 자본시장의 건전성과 공정성을 보호해야 한다는 의무를 충분히 부여할 수 있다. 손성, 앞의 논문, 275면, 각주 91; 그러나 회사 외부자에 대한 규제의 필요성에는 공감하나 그 근거를 부정유용이론에서 구할 수는 없다고 본다.

회사관계자를 행위주체로 추가할 필요가 있다.

마. 기 타

(1) 우회상장예정법인의 회사관계자

비상장법인은 상장법인과는 달리 발행시장이나 유통시장에서 거래의 공정성이나 투자자 보호의 문제가 발생할 여지가 적기 때문에 규제하지 않고 있다. 그러나 조만간 상장이 예정된 경우 그 상장예정정보를 주식거래에 이용하여 상장 후에 차익을 실현할 수 있으므로 그 불공정거래를 규제하기 위해 '6개월 이내에 상장하는 법인'을 규제대상으로 하고 있다. 그런데 직접 상장되지 않고 우회상장의 효과가 발생하는 경우에는 규제대상이 되지 않는다. 왜냐하면 우회상장은 일반적으로 비상장법인이 상장법인과 결합을 통하여 상장심사 등의 정상적인 상장절차를 거치지 않고 상장법인이 되는 효과를 가지는 것으로 법에서 정의하고 있는 개념은 아니고, 법 규정상 문언인 '상장하는'이라는 문구를 죄형법정주의 원칙상 엄격하게 해석하여야 하기 때문이다.

상장예정법인을 상장법인과 동일하게 미공개정보 이용금지 규제대상으로 하는 것은 상장 전에 회사관계자가 미공개중요정보를 이용하여 상장 후에 그 이익을 취득함으로써 투자자들에게 피해를 주는 것을 방지하기 위한 것인데 우회상장의 경우도 비상장법인이 상장심사를 우회하여 실질적으로 상장되는 효과를 발생시키므로 직접 상장의 경우와 달리 취급할 이유가 없다. 따라서 직접 상장하는 법인뿐만 아니라 우회상장예정법인의 회사관계자도 규제대상으로 하는 것이 입법론적으로 타당하다. 다만 우회상장의 방법에는 상장법인과 합병, 주식교환, 영업양수 및 제3자배정 증자 등 여러 가지가 있고 그중에서 합병의 경우에는 비상장법인은 소멸하고 주식교환·영업양수도의 경우에는 비상장법인 자체는 상장되지 않은 상태로 존속하고 상장법인이 되는 것이 아니므로 규제대상 우회상장 법인의 범위를 정하는 것이 어려운 것은 사실이지만, 우회상장 후 존속하거나 신설되는 상장회사의 주식을 취득하거나 취득하게 될 자들을 규제대상으로 하는 방안을 검토할 필요가 있다.

(2) 상장법인의 대리인이 법인인 경우 그 법인의 임원등

자본시장법은 상장법인 및 그 계열회사의 대리인을 행위주체로 규정하면서 그 대리인이 법인인 경우에 그 임직원 및 대리인을 행위주체라고 명시적으로 규정하고 있지는 않다(법 제174조 제1항 제1호 참조). 반면 그 상장법인과 법령상 또는 계약상의 관계에 있는 자의 대리인이 법인인 경우에는 그 법인의 임직원·대리인을 행위주체로 규정하고 있다(법 제174조 제1항 제2호 내지 제5호 참조). 따라서 제174조 제1항 제1호의 상장법인 및 그 계열회사의 대리인은 법규정이 임직원과 대리인을 병렬적으로 나열하고 있고 대리인은 자연인에 한정하는 것으로 해석될 수 있다.

다만, 상장법인 및 계열회사의 대리인이 법인인 경우에, 그 대리계약 관계에 따른 준내부자의 지위에서 대리인인 법인의 임직원은 행위주체가 될 수 있다. 그러나 규정형식의 일관성을 고려할 때 상장법인 및 계열회사의 대리인이 법인인 경우에 그 법인의 임직원·대리인을 행위주체로 하는 규정을 둘 필요가 있다.

(3) 준내부자 등이 법인인 경우, 그 법인의 주요주주 또는 다른 임원등

상장법인의 주요주주나 준내부자가 A법인인 경우에, A법인의 임직원·대리인만을 행위주체로 규정하고 주요주주는 행위주체로 규정하고 있지 않다. 이때 A법인의 주요주주는 A법인에 대한 사실상의 영향력을 행사하여 A법인의 임원등과 같이 상장법인의 정보에 접근할 수 있는 우월적 지위가 있음에도 처벌할 수 없다는 것은 불합리하므로 A법인의 주요주주도 규제대상으로 할 필요가 있다.

한편, 주요주주나 준내부자가 법인인 경우에, 그 법인의 정보담당부서가 아닌 다른 부서의 임원등이라 하더라도 직무와 관련하여 중요정보를 알게 된 경우에는 준내부자로서 규제대상이 된다고 본다. 법인이 알게 된 정보는 그 법인 안에서 업무와 관련하여 전달될 가능성이 높고 그 정보의 담당자만을 준내부자로 취급할 필요가 없기 때문이다. 그러나 논란의 소지를 없애기 위해서 일본과 같이 명문의 규정을 두는 것도 고려할 만하다.[6]

2. 정보수령자의 범위 확대

자본시장법은 회사관계자가 정보를 타인에게 전달하여 이용하게 하는 탈법행위 방지를 위해 정보수령자를 행위주체로 하면서 그 범위를 정보접근에 우월적 지위를 갖고 있는 회사관계자와 특별한 관계에 있는 1차 정보수령자만을 대상으로 하고 있다. 그러나 몇 단계의 정보전달 과정을 거치더라도 그 정보의 동일성이 유지된다면 그 정보의 격차를 이용한 거래의 가벌성은 동일하므로 정보수령자를 회사관계자로부터 직접 정보를 받은 자에 한정할 필요는 없으므로 개선이 필요하다.

가. 1차 정보수령자의 간주

(1) 상장법인의 직무관련 없는 다른 임원등

현행 규정과 같이 1차 정보수령자만을 규제대상으로 하더라도, 당해 법인의 직무관련없는 다른 임원등은 구체적인 정보전달 경위를 따지지 않고 1차 정보수령자로 간주하는 규정을 둘 필요가 있다. 이에 대하여 대규모 회사의 경우 그 정보를 모르고 주식거래를 하는 직원이 있을 수 있고 당해 법인 임원등의 경제활동을 지나치게 규제한다는 비판이 있을 수 있다.

---

6) 일본 金融上品去來法 제166조 제5호 참조.

그러나 회사의 중요정보와 직무관련이 없는 같은 회사 내 다른 임원등은 설사 회사외부자나 두 사람 이상의 단계를 거쳐 정보를 들었다 하더라도 그 이용행위를 하기 전까지 직무관련이 있는 임원등에게 그 정보를 확인할 수 있는 등 통상의 투자자에 비하여 정보접근의 가능성이 높고 그 정보이용행위에 대한 비난가능성이나 책임의 정도에 차이는 있을 수 있지만[7] 통상의 투자자의 자본시장에 대한 신뢰 손상에는 차이가 거의 없다.

따라서 자본시장의 공정성과 통상의 투자자의 신뢰보호의 측면에서 볼 때 동일회사 내에서 임원등의 직무관련성 유무는 가벌성의 정도를 나타내는 기능이면 충분하고 처벌여부를 결정하는 기준으로 기능하는 것은 무리가 아닌가 싶다. 따라서 규범적으로 규제하기 위해서 1차 정보수령자로 간주하는 규정을 둘 필요가 있다. 그리고 공개매수 회사나 주식등의 대량취득·처분 회사의 직무관련이 없는 다른 임원등의 경우에도 마찬가지이다.

(2) 주요주주나 준내부자 관계에 있는 법인의 직무관련 없는 다른 임원

상장법인과 계약상 또는 법령상의 관계에 있는 법인의 임원등이 그 직무관련등으로 그 법인의 정보를 지득하여 이용하면 준내부자로서 처벌할 수 있다. 그때 그 법인의 다른 임원등이 직무관련등 없이 그 정보를 알게 된 경우에는 준내부자의 지위가 될 수 없지만 앞서 설명한 바와 같이 1차 정보수령자로 간주하는 규정을 둘 필요가 있다. 최소한 이들은 직무관련등이 있는 임원등보다는 정보접근의 우월적 지위가 떨어지지만 통상의 투자자에 비하여는 정보의 접근이 수월하기 때문이다.

---

7) 정보생성자는 정보와의 근접성이 가장 가까우므로 동인의 정보이용행위는 비난가능성이 높고 또한 다른 임원등에 대한 정보누설 등의 불법이 있을 수 있으므로 그 책임이 더 중하다고 할 수 있다.

⑶ 법인 및 회사관계자의 배우자등에 대한 정보의 제공

자본시장법은 회사관계자가 법인인 경우에는 그 임직원 및 대리인을 회사관계자로 포함하는 규정을 두고 있지만 정보수령자가 법인인 경우에 대하여는 그러한 규정을 두고 있지 않다. 그러나 회사관계자가 법인에게 회사정보를 제공하기 위해서 그 소속 직원에게 제공한 경우에는 그 법인의 다른 직원에게도 제공한 것으로 해석된다. 그러나 다툼의 소지를 없애기 위해서 명시적인 규정을 둘 필요가 있다. 하지만 이때 1차 정보수령자의 범위를 조직 내의 모든 구성원으로 확장하는 것은 죄형법정주의의 취지에 어긋날 수 있으므로 그 정보수령과 관련된 업무를 담당하는 자에 한정하여야 할 것이다. 일본은 회사관계자로부터 정보수령을 받은 자뿐만 아니라 직무상 당해 정보를 받은 자가 소속된 법인의 다른 임원등이 직무에 관하여 당해 정보를 지득한 경우도 정보수령자로 규정하고 있다.[8]

또한 당해 회사 정보와 직무관련성등이 있는 회사관계자의 배우자 및 회사관계자와 배우자의 1촌인 직계존비속, 그리고 회사관계자나 배우자의 형제자매 등 아주 가까운 친척관계에 있는 자는 1차 정보수령자로 간주할 필요가 있다. 이들은 친척인 회사관계자로부터 정보를 전달받는 경우가 많고[9] 설사 그렇지 않더라도 다른 곳에서 들은 정보를 그 회사관계자에게 확인할 수 있기 때문에 통상의 투자자에 비해 정보에 대한 접근성이 우월하다. 다만, 그 정보와 직무관련성이 없는 임원등의 특수관계인의 경우에는 그러하지 아니하다. 미국은 정보제공자와 정보수령자간에 신뢰나 비밀준수의 의무(Duty of Trust or Confidence)를 합의하거나, 일정한 상황에서 이를 기대할 수 있는 경우 또는 가족관계와 같이 밀접한 관계에 있어서는 정보수령자를 내부자거래 규제의 대상에 포함시키고 있다(SEC Rule 10b-5).

8) 일본 金融上品去來法 제166조 제3항.

9) 남편으로부터 회사의 호재성 정보를 듣고 이용행위를 한 처를 1차 정보수령자로 처벌하였다. 광주고등법원 2008. 7. 10. 선고 2007노281 판결.

나. 불법적인 방법 등에 의한 정보수령자

회사관계자가 정보서류를 훔치는 등 불법적인 방법으로 회사의 정보를 입수하거나 상장회사의 임원들의 중요한 회의를 몰래 엿듣는 경우에는 그 정보를 알게 된 경위에 직무관련등을 인정하기 어려울 뿐만 아니라 정보제공자의 정보제공에 대한 인식이 없으므로 정보제공을 받은 것도 아니어서 회사관계자나 정보수령자로 처벌할 수 없다. 그러나 회사관계자가 정당한 직무수행 과정에서 정보를 알게 되거나 회사외부자가 회사관계자로부터 그 정보를 수령하게 된 경우와 비교할 때, 정보격차의 불공정한 이용에 있어 차이가 없기 때문에 그 가벌성에 차이가 없을 뿐만 아니라 오히려 그 정보를 알게 된 경위에 있어서의 수단의 불법성이 더 심각함에도 처벌할 수 없음은 비합리적이다. 이는 회사관계자의 정보취득 과정에서의 직무관련성을 요건으로 하고, 회사관계자로부터 정보를 받은 자만을 규제대상으로 하고 있는 한 불가피한 결과이다. 결국 이 부분은 입법으로 해결할 문제이다.[10][11]

다. 2차 이후 정보수령자

자본시장법은 '회사관계자로부터 정보를 받은 자'라고 규정하고 있으므로 문언해석상 2차 이후의 정보수령자는 그 규제대상이 아니다. 그러나 미공개중요정보 이용행위의 규제 취지에 입각하여 2차 이후의 정보수령자의 행위가 실질적으로 미공개중요정보를 이용한 경우에도 동일한 책임을 부담하여야 한다.[12] 여러 단계의 정보전달

10) 독일은 범죄의 실행이나 범죄 실행의 음모에 기초하여 내부자정보를 알게 된 자는 그 정보의 이용뿐만 아니라 정보전달이나 추천행위가 금지되며(WpHG 제38조 제1항 제2호 제d목), 2003년 EU지침도 범죄행위에 의하여 내부정보를 알게 된 자도 규제대상으로 하고 있다(제2조 제1항 제d호).

11) 同旨: 컴퓨터 해킹을 통해 얻은 기업의 내부정보를 이용한 증권거래는 정보비대칭의 불공정한 이용이므로 규제대상으로 하여야 한다. 장근영, "인터넷의 발달과 증권규제—내부자거래를 중심으로—", 비교사법 제14권 제3호(2007. 9.), 192면.

과정을 거치더라도 그 정보는 반드시 회사관계자로부터 나오는 것이고, 정보의 동일성이 유지되는 한 1차 정보수령자나 2차 이후의 정보수령자의 미공개중요정보 이용행위의 가벌성은 동일하다.[13]

자본시장법 제정 이전부터 정보수령자의 범위를 확대해야 한다는 논의가 많이 있었음에도 이를 반영하지 못하였으며 이에 대한 제도적 보완조치가 필요하다.[14] 정보전달 단계보다는 미공개중요정보를 지득하고 이를 이용한 사실에 중점을 두어서 2차 이후의 정보수령자도 규제대상으로 하는 것이 바람직하다.[15]

미국의 경우에는 1차 정보수령자뿐만 아니라 2차 이후의 원격정보수령자에게도 책임을 인정하고 있고[16] 공개매수관련정보를 이용한 내부자거래를 규제하고 있는 Rule 14e-3에서는 간접적으로 정보를 얻은 경우까지 규제하고 있다. 2차 내부자인 정보수령자에 대하여 영국의 경우 '내부자로부터 직·간접으로 내부정보를 들은 자', 2003년 EU 지침은 '그 밖에 내부정보를 수령한 자'로 규정하고 있는 점을 참고할 필요가 있다. 나아가 호주와 독일의 경우에는 1차 내부자와 2차 내부자를 구별함이 없이 호주는 '내부정보를 보유한 자'는 모두 규제대상이 되며, 독일은 '누구든지' 내부자정보를 이용

12) 최재경, "증권거래법상 내부자거래의 형사처벌 관련문제", 법무연구(제27호), 법무연수원(2000), 55면; 이훈종, "내부자거래규제에 관한 연구", 21세기 한양법학에의 낙수(석하김기수교수정년기념논문집, 1997), 1032면; 김정수, 현대 증권법원론, 박영사(2002), 651면.

13) 조인호, "정보제공자책임과 정보수령자책임—대법원 1995. 6. 29. 선고 95도467 판결(바로크가구)과 대법원 2002. 1. 25. 선고 200도90 판결—", 373면.

14) 손성, 앞의 논문, 274~283면.

15) 정보통신기술의 발달과 다양한 매체의 등장으로 빠른 속도로 정보 전달이 가능하여 1차·2차 정보수령자의 구분 필요성이 있는지 의문이고 특히 실무적으로 2차 이후의 정보수령자이기 때문에 처벌하지 못하는 사례가 많으므로 정보의 비대칭성이 가지는 불공정성을 제거하기 위한 것이 내부자거래의 규제 취지라는 점을 감안한다면, 정보수령자의 규제범위에 대한 개선이 필요하다. 손성, 앞의 논문, 208면.

16) SEC v. Musella, 678 F. Supp. 1060(S. D. N. Y. 1988).

하거나 전달 또는 추천하는 것을 금지하고 있다.

Ⅱ. 회사정보 범위의 확대

1. 계열회사 정보

구 증권거래법은 상장법인의 임직원·대리인 및 주요주주가 당해 법인의 미공개정보를 이용하여 당해 법인이 발행한 증권을 거래하는 행위를 규제하였다. 그러나 자본시장법은 당해 법인의 원내부자뿐만 아니라 그 계열회사의 임직원·대리인 및 주요주주가 당해 법인의 업무등과 관련된 미공개중요정보를 특정증권등의 매매, 그 밖의 거래에 이용하는 행위까지도 규제한다. 그러나 계열회사의 정보를 규제대상에 포함시키지 않아 계열회사의 정보를 이용하여 상장법인의 주식을 거래하는 경우 직접적인 규제대상이 되지는 않는다.

그런데 계열회사의 정보가 계열회사의 입장에서는 중요한 정보인지 여부와 관계없이 그 정보가 상장법인의 입장에서 중요정보가 되지 않으면 계열회사 정보를 이용하여 상장법인의 주식을 거래한 행위는 처벌할 수 없다. 계열회사의 정보가 상장법인의 중요정보가 되어야만 규제대상이 되고 그렇지 않으면 규제대상이 될 수 없을 것이므로 자본시장법이 계열회사 정보를 규제대상으로 규정하지 않고 있더라도 사실상 규제대상이 되고 있다. 그러나 모회사의 경우에는 자회사의 정보를 모회사의 정보에 포함시킬 수 있으나 자회사의 경우에는 모회사의 정보를 자회사의 정보에 포함시킬 수 없는 경우가 있을 것이고, 계열회사의 입장에서는 중요정보가 아니지만 상장법인의 입장에서는 중요정보가 되거나 그 반대의 경우 또는 정보가 계열회사간에 관련성이 적은 경우에 있어서 계열회사의 정보 지득과 상장법인 발행 주식 거래 사이의 인과관계 여부나 그에 대한 행위자의 고의 인정 여부 등 계열회사 정보이용행위의 규제여부에 대한 다툼이나 입증의 어려움이 예상된다. 계열회사의 원내부자를 규제대상으로 한 입법취지는 어떤 정보가 계열회사간에 관련성이 없더라도 계열회사간 정보의 공유가 수월하여 미공개중요정보의 이용가능성이 매우 높기 때문이다. 그렇다면 계열회사간 미공개중요정보 이용행위에 대한 규제의 효율성을 높이기 위해서 계열회사 정보를 직접 규제대상으로 규정함으로써 입증의 어려움 등을 해소할 필요가 있을 것이다.

2. 시장정보

자본시장법의 해석상 원칙적으로 시장정보는 규제대상 정보가 아니고 다만 예외적으로 공개매수정보나 주식등의 대량취득·처분에 관한 정보만을 특칙으로 규제하고 있을 뿐이다. 그러나 시장정보는 당해 법인의 업무내용과 직접 관련은 없지만 그 정보가 주가나 투자자의 투자판단에 미치는 영향은 업무정보의 경우와 다를 바 없으며 시장정보가 미공개인 상태에서 소수의 자들이 자신의 이익을 위해서 이용할 경우 주식시장에 미치는 부정적 효과는 업무정보의 경우와 같기 때문에 규제대상 정보로 하여야 한다. 매매주문 정보를 이용한 선행거래 등도 통상의 투자자들에 비하여 우월적인 지위가 인정되는 것이므로 시장정보이더라도 규제할 필요가 있다.

또한 공개매수 특칙이나 대량취득·처분 특칙에서 앞서 언급한 바와 같이 공개매수 정보나 대량취득·처분 정보는 동일한 내용의 정보임에도 관계된 회사의 입장에 따라 시장정보가 되기도 하고 업무정보가 되기도 하여 경우에 따라 일반적인 미공개중요정보 이용행위 금지 규정이 적용되기도 하고 특칙이 적용되기도 하는 불합리한 점이 발생하고 있다.

각국의 입법례에서 보듯이 일본을 제외한 대부분의 나라에서 업무정보(발행인에 관한 정보)뿐만 아니라 시장정보(증권에 관한 정보)도 규제대상 정보로 하고 있다. 결론적으로 규제대상 정보의 범위를 정할 때 특정증권등의 가격 등에 중대한 영향력이 있느냐가 본질적인 것이므로 업무정보인지, 시장정보인지 또는 정보의 내용이 직접 회사를 대상으로 하는 것인지의 여부는 중요하지 않다. 그런 점에서 우리나라의 입법례는 내부자 개념뿐만 아니라 정보의 개념에 있어서도 '회사'라는 틀에 얽매임으로써 의미있는 정보의 범위를 지나치게 축소하는 결과를 초래하고 있는 것이다. 따라서 시장정보를 규제대상 정보로 규정하여야 한다.[17)][18)]

3. 정보공개방법의 개선

회사외부정보는 회사외부자가 정보를 생성하지만 그 정보를 직무와 관련하여 당해 회사의 회사관계자가 알게 되면 동시에 당해 회사의 정보도 된다. 이 경우 회사외부정보의 생성자는 행위주체가 아닐 뿐만 아니라 그 정보공개의 주체로 규정되어 있지 않으므로 당해 회사가 법정된 방법으로 공개하면 된다.

반면, 자본시장법은 공개매수정보나 주식등의 대량취득·처분정보의 경우 그 공개주체를 공개매수자나 주식등의 대량취득·처분자로 규정하고 있다. 동일한 회사외부정보이지만 업무정보인지 시장정보인지에 따라 공개주체가 다르다. 그런데 공개매수대상회사나 대량취득·처분의 대상회사가 그 정보를 알게 될 경우, 대항공개매수 등 방어를 위해서 스스로 그 정보를 공개할 필요성이 있을 때가 있다. 따라서 회사외부정보의 경우 공개의 주체를 공개매수자나 대량취득·처분을 하는 자뿐만 아니라 대상회사도 인정할 필요가 있다.

공개의 주체를 확대하면 미공개정보를 외부에 더 빨리 알릴 수

17) 同旨: 송인방, "내부자거래 규제에 대한 입법론적 과제", 기업법연구 제7집 (2001), 380면.

18) 일본도 규제대상 정보의 범위를 확대하여야 한다는 주장이 제기되고 있다. 黑沼悅郎, "インサイダー取引規制における重要事實の定義の問題点", 43頁.

있는 계기가 되는 이점도 있다. 그리고 향후 회사 외부정보 생성자를 처벌하는 입법을 하게 될 경우 회사외부자 뿐만 아니라 대상회사도 공개주체로 할 필요가 있다.

한편, 자본시장법은 상장법인의 자회사만을 공개주체로 신설하였는데, 계열회사를 규제대상으로 포함시켰으므로 계열회사도 정보공개의 주체로 규정할 필요가 있다.

공개방법으로 자본시장법은 신문 등의 진흥에 관한 법률에 따른 일반일간신문 또는 경제분야의 특수 일간신문 중 전국을 보급지역으로 하는 둘 이상의 신문에 그 내용이 게재될 것을 요구하고 있으나, 하나의 신문에 게재된 경우에도 그 정보가 충분히 공개된다. 왜냐하면 1개의 전국지에 게재되더라도 인터넷 뉴스 등의 발달로 주지기간 중에 충분히 전파될 수 있기 때문이다.

Ⅲ. 제재의 개선

1. 부당이익의 명확화

가. 부당이익과 회피손실의 의미 및 중요성

자본시장법은 미공개중요정보 이용행위 금지의 위반행위로 얻은 이익[19] 또는 회피한 손실이 일정 금액 이상이면 벌금형의 상한이 높아지거나 그 징역형을 가중하므로 부당이익이나 회피손실액은 중요한 구성요건요소이다.

'위반행위로 얻은 이익'이라 함은 거기에 함께 규정되어 있는 '손실액'에 반대되는 개념으로서 그 위반행위로 인하여 행위자가 얻은 이득 즉, 그 거래로 인한 총수입에서 그 거래를 위한 총비용을 공제한 차액을 말한다.[20] 회피손실(loss avoided)이란 특정증권등을

19) 이하, '부당이익'이라고 한다. 부당이득이라는 표현이 많이 사용되나, 민법상의 부당이득과 혼동될 우려가 있고 법문상 위반행위로 얻은 '이익'이라는 용어를 사용하므로 부당이익이라는 표현이 적절하다고 본다.

보유하던 자가 악재성 미공개정보를 사전에 알고 주식을 처분하여 손실을 회피한 경우를 말한다. 부당이익이나 회피손실은 일정 '금액' 이상일 것을 요구하므로 금전 등 재산상의 이익에 한정될 것이다.[21]

한편, 자본시장법에 규정은 없지만 판례나 이론은 부당이익을 실현이익(profit realized)과 미실현이익(profit unrealized)으로 나누고 있다. 실현이익이란 이익실현행위를 기준으로 하여 그에 따른 구체적 거래로 인한 이익을 의미하며 구체적으로 미공개중요정보 이용행위와 관련된 특정증권등의 총매도금액에서 총매수금액 및 그 거래비용을 공제한 나머지 순 매매이익을 의미하고, 미실현이익이란 아직 보유 중인 미공개중요정보 이용 대상인 특정증권등의 가액 등이다.[22] 따라서 부당이익은 실현이익과 미실현이익의 합으로 이루어지게 된다. 회피손실은 악재성정보의 경우에 문제되며 정보공개 전에 보유하던 특정증권등을 매도한 경우이므로 실현이익과 미실현이익의 문제는 발생하지 않고 회피한 손실만 있을 뿐이다.

원칙적으로 부당이익은 반드시 그 위반행위와 직접적인 인과관계가 있는 것만을 의미하는 것이 아니고 그 위반행위와 관련된 거래로 인하여 얻은 이익에 해당하면 되는 것이고 다른 요인이 작용하였더라도 그에 따른 주가상승분을 공제하여 미공개정보사실과 직접적인 인과관계가 있는 이익에 한정할 것이 아니다.[23] 정보 공개에 따른 시장 참여자들의 심리적인 과민반응이나 일시적인 불확실성으로 인한 주가 변동 등의 일시효과는 고려할 필요가 없다. 다만 미공개

20) 대법원 2009. 7. 9. 선고 2009도1374 판결, 대법원 2006. 5. 12. 선고 2004도491 판결.

21) 공소장에 부당이익액이 명시되어 있지 않은 경우에는 증권거래법 제207의2의 본문 위반으로 기소한 것으로 보아야 한다. 대법원 2004. 3. 26. 선고 2003도7112 판결.

22) 대법원 2006. 5. 12. 선고 2004도491 판결; 시세조종에서도 같은 취지의 판결이 있다. 대법원 2002. 6. 14. 선고 2002도1256 판결, 대법원 2005. 4. 15. 선고 2005도632 판결.

23) 서울중앙지방법원 2003. 9. 25. 선고 2007노281 판결.

중요정보 외의 다른 요소로 인한 주가상승임이 명확하게 구분될 수 있다면 분리하여 계산하여야 할 것이다.[24)]

그런데 미공개중요정보 이용행위는 공개 전에 기수(종료)에 이르나 부당이익은 공개 이후에 산정되므로 기수시기와 부당이익(회피손실)의 산정시기가 일치하지 않으며 그 산정방법도 명확하게 규정하고 있지 않다. 그러나 가중처벌 구성요건 조항은 위반행위와 직접적인 인과관계가 있는 이익액을 산정하여 손해배상 범위를 정하려는 것이 아니라 형사처벌의 법정형에 관한 것이므로 위반행위와 직접적인 인과관계가 있는 이익액만을 명확하게 산정할 필요는 없으며[25)] 이익액을 산출해 낼 합리적 해석기준이 분명하면 충분하다.[26)] 이하에서는 부당이익의 산정방법에 대하여 실무나 판례의 태도를 분석하여 그 산정방법의 합리성 여부를 검토하고 대안을 제시해 본다.

---

24) 'A제약의 B사 유상증자 참여'라는 미공개정보가 2005. 7. 11. 공시되어 주가가 그때부터 2005. 7. 18.까지 계속 상승하였으나 그 중 2005. 7. 13. 이후 상승분은 'B사의 복제돼지 생산 성공이라는 사실'이 언론에 보도된 것에 기인하였다고 판단하여, 공시 이후 상승기간인 2005. 7. 11.부터 2005. 7. 18.까지의 전부를 부당이득의 대상으로 하지 않고 2005. 7. 12.의 종가를 기준으로 실현이익과 미실현이익을 계산하였다. 서울중앙지방법원 2007. 7. 20. 2007고합159 판결.

25) 시세조종 사건에서 동 조항은 손해배상책임의 범위를 정하거나 위반행위와 직접적인 인과관계가 있는 이익액을 박탈하려는 것이 아니고 형사처벌의 법정형에 관한 것이므로 위반행위와 직접적인 인과관계가 있는 이익액만을 벌금형 상한변동의 요건으로 삼아야 할 필연성이 인정되지 않으므로 죄형법정주의나 형벌의 명확성의 원칙에 위반되지 않는다. 헌법재판소 2003. 9. 25. 선고 2002헌바69·2003헌바41(병합) 결정.

26) 처벌법규의 입법목적이나 그 전체적 내용, 구조 등을 살펴보아 사물의 변별능력을 제대로 갖춘 일반인의 이해와 판단으로써 그의 구성요건에 해당하는 행위유형을 정형화하거나 한정할 합리적 해석기준을 찾을 수 있다면 죄형법정주의가 요구하는 형벌법규의 명확성의 원칙에 반하는 것이 아닌바, 증권거래법 제207조의2의 규정상의 이익액을 산출해 낼 합리적 해석기준이 분명하여 처벌규정으로서의 명확성을 지니는 것으로 헌법 제12조의 죄형법정주의에 위반되지 않는다. 대법원 2002. 7. 26. 선고 2002도1855 판결.

나. 부당이익과 회피손실의 산정

⑴ 기본 산정방식

부당이익을 실현이익과 미실현이익의 산정방법으로 나누어 살펴본다.

〈실현이익〉

(가중평균 매도단가－가중평균 매수단가)×매매일치수량

실현이익은 가중평균매수단가(2회 이상 매수한 경우, 그 매수가격을 매수수량으로 가중 평균한 매수단가)와 매도단가(2회 이상 매도한 경우에는 그 매도가격을 매도수량으로 가중 평균한 매도단가)의 차액의 절대치에 매매일치수량을 곱한 금액이다. 미공개정보 생성후 실제로 매도한 주식의 총수입에서 정보생성 시부터 그 공개 전에 매수한 주식의 매수비용을 공제하는 것을 의미한다.

〈미실현이익〉

(최초형성 최고가－가중평균 매수단가)×매매일치수량(잔여수량)

미실현이익은 정보공개 후 형성된 일일종가 중 최초 형성된 최고가를 '가중평균 매도단가'로 간주하여 실현이익 산정방식과 동일하게 산정한다.

실현이익과 미실현이익의 산정방법은 기본적으로 위와 같으나, 그 산정시기를 언제로 할 것인지는 일치되어 있지 않다. 처분한 주식은 실현이익으로, 미처분 주식은 미실현이익으로 계산하는 경우 그 산정시점을 공개 후 최초 최고가 형성일까지로 할 것인지 아니면 판결선고 시까지로 할 것인지가 문제이나 대체로 공개 후 최초 최고가 형성일을 기준으로 하고 있다.

〈회피손실〉

(가중평균 매도단가－최초형성 최저가)×매매일치수량

그리고 미공개정보 이용행위로 인한 회피손실(loss avoided)은 가중평균 매도단가에서 중요정보가 공개된 후 형성된 일일종가 중 최초로 형성된 최저가를 차감한 가격에 매매 일치수량을 곱한 금액으로 한다.

⑵ 판례 분석

㈎ 부당이익의 산정

호재성정보의 공개 전후에 주가 변동 사례를 나누어 보면 다음과 같다.

첫째 호재성정보 공개 후 최초로 최고가가 형성되거나 이후로도 최고가가 형성되는 경우로서 ㉠ 정보 공개 전에 주식을 매수하여 공개 후 최초 최고가가 형성되기 전에 전부 매도한 사안에서 위 실현이익 산정방식에 따라 실현이익을 부당이익으로 산정한 사례,[27] ㉡ 공시 후에 최초로 최고가가 형성되고 그 이후에 전량 매도한 사안에서, 피고인은 부당이익을 공시시점의 주가를 기준으로 산정해야 한다고 주장하였으나, 미공개정보가 공개된 날 하루 동안에 관련 재료가 주가에 모두 반영되는 것이 아니고 또한 1일 주가 제한폭도 있기 때문에 그 이후에도 주가가 계속 반영되어 상승될 여지는 충분히 있

27) 미공개정보를 이용하여 2005. 10. 25.～2005. 11. 3. 주식을 매수하여 공개(2005.11.10.) 후 최초 최고가 형성(2005. 12. 6.) 전인 2005. 11. 28. 모두 매도한 사안이다. 서울고등법원 2009. 5. 15. 선고 2008노3397(1심, 서울중앙지방법원 2008. 11. 27. 선고, 2008고합236 판결, 그러나 대법원에서는 상고심의 심판대상이 아니라는 이유로 기각하였다. 2010. 2. 25. 선고 2009도4662 판결).

으므로 처분행위 종료시를 기준으로 하여 전부 실현이익으로 부당이익을 산정한 사례[28]가 있다.

둘째 주가가 공개 전부터 상승하여 공개 후에도 계속 상승하다 최초 최고가를 형성하였고 그 이후 주식을 처분한 사안에서 최초 최고가 형성일의 주가를 간주매도단가로 하여 미실현이익으로 부당이익을 산정한 사례(ⓒ)[29] 등이 있다.

셋째 공개 전에 사실상 호재성 정보가 유포되어 주가에 반영되어 최초 최고가가 형성된 경우이다. 공시 이전부터 주가는 상승하기 시작하여 공시일에 최초 최고가를 형성한 후 공개일에 감자정보 조회공시로 하락하였고 그 이후에 주식을 처분한 사안에서 공시 당일의 최초 형성 최고가를 간주매도단가로 산정하여 미실현이익으로 부당이익을 산정한 사례가 있다(ⓔ).[30]

넷째 대법원은 "부당이익은 총 매도금액에서 총 매수금액 및 그 거래비용을 공제한 나머지 순 매매이익을 의미하고 그 이익의 산정에 있어서는 피고인의 이익실현행위를 기준으로 하여 구체적 거래로 인한 이익과 아직 보유 중인 미공개정보 이용 대상 주식의 가액, 미공개정보 이용행위와 관련하여 발생한 채권 등이 모두 포함되어야 하며, 특별한 사정이 없는 한 아직 보유중인 주식의 가액은 그와 동종 주식의 마지막 처분행위시를 기준으로, 주식양도를 목적으로 하

28) 서울북부지방법원 2004. 9. 2. 선고 2004노484 판결(1심, 서울북부지방법원 2004. 6. 17. 선고 2003고단5389).

29) 미공개정보를 이용하여 2005. 8. 26.~2005. 9. 8. 주식을 매수하고 주가는 2005. 8. 24.부터 상승하여 공시일(2005. 9. 8.) 후에도 계속 상승하여 2005. 9. 12. 최초 최고가가 형성되었고 그 이후 주식을 처분한 사례에서 최초 최고가 형성일의 주가를 간주매도단가로 하여 미실현이익으로 부당이익을 산정한 사례이다. 수원지방법원 2007. 8. 10. 선고 2007고단2168 판결.

30) 정보생성 후 2005. 11. 19.~2005. 11. 21. 주식을 매수하고 주가는 2005. 11. 14. 이후 상승하기 시작하여 2005. 11. 22.부터 공시일(2005. 11. 24.)까지 상한가를 기록하다 공개일(2005. 11. 25.)에 감자정보 조회 공시로 주가가 하락하였고 2005. 12. 12.~2006. 2. 10. 전량 매도한 사례이다. 수원지방법원 성남지원 2007. 10. 24. 선고, 2007고단1954 판결.

는 채권의 가액은 그 약정이행기를 기준으로 산정함이 상당하며 피고인에게 가장 유리한 방식으로 적용하여야 한다."라고 판시하고 있다(㉤).[31]

(나) 회피손실의 산정

악재성 정보의 이용행위는 그 정보가 공개되기 전에 보유한 주식을 매도하는 것이므로 평가이익(미실현이익)에 해당하는 평가 회피손실의 개념이 없고, 실현이익처럼 실제로 손실을 회피한 경우만이 문제된다. 하급심 판례에서 실무와 같은 산정방법으로 공개 전 가중

31) 피고인이 미공개정보 생성(2001. 3. 15.) 이후 공시(2001. 4. 25.) 전에 그 정보를 이용하여 2001. 4. 24. 전환사채를 인수하였고 공시 후 최초 최고가(2001. 5. 11.)가 형성된 이후 다시 최고가가 형성(2001. 5. 29.)되었으며, 2001. 6. 중순경 A회사에 전환사채를 양도하고 그 반대급부로 A회사 주식 50만주를 받기로 하였으며 실제로 2001. 6. 21. 차명계좌로 주식 30만주를 입고 받은 후 2001. 6. 26.부터 2002. 4. 26. 기간 중 총 31만주를 매도하였는데 그 중간인 2001. 7. 20. 및 2001. 7. 27.에 추가로 동사 주식 3만주를 매수하였으며, 50만주 중 잔여주식 20만주는 양도받지 못하고 있었던 사례이다. 이에 대하여 원심(서울지방법원 2004. 1. 7. 선고 2003노1163)은 실제로 매도한 주식 31만주 중 미공개정보를 이용하여 받은 30만주가 모두 포함된 것으로 하여 모두 실현이익으로 부당이익을 총 608,850,396원으로 하였으며 양도받지 못한 주식 20만주는 계산하지 않았다; 대법원(2006. 5. 12. 선고 2004도491)은 부당이익은 총 매도금액에서 총 매수금액 및 그 거래비용을 공제한 나머지 순 매매이익을 의미하고 그와 같은 이익의 산정에 있어서는 피고인의 이익실현행위를 기준으로 하여 그 구체적 거래로 인한 이익과 아직 보유 중인 미공개정보 이용 대상 주식의 가액, 미공개정보 이용행위와 관련하여 발생한 채권 등이 모두 포함되어야 하며, 이 경우 특별한 사정이 없는 한 아직 보유중인 주식의 가액은 그와 동종 주식의 마지막 처분행위시를 기준으로, 주식양도를 목적으로 하는 채권의 가액은 그 약정이행기를 기준으로 산정함이 상당하다고 하면서, 2001. 7. 20. 기준으로 그 전에 매도한 주식 16만주는 전부 매도한 것으로 그 이후 주식 15만주를 매도한 것에 대하여는 '피고인에게 가장 유리한 방식으로 적용하기 위해서' 정보이용과 상관없이 취득한 3만주 전부를 제외한 12만주만 매도한 것으로 하여 총 28만주를 매도한 것으로 계산하여 실현이익을 계산하였고, 그로 인하여 보유중인 2만주와 아직 이전받지 못한 주식 20만주는 그 약정기간 중 가장 낮은 주가를 기준으로 평가하여 미실현이익을 산정하였고, 미실현이익과 실현이익을 합하여 부당이익을 376,648,139원으로 계산하였다.

매도단가에서 공개 후 최초로 형성된 최저가를 공제하고 손실회피를 위해 매도한 수량을 곱하여 산정한 사례가 있으며[32] 그 외에 동일하게 산정한 사례가 다수 있다.[33]

(다) 판례의 태도

회피손실의 산정은 실무나 판례가 공개 후 최초로 형성된 최저가의 종가를 기준으로 하는 것에는 일치하고 있다. 반면 부당이익의 산정방법은 실현이익과 미실현이익의 합으로 하여 계산하고 있는 것에는 일치하나 실현이익과 미실현이익의 산정시기에 대하여는 판례가 일치하지 않고 있다.

‖ 도표 4 ‖ 부당이익 산정 요약

사례	주식처분 시기	부당이득	산정시준
㉠	공개후 최초 최고가 전 전부 매도	실현이익	최종처분 시
㉡	공개후 최초 최고가 후 전부 매도	실현이익	최종처분 시
㉢	공개후 최초 최고가 후 전부 매도	미실현이익	최초 최고가 형성 시
㉣	공개전 최초 최고가 공개 후 전부 매도	미실현이익	최초 최고가 형성 시
㉤	공개후 최초 최고가 후 일부 매도	실현이익+ 미실현이익	최종처분 시

32) 피고인들은 손실회피액의 기준을 감자결정사실을 공시한 2004. 12. 4. 이후의 첫 거래일인 2004. 12. 6.로 할 것을 주장하였으나, 정보공개 후 최초로 형성된 최저가의 종가(2004. 12. 8.)를 기준으로 하였다. 서울중앙지방법원 2007. 5. 30. 선고 2007노346 판결.

33) 평균매도단가에서 정보공개 후 형성된 일일종가 중 2005. 10. 4. 최초로 형성된 최저가를 뺀 금액에서 손실회피를 위해 매도한 수량을 곱하여 손실회피 금액으로 산정한 사례, 청주지방법원 2008. 5. 7. 선고, 2008노195 판결(1심, 청주지방법원 2008. 2. 19. 선고 2007고단1091 판결); 同旨: 서울중앙지방법원 2007. 6. 22. 선고 2006고합1000 판결, 서울중앙지방법원 2006. 7. 14. 선고 2006고합535 판결, 서울중앙지방법원 2004. 9. 10. 선고 2004고합911, 2004고합983 판결, 인천지방법원 부천지원 2005. 12. 2. 선고 2005고단1391 판결 등.

판례의 산정방법은 다음과 같이 나누어 볼 수 있다. 첫째 공개 이후 판결선고 시까지 처분한 경우에는 처분가격을 기준으로 실현이익을, 처분하지 않은 주식은 동종 주식의 최종 매도시의 주가를 기준으로 계산하는 경우이고(처분시설), 둘째 정보공개 후 최초로 최고종가가 형성된 날을 기준으로 그때까지 처분한 주식은 실현이익으로 처분하지 못한 주식은 미실현이익으로 하는 경우(최고가형성시설)이다.

대법원[34]은 전자의 취지로 판시하고 있고(ⓜ) 하급심은 최초로 최고가가 형성된 날 이후에 주식의 처분이 있는 경우에 최초 최고가의 형성일을 기준으로 모두 미실현 이익으로 계산하는 경우(ⓒ)와 처분시를 기준으로 계산하는 경우(ⓛ)로 나뉜다. 그리고 공개 전에 최초 최고가 형성 시에는 그때를 기준으로 산정하고 있다(ⓡ).

기본적으로 판례의 태도는 판결선고 시까지 미공개중요정보 이용 대상 주식의 처분이 없는 경우에는 최초 최고가를 기준으로 미실현 이익을 산정하고 공개 후 최초 최고가 형성일 이전에 처분된 주식은 실현이익으로 계산한다(ⓖ). 그런데 최초 최고가 후에 주식의 일부나 전부 처분이 있는 경우에, 최초 최고가 형성 시와 최종처분행위 시로 그 산정방법이 나뉘는 것이다.

(3) 부당이익 산정방법의 문제점 및 개선

(가) 처분시설

이 설은 판결 선고 시까지 미공개중요정보의 이용 대상 주식을 최종 처분 시를 기준으로 그때까지 처분한 주식은 실현이익으로 처분하지 못한 주식은 미실현 이익으로 산정하는 것으로 정보이용행위자의 실현이익을 중시한다.

그러나 이 기준은 판결 선고 시까지 피고인이 미처분 주식을 염가에 처분할 경우 가중처벌 구성요건의 적용을 회피할 수 있다는 치명적인 결함이 있다. 수사나 재판기간의 장단 또는 범죄행위 이후의

---

34) 대법원 2006. 5. 12. 선고 2004도491 판결.

사정이나 피고인의 의사에 따라서 형벌의 적용이 유동적인 것은 형법의 일반원칙인 행위와 책임의 동시 존재의 원칙에 정면으로 반한다.

아무리 정교한 계량경제학적 모델을 사용한다고 하더라도 주식시장의 반응을 예측한다는 것은 이론에 불과하고 부당이익을 정확하게 산정하는 것은 거의 불가능한 일이다. 부당이익은 형사처벌의 가벌성을 정하기 위한 것이므로 실제 손해액에 준하는 실현이익을 산정할 필연성은 없으며[35] 위법행위와 인과관계가 있는 이익의 합리적인 근사치이면 충분하다. 따라서 형법의 일반원칙인 행위와 책임의 동시 존재의 원칙에 부합하면서 실제 부당이익의 합리적인 근사치에 접근할 수 있는 합리적 산정방법이 필요하다.

(나) 최고가형성시설

정보공개 후 최초 최고가 형성시를 기준으로 한 부당이익 산정방법은 행위와 책임의 동시 존재의 원칙에 처분시설보다 충실하다고 할 수 있다. 왜냐하면 미공개중요정보 이용행위는 호가 시에 종료하지만 이후 계약이 체결되는 순간 현재(懸在)화 되지 않은 부당이익이 발생하고 동 범죄 특성상 그 부당이익은 그 이후에 산정될 수밖에 없지만 그 산정시기를 최초 최고가 형성시로 객관적으로 정하고 있기 때문이다. 그리고 공개 후 최초 최고가 형성시까지 정보의 가치가 반영되어 주가가 상승하는 것이므로 그 가치를 산정할 수 있으면 충분하지 반드시 실현이익일 필요는 없다. 물론 매매호가 이후 최초 최고가 형성 시까지 다른 요인이 개입되어 부당이익에 영향을 미칠 수도 있지만 처분시설의 경우처럼 피의자나 피고인의 사후적인 행위에 의해서 부당이익액이 달라지는 경우는 없다.

이 설은 부당이익을 최고가를 기준으로 산정하므로 부당이익이 처분행위시설보다 많아질 가능성이 커서 피고인에게 불리하다는 비

35) 헌법재판소 2003. 9. 25. 결정 2002헌바69 · 2003헌바41(병합); 대법원 2002. 7. 26. 선고 2002도1855 판결.

판이 있을 수 있지만 최초 최고가 형성시까지 매도하지 않다가 그보다 높은 2차 최고가 형성시에 매도하는 경우에는 불리한 것이 아니다.[36)]

(다) 소 결

가능한 한 행위와 책임의 동시 존재의 원칙에 충실하고 미공개 중요정보 이용행위자의 주식처분이라는 주관적 상황에 따라 부당이익액이 달라지는 것을 방지하기 위해서는 그 산정시기가 객관적인 기준에 따라 정해져야 한다는 점에서 처분시설보다는 기본적으로 최고가형성시설이 타당하다. 그리고 정보공개 전에 정보가 사실상 유포되어 주가에 반영되어 최초로 최고가나 최저가가 형성된 경우에는 그때를 기준으로 부당이익(㉣)과 회피손실액을 정하는 것이 타당하다. 왜냐하면 정보이용행위 후에 그 정보가 누설되어 주가에 반영되었다면 정보의 공개 여부와 관련없이 그에 상당하는 부당이익을 취득한 것이기 때문이다.[37)]

한편, 최고가형성시설은 최고가를 기준으로 하고 있으나, 피고인에게 유리하도록 그 기준을 엄격하게 해석하기 위해서 다음과 같은 제안을 해본다. 즉 원칙적으로 산정시기를 정보공개일을 기준으로 하고, 다만 정보공개일에 상한가가 되는 경우에는 그 이후 거래일 중에서 연속적인 상한가가 끝나는 날의 종가를 기준으로 실현이익과 미실현이익을 산정하는 것이다. 악재성 정보의 경우에도 마찬가지이다.

법률상 정보가 공시되면 그로부터 일정한 주지기간이 지난 후에

36) 공시 이틀 전부터 상한가에 이르다가 공시 이후 주가가 약간 떨어지다 다시 상승하였는데 2차 상승기에 매도한 사례에서, 최고가형성시설에 따를 때 부당이익이 1억 3천만원정도이나 처분행위시설에 따를 때 부당이익이 8억 3천만원이 되었는데 법원에서 후자를 부당이익으로 인정하였다. 대법원 2007. 7. 12. 선고 2007도3782 판결.

37) 호재성 정보를 지득하여 주식을 매수하고 정보공개 전에 매도한 경우에 그 매매차익은 실현이익에 포함되는 것과 같은 논리이다.

공개된 것으로 간주되고 이때 공개란 규범적으로 일반인 모두가 그 정보를 알 수 있게 된 것을 의미하므로 그 공개일에 증권시장에서도 규범적으로 그 정보 가치가 주가에 충분히 반영된다고 간주할 수 있고, 다만 한국거래소는 1일 시가기준 15%의 상하 범위 내에서의 변동만을 허용하기 때문에 상한가인 경우에는 그 이후의 거래일까지 정보 가치가 반영되므로 상한가가 멈추는 날의 종가까지 그 정보가 반영된다고 볼 수 있기 때문이다. 이는 정보의 가치를 주가에 충분히 반영하지 못하는 면이 있지만 최소한 순수한 정보만의 가치를 반영할 수 있으며 또한 피고인에게도 유리하다. 다만 실제로 호재성 정보의 경우 상한가가 되는 경우가 많지 않고 상한가 없이 여러 날에 걸쳐 상승하는 경우가 많으므로 실제적이지 못하다는 비판이 있을 수 있다.

어느 산정기준에 의하든 현실적으로 정확한 부당이익액의 산정방법을 찾는 것은 불가능하기 때문에 규범적으로 규제목적상의 규제범위를 정하는 의미에서의 부당이익 산정방법을 모색하는 것이 필요하다. 따라서 입법론으로는 법정 최고형이 무기징역임을 감안할 때 죄형법정주의의 원칙에 따라 법률에 그 부당이익의 산정방법의 근거를 마련하고 시행령에 그 구체적인 산정방법을 규정할 필요가 있다.

2. 범죄수익 환수의 개선

가. 범죄수익 환수의 의의 및 법적근거

미공개중요정보 이용행위를 억제하기 위해서는 형사처벌을 강화하는 외에 범죄로 인한 수익이 범죄에 재투자되는 것을 방지하고 경제적 이익의 획득이라는 범죄의 경제적 동기를 근본적으로 없애기 위해서 그 범죄수익을 환수할 필요가 있다.[38]

범죄수익은닉의 규제 및 처벌등에 관한 법률에 의하면 중대범죄

38) 금융정보분석원, 자금세탁방지제도 종합편람(2002) 제1권, 33면.

의 범죄행위에 의하여 생긴 재산 또는 그 범죄행위의 보수로서 얻은 재산 등 범죄수익과 범죄수익에서 유래한 재산 등은 몰수할 수 있으며 그 중대범죄에는 미공개중요정보 이용행위가 포함된다(동법 제8조 제1항, 제2조 제1호 별표 참조).[39] 몰수대상재산은 ㉠ 범죄수익, ㉡ 범죄수익에서 유래한 재산, ㉢ 범죄수익등의 은닉·가장·수수 범죄행위에 관계된 범죄수익등, ㉣ 범죄수익등의 은닉·가장·수수 범죄행위에 의하여 생긴 재산 또는 그 범죄행위의 보수로서 얻은 재산, ㉤ 범죄수익등의 은닉·가장·수수 범죄에 의한 재산의 과실 또는 대가로서 얻은 재산 또는 이들 재산의 대가로서 얻은 재산 그 밖에 그 재산의 보유 또는 처분에 의하여 얻은 재산이다. 그 몰수대상재산이 다른 재산과 혼화된 경우에 그 혼화재산 중 몰수대상재산의 금액 또는 수량에 상당하는 부분을 몰수할 수 있다(동법 제8조 제2항). 그리고 몰수할 재산을 몰수할 수 없거나 그 재산의 성질, 사용상황, 그 재산에 관한 범인 외의 자의 권리유무 그 밖의 사정으로 인하여 이를 몰수함이 상당하지 아니하다고 인정될 때에는 그 가액을 범인으로부터 추징할 수 있다(동법 제10조).

몰수대상이 물건에 한정되지 않고 은행예금·대출채권·무체재산권 등 무형적 이익을 포함한 '사회통념상 경제적 가치가 인정되는 이익 일반'이고 중대범죄로 인하여 취득한 재산이 전환되거나 변형된 경우에도 특정되어 추적이 가능한 한 전환된 횟수에 관계없이 재산을 몰수할 수 있으며,[40] 또한 몰수대상재산이 몰수대상재산외의 재산과 혼화된 경우에도 그 중에서 몰수대상재산의 금액 또는 수량에 상당하는 부분만을 몰수할 수 있다.

39) 사기적 부정거래로 인한 구 증권거래법 위반사건에서, 구 증권거래법 제207조의2의 범죄행위에 의하여 생긴 재산은 구 범죄수익은닉의 규제 및 처벌등에 관한 법률(2007. 12. 21. 법률 제8719호로 개정되기 전의 것)상의 범죄수익으로 정하여 이를 몰수 또는 추징할 수 있다. 대법원 2009. 7. 9. 선고 2009도1374 판결.

40) 법무부, 범죄수익은닉의 규제 및 처벌등에 관한 법률해설(2002), 153면.

한편, 형법 제48조 제1항의 몰수의 대상은 범죄행위로 인하여 발생하였거나 이로 인하여 취득한 물건이므로 미공개중요정보 이용행위로 인한 부당이익은[41] 물건이 아닌 경우가 많아 형법상의 몰수 규정이 적용되기 어렵다. 다만 미공개중요정보를 이용하여 취득한 증권등을 보관하고 있는 경우에는 적용될 수도 있을 것이다.

나. 범죄수익 환수 범위

미공개중요정보 이용행위로 인한 범죄수익을 범죄수익은닉의 규제 및 처벌 등에 관한 법률에 의하여 몰수, 추징하는 경우 그 범위가 문제된다.

먼저 몰수, 추징의 대상이 되는 범죄수익은 미공개중요정보 이용행위와 인과관계가 인정되는 이익이어야 한다.[42] 그런데 규제대상이 아닌 2차 이후 정보수령자의 부당이익이나 회피손실을 범죄수익으로 환수할 수 있는가가 문제된다.

범죄수익의 몰수는 몰수대상재산 또는 혼화재산이 범인외의 자에게 귀속되지 아니하는 경우에 한하고 다만 범인외의 자가 범죄 후 그 정을 알면서 그 몰수대상재산 또는 혼화재산을 취득한 경우에는

---

41) 통상적으로 내부자거래로 인한 총수입에서 그 거래를 위한 총비용을 공제한 차액을 몰수할 수 있다. 대법원 2009. 7. 9. 선고 2009도1374 판결.

42) 사기적 부정거래로 의한 구 증권거래법 위반사건에서, 미공개중요정보 이용행위로 인한 총수입에서 그 거래를 위한 총비용을 공제한 순매매이익이고, 그 비용에는 총매수금액 외에 그 거래를 위한 매수수수료, 매도수수료, 증권거래세 등의 거래비용이 포함되며, 다만 구체적인 사건에서 위와 같은 방법으로 산정하는 것이 부당하다고 볼 만한 사정이 있는 경우에는 구 증권거래법 제207조의2와 제214조의 입법취지와 형사법의 대원칙인 책임주의를 염두에 두고 위반행위의 동기, 경위, 태양, 기간, 제3자의 개입 여부, 증권시장 상황 그 밖에 주가에 중대한 영향을 미칠 수 있는 제반 요소들을 전체적·종합적으로 고려하여 인과관계가 인정되는 이익을 산정해야 하며 나아가, 구 범죄수익은닉의 규제 및 처벌 등에 관한 법률상의 불법수익도 구 증권거래법 제207조의2 위반행위와 관련된 거래로 인한 이익으로서 위반행위로 인하여 발생한 위험과 인과관계가 인정되는 것을 의미한다고 판시하고 있다. 대법원 2009. 7. 9. 선고 2009도1374 판결.

그 몰수대상재산 또는 혼화재산이 범인외의 자에게 귀속된 경우에 몰수할 수 있다(동법 제9조 제1항). 따라서 원칙적으로 2차 정보수령자는 범인이 아니므로 몰수할 수 없다. 그러나 2차 이후 정보수령자의 미공개중요정보 이용행위도 불공정한 정보격차의 이용행위임에도 처벌하지 못하고 그로 인하여 취득한 범죄수익도 환수할 수 없는 것은 불합리하다. 따라서 2차 이후의 정보수령자의 미공개중요정보 이용행위도 처벌대상에 포함시키거나 또는 그들로부터 범죄수익을 환수할 수 있는 입법이 필요하다.[43]

한편, 자본시장법은 부당이익이나 회피손실액의 정도에 따라 벌금형의 상한과 징역형을 구분하여 규정하고 있으며 미공개중요정보 이용행위를 한 자는 해당 특정증권 등의 매매 그 밖의 거래를 한 자가 그 매매, 그 밖의 거래와 관련하여 입은 손해를 배상할 책임을 부담하도록 규정하고 있다(법 제175조). 그런데 범죄수익 환수, 손해배상책임 및 벌금형 상호간의 관계에 대한 제한 규정이 없으므로 법의 일반원칙에 의하여 위 3가지는 병존할 수 있다. 그러나 위 3가지에는 부당이익의 박탈이나 환수 등의 개념이 내포되어 있으므로[44]

---

43) 同旨: 강희주, “증권거래법 제188조의2 제1항에 의한 내부자거래의 규제—내부자의 범위 및 정보수령자를 중심으로—”, 인권과 정의 제360호, 대한변호사협회(2006. 8.), 123면.

44) 이용하게 하는 행위의 양형에 관한 판례의 태도는 명확하지 않으나, 일부 판례의 경우 실제 부당이익을 취득한 자에 대하여만 그 액에 상응하는 벌금형을 선고하는 사례가 있다. ① 이용행위의 경우, 570,464,016원의 부당이익을 취득한 사례에서 징역2년·집행유예3년과 벌금 570,000,000원을 선고한 사례(대법원 2005. 4. 29. 선고 2005도1835 판결); A사 임원이 164,983,500원의 손실을 회피하고 A사 회장이 1,041,100,000원의 손실을 회피한 사례에서, 임원은 벌금 150,000,000원, 회장은 징역10월·집행유예 2년 및 벌금 1,000,000,000원을 선고한 사례(서울지방법원 2003. 5. 14. 선고 2003노1891 판결) ② 이용하게 한 행위의 경우, 이사 甲이 乙에게 정보를 전달하여 乙이 2억 6천만원의 부당이익을 취득한 사례에서, 甲은 직접 주식거래를 하지는 않았으나 징역 6월·집행유예 2년, 乙은 그 이익 2억 6천만원의 금액을 기부형식으로 반환하여 징역 6월·집행유예 2년 및 벌금 1억원을 선고한 사례(대법원 2005. 9. 9. 선고 2005도4653 판결); 甲

범죄수익이 환수되거나 피해보상이 이루어진 경우에 그러한 내용을 참작하는 규정을 두는 것이 합리적이다.[45]

다. 필요적 몰수 규정의 신설

범죄수익은닉의 규제 및 처벌등에 관한 법률상의 몰수, 추징은 임의적인 것이므로 그 몰수, 추징의 요건에 해당되는 재산이라도 이를 몰수, 추징할 것인지의 여부는 법원의 재량이다.[46] 동법의 적용대상인 중대범죄에는 다양한 유형의 범죄가 포함되어 있어 구체적인 사항에 따라 몰수 여부를 결정하도록 하기 위해서 임의적 몰수제도를 채택한 것이다.[47] 그러나 미공개중요정보 이용행위는 자본시장의 공정성과 그에 대한 투자자의 신뢰를 손상하는 중대한 범죄이므로 그 범죄수익을 반드시 환수하여 경제적 이익의 획득이라는 범죄동기를 근원적으로 차단하기 위해서는 필요적 몰수 규정을 신설할 필요가 있다.

일본은 조직범죄처벌및범죄수익의규제등에관한법률[48] 제13조, 제15조에서 '이 법의 적용대상인 죄에 해당하는 범죄행위에 의하여 생기거나 당해 범죄행위에 의하여 취득한 재산 또는 당해 범죄행위

이 乙에게 정보를 알려주어 乙이 12억원의 이익을 취득한 사례에서 甲은 주식 거래가 없음에도 甲과 乙 모두에게 징역 8월을 선고한 사례(서울북부지방법원 2004. 9. 2. 선고 2004노484 판결) 등이다.

45) 일본 金融商品去來法 제198조의 2 제1항은 '내부자거래금지 위반의 범죄행위에 의해 얻은 재산, 해당 재산의 대가로서 얻은 재산, 해당 재산이 옵션 기타의 권리인 경우에 있어서 해당 권리의 행사에 의해 얻은 재산에 대해서는 몰수한다. 다만 그 취득의 상황, 손해배상의 이행상황 기타 사정에 비추어 해당 재산의 전부 또는 일부를 몰수하는 것이 상당하지 아니한 경우 몰수하지 않을 수 있다.'라며 필요적 몰수를 규정하면서 몰수의 범위를 손해배상 상황 등을 참작하여 정하도록 하고 있다. 또한 같은 법 제198조의2 제2항은 몰수할 재산을 몰수할 수 없는 때에는 그 가액을 범인으로부터 추징한다는 필요적 추징 규정을 두고 있다.

46) 대법원 2007. 6. 14. 선고 2007도2451 판결.

47) 법무부, 앞의 책, 154면.

48) 우리나라의 범죄수익은닉의 규제 및 처벌등에 관한 법률에 해당하는 법률이다.

의 보수로서 취득한 재산 등 범죄수익과 범죄수익에서 유래한 재산 등은 몰수, 추징할 수 있다'라고 임의적 몰수, 추징 규정을 두고 있고 내부자거래를 동법 적용대상인 범죄로 규정하고(동법 제2조 제2항 제1호 별표) 있음[49]에도 불구하고, 내부자거래로 인한 범죄수익 환수를 강화하기 위하여 1999년 증권거래법 개정을 통해 증권거래법 제198조의2를 신설함으로써 필요적 몰수, 추징 규정을 두고 있다.

3. 법정형의 세분화

자본시장법은 회사관계자와 1차 정보수령자가 미공개중요정보를 이용하거나 이용하게 하는 행위에 대하여 동일한 법정형으로 규율하고 있으며 가중처벌 구성요건의 경우에도 마찬가지로 규정하고 있다. 미공개중요정보 이용행위가 있는 경우에는 그것이 회사관계자에 의한 것이든 1차 정보수령자에 의한 것이든 자본시장에 미치는 영향에 차이가 있는 것은 아니므로 동일하게 규율할 필요가 있을 것이다.

그런데 이용하게 하는 행위의 경우, 정보수령자의 이용행위로 인한 부당이익이나 회피손실액을 기준으로 처벌하거나 가중처벌할 수 있는지가 문제된다. 자본시장법은 이용행위나 이용하게 하는 행위에 대하여 기본적인 법정형과 가중처벌 규정을 동일하게 규정하고 있으므로 정보수령자의 이용행위로 인한 부당이익을 기준으로 이용하게 하는 행위를 처벌할 수 있다고 해석할 수밖에 없을 것이다. 그런데 대부분의 경우 이용하게 하는 행위는 이용행위보다 자본시장의 공정성과 투자자 신뢰의 보호라는 보호법익이 침해될 우려나 침해정도, 그 행위의 불법성이나 비난가능성의 정도가 적다고 할 수 있다. 또한 양형의 측면에서 볼 때에도 이용하게 하는 행위의 경우 그

49) 이완식, "한·일 자금세탁방지제도 비교 연구", 금융정보분석원(2009), 105면, 111면, 114면, 139면.

부당이익이나 회피손실은 대부분 이용행위자에게 귀속되기 때문에[50] 참작할 사유가 있다.

한편, 정보수령자의 이용행위가 없더라도 이용하게 하는 행위가 성립될 수 있다는 견해에 의할 경우 자본시장에 미치는 영향이 다르기 때문에 정보수령자가 이용행위를 한 경우와 하지 않은 경우를 나누어서 처벌할 필요가 있다. 이용하게 하는 행위는 정보수령자가 그 정보를 이용할 것을 예견하면서 정보를 제공하는 것이므로 정보수령자에게 범의가 생기게 될 것을 예견한다는 면에서 피교사자에게 범의를 생기게 하는 교사범의 교사의 고의와 비슷하다. 그리고 정보의 비대칭성을 확대함으로써 새로운 미공개중요정보 이용행위의 발생 가능성을 증가시킨다는 점에서 교사범의 가벌성의 근거와도 비슷한 면이 있으므로 정보수령자의 이용행위가 없는 경우에는 교사범의 경우처럼[51] 이용행위가 있는 경우에 비하여 경하게 처벌할 필요가 있다. 이용하게 하는 행위의 경우, 불법이나 비난가능성의 정도 및 보호법익의 침해 가능성을 감안하여 법정형을 낮추거나 양형에 있어 임의적으로 그 형을 감경할 수 있는 규정을 둘 필요가 있다.

Ⅳ. 기타 개선사항

1. 규제대상 특정증권등의 범위 확대

구 증권거래법에서는 사채권도 규제대상으로 하였으나 자본시

50) 이용하게 하는 자가 실제 이익을 취득하게 되거나 정보수령자의 범행에 준하는 행위를 하는 경우에는 이용행위의 공동정범이 성립할 것이다.

51) 교사범은 범행의 의사가 없는 피교사자에게 범행의 범의를 갖게 하여 그로 하여금 범행을 저지르게 하는 것으로 교사자를 정범의 형으로 처벌하고, 다만 피교사자가 범죄의 실행을 승낙한 후에 실행행위를 하지 않은 경우에는 교사자와 피교사자를 예비 또는 음모에 준하여 처벌하며, 피교사자가 승낙하지 아니한 때에는 교사자만을 예비 또는 음모에 준하여 처벌한다(형법 제31조).

장법은 사채권은 규제대상에서 제외하였다. 그러나 사채권도 그 발행법인이 파산할 경우 부실채권이 되므로 파산예상 정보의 이용행위도 규제대상에 포함시켜야 한다.[52]

자본시장법은 파생결합증권이나 파생상품의 규제 범위와 관련하여 제172조 제1항 제4호에서 제1호에서 제3호까지의 '증권만'을 기초자산으로 한다고 규정하고 있다. 동 규정의 의미가 하나의 회사가 발행한 증권만을 기초자산으로 하는 경우만을 의미하는 것으로 해석한다면 수개의 회사가 발행한 증권을 기초자산하는 경우도 규제대상에 포함시켜야 할 것이다. 왜냐하면 이때의 중요정보는 수개의 기초자산법인들의 정보들을 서로 합하여 또는 개별적으로 파생결합증권이나 파생상품의 거래에 중대한 영향을 미치기 때문이다. 수개의 기초자산회사가 있는 경우에는 어느 기초자산회사가 구체적으로 어느 정도 영향을 미쳤는지 확인할 수 없는 경우도 있겠지만 수개의 회사중 1개 회사에만 미공개중요정보가 있는 경우처럼 어느 기초자산회사 정보의 공개 전후에 따른 주가변동을 보면 그 정보의 영향을 파악할 수 있을 것이다.

2. 시장정보를 이용한 미공개정보 이용행위 특칙 규정의 명확화

첫째 공개매수 특칙 및 대량취득·처분 특칙과 관련하여 공통으로 문제되는 부분이 있다. 먼저 거래의 대상인 '주식등과 관련된 특정증권등'의 의미를 명확하게 하여야 한다. 경영권 취득을 위해서는 의결권 있는 주식과 관계된 증권이 중요하지만 그 정보의 이용행위는 이익 취득이나 손실 회피가 더 중요하고 의결권의 보유 여부와는

52) 최근 미국에서 회사가 부채조정을 위한 채권 발행 정보를 취득하고 채권을 발행할 경우 그 채권을 준거자산으로 하는 CDS(credit default swap)의 가격이 상승할 것으로 예상하고 CDS를 매수한 사안에 대하여 SEC가 내부자거래로 소송을 제기하였다. SEC v. Jon-Paul Rorech, et. al., Civiel No 09 CV 4329(SDNY, 2009).

관련이 적기 때문이다. '주식등과 관련된'을 삭제하거나 '주권상장법인의 주식등과 관련된 특정증권등'으로 하는 것이 적절하다고 본다. 그리고 개인이나 개인기업도 그 행위주체가 되는 것으로 해석되고 있음에도 법문은 법인을 전제로 규정하고 있고[53] 또한 자본시장법의 규정 체제상 정보의 중요성도 그 요건이 아닌 것으로 해석하는 것이 타당하지만, 다툼의 소지를 없애기 위해 명확하게 규정할 필요가 있다.

둘째 자본시장법은 공개매수를 하려는 자의 사전주식매수행위 허용 여부에 대하여 해석상의 다툼이 있는데 이는 법문에서 그 주체를 공개매수자로 규정하고 있기 때문이다. 공개매수자는 공개매수의 공고를 한 자이므로 문구대로 해석하면 공개매수 공고 전에는 공개매수자가 있을 수가 없다. 따라서 문구를 '공개매수를 하려는 자'로 함으로써 사전매수행위의 허용을 명확히 할 필요가 있다. 그리고 자본시장법은 대항공개매수의 인정 여부에 대한 명문의 규정이 없지만 공개매수 조건의 변경과 관련하여 대항공개매수라는 용어를 사용하고 있어 이를 허용하는 것으로 해석된다. 그러나 그 요건 등에 대한 명확한 규정이 없으므로 입법론적으로 대항공개매수 요건이나 절차 등을 규정하여 공개매수정보 이용 특칙의 적용 여부를 명확히 할 필요가 있다.

셋째 주식등의 대량취득·처분의 실시 또는 중지에 관한 정보란 경영권에 영향을 줄 가능성이 있는 것으로 대량취득의 경우 그 보유목적이 경영권에 영향을 주기 위한 것이고, 금융위원회가 정하여 고시하는 비율 이상의 대량취득·처분으로 그 취득·처분이 자본시장법 제147조 제1항에 따른 주식등의 대량보유 등의 보고대상에 해당하

53) 자본시장법은 일반적인 미공개중요정보 이용행위는 상장법인을 전제로 그 법인과 관련된 정보나 회사관계자를 규제대상으로 하는데 반하여, 공개매수자나 주식등의 대량취득·처분자는 법인뿐 아니라 개인도 될 수 있음에도 그 차이를 간과한 것으로 보인다.

여야 한다. 그런데 현행 고시에 의하면 주식등의 총수의 10% 또는 최대주주 변동을 초래할 비율 이상을 취득하여야 하는데, 대량취득·처분의 기간이 어느 정도인지가 불명확하고 법정형이 무기징역까지 있는 범죄에 대하여 그 구성요건요소를 금융위원회 고시로 정하는 것은 위임입법의 한계를 넘었다는 비판이 있을 수 있다. 따라서 법률이나 최소한 시행령에서 그 기준을 정함이 상당하다고 본다. 그리고 대량취득·처분의 기간이나 방법 등을 규정하지 않고 있어 대량취득과 대량처분의 요건에 해당하는 때가 언제인지가 불명확하므로[54] 그 요건을 명백히 하고 공개매수의 사전매수행위 허용 논란 문제와 마찬가지로 주식등을 대량취득·처분하는 자의 사전 매집행위의 허용 등도 명백하게 규정할 필요가 있다.

54) 예컨대, 주요주주가 그 소유 주식을 몇 년에 걸쳐서 10% 매도한 경우에도 동 특칙의 요건에 해당할 수 있으나 이는 불합리하다.

제 3 절 제도적인 개선방향

Ⅰ. 정보이용의 규제

미공개중요정보 이용행위의 규제에 대하여 자본시장의 효율성의 측면에서 비판이 있지만 일반적으로 규제의 필요성에 대하여는 인정하고 있다. 왜냐하면 회사의 가치는 주로 그 회사가 발행한 증권의 가격에 의해서 평가되므로 투자자의 입장에서 회사나 주가에 중대한 영향을 미칠 수 있는 정보는 투자여부를 결정하는데 매우 중요한 요소이므로, 그 정보에 접근할 수 없거나 알지 못하는 투자자와 그 정보에 접근할 수 있거나 알고 있는 자 사이의 거래는 불공정하기 때문이다.

미국은 내부정보의 이용·처분에 본래의 권한을 가지는 정보원(예컨대, 증권발행회사나 외부정보생성자 등)이 그 정보에 대한 접근을 허용한 경우에 정보원과의 관계에서 신인의무위반이 되는 경우, 즉 수임자적 입장에서 직무상 알게 된 정보를 자신의 이익을 위해 사용하는 경우를 규제하고 있다.[1] 즉, 회사, 주주 등에 대한 신인의무위반을 근거로 내부정보에 접근이 가능한 회사내부자의 거래행위를 규제하는 '내부자에 의한 거래'의 금지에 중심이 있다.

유럽국가 등은 시장의 공정성과 투명성이 유지되지 않으면 투자

1) 藤田友敬, 前揭論文, 3頁, 4頁, 9頁.

자가 시장을 떠나므로 투자자간의 정보 평등의 관점에서 시장의 공정성과 투자자의 신뢰를 보호하기 위해서 규제하고 있다. 즉 불공정한 정보격차가 있는 상태에서의 거래를 규제하는 것이므로 '내부정보에 근거한 거래'의 금지에 중심이 있다. 그에 따라 처음에는 임원등이나 주요주주 등 회사 정보 접근의 우월적 지위를 가진 1차 내부자와 그들로부터 직·간접적으로 정보를 받은 2차 내부자를 규제하였으나 최근 호주, 독일은 정보접근의 우월적 지위가 있건 없건 내부정보를 이용하여 금지행위를 하면 누구라도 규제한다.

자본시장법상 미공개중요정보 이용행위의 규제의 근거는 회사나 정보원과의 관계에서의 신인의무위반이 아닌 불공정한 정보격차의 이용이다. 그렇지만 자본시장법은 정보의 격차에 따른 모든 행위를 규제하지 않고 그 중에서 기본적으로 회사정보에 접근할 수 있는 특별한 지위에 있는 자와 그로부터 정보를 받은 자 그리고 원칙적으로 회사의 업무정보에 제한하여 규제하고 있다. 그러한 의미에서 회사관계 중심의 규제라고 할 수 있다.

행위주체나 정보 범위 등을 제한하여 규제하는 자본시장법의 태도로 인하여 불공정한 정보격차의 이용에 해당하지만 규제받지 않는 사각지대가 발생하고 있다. 우리나라는 자본시장법의 제정으로, 행위주체에 계열회사의 임원등을 추가하고 특정증권등의 개념을 도입하여 규제대상 범위가 확대되고 시장정보인 주식등의 대량취득·처분정보의 이용행위도 금지하는 등 규제범위를 확대하였으나, 외국의 입법례와 비교하면 규제 범위가 좁고 금지행위의 유형도 적어서 규제수준이 국제적 기준에 못 미쳐 우리나라 자본시장에 대한 국제적 신임을 얻기 어려울 수도 있다.[2)3)4)]

---

2) 일본에서도 내부자거래가 증가하고 그에 대한 국민의 의식이 변화하고 있으나 내부자거래 규정의 조문구성이 복잡하고 규제대상을 회사관계자와 1차 정보수령자에 한정하고 공표전의 매매 등에 한정하여 금지하는 등 외국 입법례에 비하여 규제범위가 너무 좁으며 내부자거래 규제의 중점이 투자

회사관계 중심의 규제 태도로는 기본적으로 규제범위의 한계가 있을 수밖에 없으므로 장기적으로는 회사관계 중심의 규제보다는 정보의 비대칭문제를 근본적으로 시정하는 규제 법제로 기본방향을 선회하는 것에 대한 검토가 필요한 때이다.[5)6)]

Ⅱ. 규제 범위의 확대

현행 자본시장법의 태도인 회사관계 중심의 규제체제에서 점진적으로 정보이용의 규제체제로 나아감에 있어 구체적인 방향이나 규제범위를 어떻게 설정할지에 대하여 행위주체, 규제대상정보, 금지행위 등의 규제 범위에 대한 각국의 규제 모델을 비교하여 그 개선방향을 검토하는 것은 의미가 있다.

먼저 행위주체의 범위와 관련하여 살펴본다. 일본은 회사내부자, 회사와 법률상 또는 계약상의 관계에 있는 자와 그들로부터 정보를 수령한 1차 정보수령자에 한하여 규제하고 미국은 처음에는

자간의 정보의 불평등을 없애 불공평함을 제거하는 점에 있다면 규제대상을 중요정보를 보유하는 모든 자로 확대해야 한다는 논의가 있다. 川口恭弘 등 6인, 前揭論文, 424頁 이하, 482頁 이하, 509頁 이하 참조; 平山幹子, 前揭論文, 79頁, 81頁, 82頁, 83頁; 黑沼悅郎, "インサイダー取引規制における重要事實の定義の問題点", 43頁.

3) 특히, 내부자거래 범죄가 용이하게 국경을 초월하여 행해지는 행위유형에 대하여는 국제적으로 통일된 규칙에 따르는 것이 투자자의 신뢰보호 관점에서 요청된다.

4) 내부자거래 규제에 관한 타당한 법칙의 발견이 곤란하다면 차선의 방책으로 알기 쉽고 또한 국제적으로 통일된 법칙을 따르는 것이 좋으며 이런 관점에서 EC준칙을 구체화한 회원국의 국내법은 유력한 참고자료가 된다. 하삼주, "내부자거래규제에 관한 비교법적 고찰", 성균관법학 제16권 제3호(2004), 389면.

5) 안수현, "불공정거래행위 규제법제의 새로운 전개—자본시장 및 금융투자업에 관한 법률(안)의 불공정거래행위 규제를 중심으로—", BFL 제22호(2007. 3.), 61면.

6) 김재현·최장현, "미국의 내부자거래규제를 위한 신규칙에 관한 고찰-SEC Rule 10b5-1, 10b5-2를 중심으로", 기업법연구 제7집(2001), 264~266면.

회사나 주주에 대하여 신인의무를 부담하는 임원, 지배주주나 회사업무와 특별한 신뢰관계에 있는 은행이나 증권회사 임직원 등을 규제하다가 부정유용이론에 따라 회사외부자도 규제하고 그들로부터 정보를 수령한 자뿐만 아니라 2차 이후의 정보수령자도 규제대상으로 하고 있다.

영국은 1989년 EC지침을 수용하여 1993년 CJA에서 발행인의 이사, 종업원, 주주 등뿐만 아니라 증권발행인의 임직원이 아닌 회사외부자이더라도 자신의 고용, 업무, 직무 등에 의하여 그 발행인에 대한 내부정보를 보유하는 자를 모두 규제대상으로 하고 있고 이들 1차 내부자로부터 직·간접적으로 정보를 수령한 2차 내부자를 규제대상으로 하고 있으며, 2003년 EU지침은 1차 내부자의 범위는 기본적으로 영국과 동일하지만 2차 내부자를 '1차 내부자 이외에 내부정보를 보유하고 있는 자'라고 하여 1차 내부자와의 관련성을 단절하였다. 영국과 EU지침에는 아직 1, 2차 내부자의 구별은 있지만 모두 규제대상이 되며 사실상 정보를 지득한 자의 거래행위를 모두 금지하고 있다.

호주는 1, 2차 내부자의 구별이 없이 행위주체를 '내부정보를 보유하고 있는 자'라고 규정하여 모두 규제대상으로 하였으며 독일은 1994년 WpHG에서는 2003년 EU지침과 유사하게 규정하였으나 2004년 개정하면서 내부자의 개념을 없애고 누구든지 내부자정보를 이용하면 처벌하도록 하여 발행인과의 관계를 완전히 단절시키고 비신분범화하였다.

다음으로 내부정보의 범위와 관련하여 살펴본다. 각국이 금융상품이나 증권의 가격에 중대한 영향을 미치거나 투자자의 투자판단에 중대한 영향을 미치는 공개되지 않은 정보를 규제대상으로 하는 것은 거의 동일하지만 그 규제정보의 범위에 관하여 차이가 있다. 일본은 원칙적으로 회사의 업무등에 관한 중요사실을 구체적으로 열거하여 규제대상으로 하면서 예외적으로 공개매수나 주식의 대량매집 등 일부 시장정보를 규제대상으로 하고, 미국은 신인의무나 부정유용이론에 따라 외부정보나 시장정보도 규제대상으로 하고 있다. 영국은 특정 증권발행인(들) 또는 특정증권과 관련된 정보를 규제대상으로 하여 회사내부정보나 회사외부정보뿐만 아니라 시장정보를 포함하고 특정산업에 관한 정보도 규제대상으로 하고 있으며, 2003년 EU지침은 '금융상품의 발행인(들)에 관한 정보 또는 금융상품에 관한 정보'를 규제대상으로 하여 회사내부정보, 회사외부정보뿐만 아니라 시장정보나 재할인율의 변경 같은 정책정보도 포함하여 넓게 인정하고 있다.

호주는 금융상품의 가치나 가격에 중대한 영향을 미칠 수 있는 정보라면 규제대상이 되며 그 정보의 범위에서 회사내부정보, 회사외부정보뿐만 아니라 시장정보도 포함하고 정책정보뿐만 아니라 일반인에게는 알려졌다고 하기에 불충분한 추측이나 개인의 의도도 포함하여 넓게 인정하고 있으며 독일은 '하나 또는 복수의 내부자증권의 발행인 또는 내부자증권에 관한 상황'이라고 하여 개정전의 '내부사실'의 개념보다 확대하였으며 특정한 증권에 관한 정보뿐만 아니라 재할인율 변경 등 회사 외에서 생성되는 증권시장 일반 또는 증권발행기업 일반에 영향을 미치는 정보도 규제대상으로 하여 내부자정보는 어떤 사실이 시세에 중대한 영향을 미치는지 여부로 판단하여야 하는 것으로 보고 있다.

그리고 금지행위의 유형을 보면, 일본은 회사관계자와 정보수령자의 거래행위만을 규제하고 있고, 미국은 정보이용행위와 정보제공행위를 금지하고, EC지침, 영국, 독일, 호주는 모두 정보를 지득한 상태에서의 거래행위나 정보전달행위뿐만 아니라 추천행위도 규제하고 있다.

각국은 점진적으로 규제대상 정보의 범위나 규제대상자의 범위에 제한을 두지 않고 확대하고 있으며 금지행위의 유형도 많다. 그에 비하여 자본시장법은 행위주체나 규제정보의 범위, 금지유형 측면에서 미공개중요정보 이용행위의 규제 범위가 좁다. 미공개중요정보의 이용행위의 규제근거와 규제목적은 불공정한 정보격차의 이용행위를 금지하여 자본시장의 공정성과 투자자의 신뢰보호를 달성하는 것이다. 그에 상응하는 규제범위란, 거래당사자 사이에 정보격차가 있으면 그 규제대상자가 회사내부자인지 회사외부자인지 여부, 투자자의 투자판단이나 시세에 영향을 미칠 수 있는 정보라면 업무정보인지 시장정보나 정책정보인지 여부 등을 구별할 필요 없이 규제하고, 미공개중요정보 이용행위의 규제목적을 충분히 달성하기 위해서는 거래행위뿐만 아니라 정보전달행위나 추천행위도 규제하는 것이다.

최근 미공개중요정보 이용행위는 증가하고 있고 국제화 시대에 우리나라 증권시장에서의 외국인 증권범죄, 해외 증권시장에서의 자국민의 증권범죄 등이 발생하고 있으므로 장기적으로는 그 규제수준을 국제적 기준에 맞출 필요가 있다.

각국의 규제범위는 각 나라의 자본시장의 사정이나 국민들의 의식, 고유한 사정 등을 감안하여 입법적 결단에 의하여 결실을 맺게 된다. 우리나라도 2009. 2. 4. 시행된 자본시장법의 제정으로 미공개중요정보 이용행위의 규제범위를 확대하였다. 따라서 당장 세계적 수준으로 규제범위를 확대하는 것은 어려움이 있을 수 있으나 자본시장법 하에서 제기된 문제점을 중심으로 개선해 나가면서 장기적으로 회사관계 중심의 규제에서 정보이용의 규제 방향으로 나아가야 할 것이다.

참고문헌

Ⅰ. 국내문헌

1. 단 행 본

김건식, 「증권거래법」, 두성사, 2000.

김건식 · 정순섭, 「자본시장법」, 두성사, 2009.

김병연 · 김유석 · 김은집 · 안수현, 「자본시장과 금융투자업에 관한 법률 이해」, 증권 연수원 2008.

김정수, 「현대 증권법원론」, 박영사, 2002.

변제호 · 홍성기 · 김종훈 · 엄세용 · 김유석, 「자본시장법」, 지원출판사, 2009.

윤승한, 「자본시장법 강의」, 삼일인포마인, 2009.

이범찬 · 최준선, 「상법(상)」, 삼영사, 2009.

임 웅, 「형법총론」, 법문사, 2007.

임재연, 「미국증권법」, 박영사, 2009.

______, 「자본시장법」, 박영사, 2010.

공정거래위원회, 「공정거래제도 입문」, 2008.

금융감독원, 「기업공시실무안내」, 2009. 6.

금융위원회, 「자본시장과 금융투자업에 관한 법률 시행령 설명자료」, 2008. 3.

법무부, 「범죄수익은닉의 규제 및 처벌 등에 관한 법률 해설」, 2002.

자본시장통합법연구회, 「자본시장통합법 해설서」, 한국증권업협회, 2007.

한국거래소, 「ELW 시장의 이해」, (주)에세이퍼블리싱, 2009.

한국증권법학회, 「자본시장법(주석서 Ⅰ)」, 박영사, 2009. 12.

2. 논 문

강대섭, "증권시장에서의 부실공시로 인한 손해배상책임에 관한 연구" 고려대학교 박사학위논문, 1992.

강희주, "증권거래법 제188조의2 제1항에 의한 내부자거래의 규제—내부자의 범위 및 정보수령자를 중심으로—", 「인권과 정의」 제360호, 대한변호사협회, 2006. 8.

김건식, "내부자거래규제의 이론적 기초", 「증권학회지」 제28집, 2001.

______, "내부자거래와 내부정보의 이용", 「정희철교수 정년 20년 기념 상법연구의향기」, 인산기념논집편찬위원회, 2004. 10.

김병태, "관계회사와 관련된 내부자거래 규정 적용상의 문제점", 「증권법연구」(제3권 제2호), 한국증권법학회, 2003. 2.

김순석, "자본시장과 금융투자업에 관한 법률상의 불공정거래의 규제", 「인권과 정의」, 2009. 1.

김용진, "내부자거래 규제대상으로서의 내부정보에 관한 연구", 한양대학교 박사학위논문, 1992.

김재현·최장현, "미국의 내부자거래규제를 위한 신규칙에 관한 고찰—SEC Rule 10b5-1, 10b5-2를 중심으로—", 「기업법연구」 제7집, 2001.

노태악, "최근 판례에 나타난 내부자거래 규제의 법리—자본시장과 금융투자업에 관한 법률의 제정에 덧붙여", 「BFL」 제25호, 서울대학교 금융법센터, 2007. 9.

문용선, "증권거래법 제188조의4 제4항 제2호 소정의 '중요한 사항', '허위의 표시', 제188조의2 제1항 소정의 '당해 정보를 받은 자', 제207조의 2 제1항 단서 소정의 '위반행위로 얻은 이익' 등", 「대법원 판례해설」 제46호, 2003년 하반기.

박삼철, "증권거래법상의 내부자거래규제에 관한 연구", 고려대학교 석사학위논문, 1998.

박임출, "내부자거래 규제에 관한 비교법적 연구", 성균관대학교 박사학위논문, 2003.

손 성, "내부자거래 규제에 관한 연구-자본시장통합법을 중심으로", 「상사법연구」, 제27권 제2호, 2008.
송인방, "내부자거래 규제에 대한 입법론적 과제", 「기업법연구」 제7집, 2001.
심 영·정순섭, "금융산업의 환경 변화와 법적대응—영국의 개혁법을 중심으로—", 「법학」 제44권 제1호, 2003. 3.
안수현, "불공정거래행위 규제법제의 새로운 전개—자본시장 및 금융투자업에 관한 법률(안)의 불공정거래행위 규제를 중심으로—", 「BFL」 제22호, 2007. 3.
______, "외국의 불공정거래규제와 입법동향", 「법학연구」 제16권 제2호, 2006.
유진희, "미국법상 내부자거래의 규제", 「비교사법」 제9권 제3호, 2001. 8.
윤광균, "증권거래법상 내부자거래의 규제", 「홍익법학」 제8권 제1호, 2007.
이완식, "한·일 자금세탁방지제도 비교 연구", 금융정보분석원, 2009.
이훈종, "내부자거래규제에 관한 연구", 「21세기 한양법학에의 낙수(석하 김기수 교수 정년기념 논문집)」, 1997.
장근영, "내부자거래 제한규정의 미적용행위에 관한 고찰—내부자거래유보와 대체적 내부자거래를 중심으로—", 「증권법연구」, 제5권 제2호, 한국증권법학회, 2004.
______, "인터넷의 발달과 증권규제—내부자거래를 중심으로—", 「비교사법」 제14권 제3호, 2007.
전 욱, "내부거래자 금지 위반사건—서울고등법원 2007노1733호", 「법학연구」 제15집 제2호, 2007. 12.
정규윤, "자본시장의 신종 불공정거래행위", 「BFL」 제25호, 서울대학교 금융법센터, 2007. 9.
조인호, "내부자거래 규제 여부에 관한 입법정책상의 고찰", 「상장협」 제40호, 1999.
______, "외부정보를 이용한 내부거래자의 규제에 관한 소고", 「증권법연구」 제6권 제2호, 2005.
______, "정보제공자책임과 정보수령자책임—대법원 1995. 6. 29. 선고

95도467 판결과 대법원 2002. 1. 25. 선고 200도90 판결—", 「기업법연구」 제23권 제1호, 2009. 3.

주영락, "EC에 있어서의 내부자거래의 규제", 「현대상법의 과제와 전망」, 1994.

최재경, "증권거래법상 내부자거래의 형사처벌 관련문제", 「법무연구」 제27호, 법무연수원, 2000.

하삼주, "내부자거래규제에 관한 비교법적 고찰", 「성균관법학」 제16권 제3호, 2004.

______, "최근 미국 판례상 내부자거래 요건의 동향—연국 제11순회구 고등법원판결(SEC v. Yun)과 관련하여—", 「비교사법」 제14권 제3호, 2007. 9.

Ⅱ. 구미문헌

1. 미 국

Alan R. Palmiter, 「Corporations」(4th edition), Aspen publishers, 2003.

Ares, lan & Joe Bankman, 「Substitute for Insider Trading」, 54 Stan. L. Rev.235, 2001.

Brudney, "Insiders, Outsiders and Information Advantages under the Federal Securities Law", 「Harvard Law Review」, vol 93, 1979.

Dennis W. Carlton · Danial R. Fischel, "The Regulation of Insider Trading", 「Stanford Law Review」 May, 1983.

David T. Cohen, 「Old Rule, New Theory: Revising the Personal Benefit Requirement for Tipper/Tippee Liability under the Misappropriation Theory of Insider Trading」, 47 B.C.L. REV 547, 2006.

Donna M. Nagy, "Insider Trading and the Gradual Demise of Fiduciary Principles", 「Iowa Law Review」, 2009.

James D. Cox. Rovert W. Hillman & Donald C. Langevoort, 「Securities Regulation: Cases and Materials」(3rd ed.), Aspen Law & Business, 2001.

Jesse M. Fried, 「Insider Abstention」, Yale L.J., 2003

Louis Loss · Joel Seligman, 「Fundamentals of Securities Regulation」, Aspen Law & Business, 2001.

Nelson S. Ebaugh, "Insider Trading Liability for Tippers and Tippees: A Call for the Consistent Application of the Personal Benefit Test", 「Texas Journal of Business Law」, Vol. 39, No. 2, Fall, 2003.

Roberta S. Karmel, "Outsider Trading on Confidential Information-A Breach in Search of a Duty", 「Cardozo Law Review 132」, 1998.

Viveca Hostetter, "Turning Insider Trading inside out in The European Union", 「California Western International Law Journal」, Fall 1999.

2. 영 국

Barry Rider · Kern Alexander · Lisa Linklater · Stuart Bazley, 「Market Abuse and Insider Dealing」, Tottel, 2009.

Emilios Avgouleas, 「The Mechanics and Regulation of Market Abuse」, Oxford University Press, 2005.

Gil Brazier, 「Insider Dealing: Law & Regulation」, Cavendish Publishing Limited, 1996.

Joan MacLeod Hemminway, "Martha Stewart: Insider Trader?", 「Insider Trading Global Developments and Analysis」, CRC Press, 2009.

Kristoffel R. Grechenig, "Positive and Negative · Information-Insider Trading Rethought", 「Insider Trading Global Developments and Analysis」, CRC Press, 2009.

Niamh Moloney, 「EC Securities Regulation」, 2nd Edition, Oxford University Press, 2009.

Sadakazu Osaki, "The Evolution of Insider Trading Regulations in Japan", 「Insider Trading Global Developments and Analysis」, CRC Press, 2009.

3. 호 주

Gregory Lyon · Jean J du Plessis, 「The Law of Insider Trading in Australia」, The Federation Press, 2005.

Juliette Overland, "Back to the Future? The impact of financial services reform on insider trading in Australia", 「MqJBL」, Vol 4, 2007.

Robert Baxt · Ashley Black · Pamela Hanrahan, 「Securities and Financial Services Law」, 6th edition, LexisNexis Butterworths, 2003.

Corporations and Markets Advisory Committee of Australian Government, "Insider Trading report", 2003.

4. 독 일

Fuchs in: Andreas Fuchs, 「Wertpapierhandelsgesetz(WpHG) Kommentar」, Verlag C. H. Beck München, 2009.

Mennicke/Jakovou in: Andreas Fuchs, 「Wertpapierhandelsgesetz(WpHG) Kommentar」, Verlag C. H. Beck München, 2009.

Assmann/Cramer in: Heinz-Dieter Asmann/Uwe H. Sneider(Hrsg), 「Wertpapierhandelsgesetz Kommentar」, Verlag OVS KöIn 2009.

Vogel, in: Heinz-Dieter Asmann/Uwe H. Sneider(Hrsg), 「Wertpapierhandelsgesetz Kommentar」, Verlag OVS KöIn 2009.

Carsten Peter Claussen, 「Bank-und Börsenrecht(2. Auflage)」, C. H. Beck, 2000, S. 432.

Ⅲ. 일본 문헌

關俊彦, "證券取引法 一六六条 二項 一号にいう '業務執行を決定する機関'及び株式を發行することの '決定'の意義", 「ジュリスト」 No. 1179, 2000.

近藤光男 · 吉原和志 · 黑沼悅郞(共著), 「證券取引法入門」, 商事法務, 2003.

藤田友敬, "內部者取引規制", 「フィナンシヤル · レビユー」大藏省財政金融研究所, 1999. 3.

木目田 裕·山田將之, “村上ファンド事件 抗訴審判決の檢討―「決定」の解釈を中心に―”, 「商事法務」 No. 1864, 2009. 4.

______ · ______, “インサイダー取引規制における實務上の諸問題(1); 規制の概要と法一六六条の成立要件(上)”, 「商事法務」 No. 1840, 2008. 8.

木目田 裕·小林和眞呂, “インサイダー取引規制における實務上の諸問題(2); 規制の概要と法一六六条の成立要件(中)”, 「商事法務」 No. 1842, 2008. 9.

木目田 裕·上島正道, “インサイダー取引規制における實務上の諸問題(3); 規制の概要と法一六六条の成立要件(下)”, 「商事法務」 No. 1844, 2008. 9.

木目田 裕·杉原えり, “インサイダー取引規制における實務上の諸問題(4); コーポレート業務とインサイダー取引規制”, 「商事法務」, No. 1845, 2008. 10.

服部秀一, 「インサイダー取引規制のすべて」, 商事法務研究会, 2001.

松本眞輔, 「最新インサイダー取引規制―解釈·事例·執務對応―」, 商事法務, 2006.

________, “村上ファンド事件 一審東判決の檢討”, 月刊 「監査役」 No. 532, 2007. 10.

神崎克郎, “インサイダー取引の禁止(上)”, 大阪証券取引所,インベストメント41卷 3号, 1988.

神崎克郎·志谷匡史·川口恭弘, 「証券取引法」, 青林書院, 2006.

葉玉匡美, “インサイダー取引と重要事實の發生時期”, 「TAmaster」 No. 224, 2007.

川口恭弘·前田雅弘·川濱 昇·洲崎博史·山田純子·黑沼悅郎, “インサイダー取引規制の比較法研究”, 「民商法雜誌」 第125卷 第4·5号, 2002. 2.

川村和夫, 「註解證券取引法」, 有斐閣, 1997.

太田 洋, “村上ファンド事件 東京地裁 判決の意義と實務への影響”, 「商事法務」 No. 1830, 2008. 4.

太田 洋·宇野伸太郎, "村上ファンド事件 東京高裁 判決の意義と實務への影響", 「金融·商事判例」 No. 1325, 2009. 5.

平山幹子, "インサイダー取引規制と共犯の成立範囲", 早稲田大学21世紀COE 「企業法制と法創造」 Ⅳ—A 第14回研究会報告書, 2006. 10.

黑沼悅郎, "インサイダー取引における'決定にかかる重要事項'の意義", 「法学教室」, No. 234, 2000.

________, 「證券市場の機能と不公正取引の規制」, 有斐閣, 2002.

________, "インサイダー取引規制における重要事實の定義の問題点", 「商事法務」 No. 1687, 2004. 2.

横畠裕介, 「逐條解說インサイダー取引規制と罰則」, 商事法務研究会, 1989.

東京辯護士会会社部, "インサイダー取引規制がイドライン", 商事法務研究会, 1989.

野村証券株式会社法務部, 神田秀樹(監修), 「注解証券取引法」, 1984.

참고판례

Ⅰ. 국내판례

1. 법　원

2. 헌법재판소

Ⅱ. 외국판례

1. 구미판례 등

2. 일본판례

사항색인

내부자거래에 관한 각국의 규정

Ⅰ. 일본(金融商品取引法)

第六章 有価証券の取引等に関する規制

第百六十六条(会社関係者の禁止行為)次の各号に掲げる者(以下この条において「会社関係者」という。)であつて、上場会社等に係る業務等に関する重要事実(当該上場会社等の子会社に係る会社関係者(当該上場会社等に係る会社関係者に該当する者を除く。)については、当該子会社の業務等に関する重要事実であつて、次項第五号から第八号までに規定するものに限る。以下同じ。)を当該各号に定めるところにより知つたものは、当該業務等に関する重要事実の公表がされた後でなければ、当該上場会社等の特定有価証券等に係る売買その他の有償の譲渡若しくは譲受け又はデリバティブ取引(以下この条において「売買等」という。)をしてはならない。当該上場会社等に係る業務等に関する重要事実を次の各号に定めるところにより知つた会社関係者であつて、当該各号に掲げる会社関係者でなくなつた後一年以内のものについても、同様とする。

一　当該上場会社等(当該上場会社等の親会社及び子会社を含む。以下この項において同じ。)の役員(会計参与が法人であるときは、その社員)、代理人、使用人その他の従業者(以下この条及び次条において「役員等」という。)　その者の職務に関し知つたとき。

二　当該上場会社等の会社法第四百三十三条第一項に定める権利を有する株主若しくは優先出資法に規定する普通出資者のうちこれに類する権利を有するものとして内閣府令で定める者又は同条第三項に定める権利を有する社員(これらの株主、普通出資者又は社員が法人(法人でない団体で代表者又は管理人の定めのあるものを含む。以下この条及び次条において同じ。)であるときはその役員等を、これらの株主、普通出資者又は社員が法人以外の者であるときはその代理人又は使用人を含む。) 当該権利の行使に関し知つたとき。

三　当該上場会社等に対する法令に基づく権限を有する者 当該権限の行使に関し知つたとき。

四　当該上場会社等と契約を締結している者又は締結の交渉をしている者(その者が法人であるときはその役員等を、その者が法人以外の者であるときはその代理人又は使用人を含む。)であつて、当該上場会社等の役員等以外のもの 当該契約の締結若しくはその交渉又は履行に関し知つたとき。

五　第二号又は前号に掲げる者であつて法人であるものの役員等(その者が役員等である当該法人の他の役員等が、それぞれ第二号又は前号に定めるところにより当該上場会社等に係る業務等に関する重要事実を知つた場合におけるその者に限る。) その者の職務に関し知つたとき。

2　前項に規定する業務等に関する重要事実とは、次に掲げる事実(第一号、第二号、第五号及び第六号に掲げる事実にあつては、投資者の投資判断に及ぼす影響が軽微なものとして内閣府令で定める基準に該当するものを除く。)をいう。

一　当該上場会社等の業務執行を決定する機関が次に掲げる事

項を行うことについての決定をしたこと又は当該機関が当該決定(公表がされたものに限る。)に係る事項を行わないことを決定したこと。

イ　会社法第百九十九条第一項に規定する株式会社の発行する株式若しくはその処分する自己株式を引き受ける者(協同組織金融機関が発行する優先出資を引き受ける者を含む。)の募集(処分する自己株式を引き受ける者の募集をする場合にあつては、これに相当する外国の法令の規定(当該上場会社等が外国会社である場合に限る。以下この条において同じ。)によるものを含む。)又は同法第二百三十八条第一項に規定する募集新株予約権を引き受ける者の募集

ロ　資本金の額の減少

ハ　資本準備金又は利益準備金の額の減少

ニ　会社法第百五十六条第一項(同法第百六十三条及び第百六十五条第三項の規定により読み替えて適用する場合を含む。)の規定又はこれらに相当する外国の法令の規定(当該上場会社等が外国会社である場合に限る。以下この条において同じ。)による自己の株式の取得

ホ　株式無償割当て

ヘ　株式(優先出資法に規定する優先出資を含む。)の分割

ト　剰余金の配当

チ　株式交換

リ　株式移転

ヌ　合併

ル　会社の分割

ヲ　事業の全部又は一部の譲渡又は譲受け

ワ　解散（合併による解散を除く。）

カ　新製品又は新技術の企業化

ヨ　業務上の提携その他のイからカまでに掲げる事項に準ずる事項として政令で定める事項

二　当該上場会社等に次に掲げる事実が発生したこと。

イ　災害に起因する損害又は業務遂行の過程で生じた損害

ロ　主要株主の異動

ハ　特定有価証券又は特定有価証券に係るオプションの上場の廃止又は登録の取消しの原因となる事実

ニ　イからハまでに掲げる事実に準ずる事実として政令で定める事実

三　当該上場会社等の売上高、経常利益若しくは純利益（以下この条において「売上高等」という。）若しくは第一号トに規定する配当又は当該上場会社等の属する企業集団の売上高等について、公表がされた直近の予想値（当該予想値がない場合は、公表がされた前事業年度の実績値）に比較して当該上場会社等が新たに算出した予想値又は当事業年度の決算において差異（投資者の投資判断に及ぼす影響が重要なものとして内閣府令で定める基準に該当するものに限る。）が生じたこと。

四　前三号に掲げる事実を除き、当該上場会社等の運営、業務又は財産に関する重要な事実であつて投資者の投資判断に著しい影響を及ぼすもの

五　当該上場会社等の子会社の業務執行を決定する機関が当該子会社について次に掲げる事項を行うことについての決定をしたこと又は当該機関が当該決定（公表がされたものに限る。）に係る事項を行わないことを決定したこと。

イ　株式交換

ロ　株式移転

ハ　合併

ニ　会社の分割

ホ　事業の全部又は一部の譲渡又は譲受け

ヘ　解散(合併による解散を除く。)

ト　新製品又は新技術の企業化

チ　業務上の提携その他のイからトまでに掲げる事項に準ずる事項として政令で定める事項

六　当該上場会社等の子会社に次に掲げる事実が発生したこと。

イ　災害に起因する損害又は業務遂行の過程で生じた損害

ロ　イに掲げる事実に準ずる事実として政令で定める事実

七　当該上場会社等の子会社(第二条第一項第五号、第七号又は第九号に掲げる有価証券で金融商品取引所に上場されているものの発行者その他の内閣府令で定めるものに限る。)の売上高等について、公表がされた直近の予想値(当該予想値がない場合は、公表がされた前事業年度の実績値)に比較して当該子会社が新たに算出した予想値又は当事業年度の決算において差異(投資者の投資判断に及ぼす影響が重要なものとして内閣府令で定める基準に該当するものに限る。)が生じたこと。

八　前三号に掲げる事実を除き、当該上場会社等の子会社の運営、業務又は財産に関する重要な事実であつて投資者の投資判断に著しい影響を及ぼすもの

3　会社関係者(第一項後段に規定する者を含む。以下この項において同じ。)から当該会社関係者が第一項各号に定めるところにより知つた同項に規定する業務等に関する重要事実の伝達を受けた者(同項各号に掲げる者であつて、当該各号に定めるところにより当該業務等

に関する重要事実を知つたものを除く。)又は職務上当該伝達を受けた者が所属する法人の他の役員等であつて、その者の職務に関し当該業務等に関する重要事実を知つたものは、当該業務等に関する重要事実の公表がされた後でなければ、当該上場会社等の特定有価証券等に係る売買等をしてはならない。

4 第一項、第二項第一号、第三号、第五号及び第七号並びに前項の公表がされたとは、上場会社等に係る第一項に規定する業務等に関する重要事実、上場会社等の業務執行を決定する機関の決定、上場会社等の売上高等若しくは第二項第一号トに規定する配当、上場会社等の属する企業集団の売上高等、上場会社等の子会社の業務執行を決定する機関の決定又は上場会社等の子会社の売上高等について、当該上場会社等又は当該上場会社等の子会社(子会社については、当該子会社の第一項に規定する業務等に関する重要事実、当該子会社の業務執行を決定する機関の決定又は当該子会社の売上高等に限る。以下この項において同じ。)により多数の者の知り得る状態に置く措置として政令で定める措置がとられたこと又は当該上場会社等若しくは当該上場会社等の子会社が提出した第二十五条第一項に規定する書類(同項第十一号に掲げる書類を除く。)にこれらの事項が記載されている場合において、当該書類が同項の規定により公衆の縦覧に供されたことをいう。

5 第一項及び次条において「親会社」とは、他の会社(協同組織金融機関を含む。以下この項において同じ。)を支配する会社として政令で定めるものをいい、この条において「子会社」とは、他の会社が提出した第五条第一項の規定による届出書、第二十四条第一項の規定による有価証券報告書、第二十四条の四の七第一項又は第二項の規定による四半期報告書又は第二十四条の五第一項の規定による半期報告書で第二十五条第一項の規定により公衆の縦覧に供された直近のものにおいて、当該他の会社の属する企業集団に属する会社として記載されたものをいう。

6 第一項及び第三項の規定は、次に掲げる場合には、適用しない。

一 会社法第二百二条第一項第一号に規定する権利(優先出資法に規定する優先出資の割当てを受ける権利を含む。)を有する者が当該権利を行使することにより株券(優先出資法に規定する優先出資証券を含む。)を取得する場合

二 新株予約権を有する者が当該新株予約権を行使することにより株券を取得する場合

二の二 特定有価証券等に係るオプションを取得している者が当該オプションを行使することにより特定有価証券等に係る売買等をする場合

三 会社法第百十六条第一項、第四百六十九条第一項、第七百八十五条第一項、第七百九十七条第一項若しくは第八百六条第一項の規定による株式の買取りの請求又は法令上の義務に基づき売買等をする場合

四 当該上場会社等の株券等(第二十七条の二第一項に規定する株券等をいう。)に係る同項に規定する公開買付け(同項本文の規定の適用を受ける場合に限る。)又はこれに準ずる行為として政令で定めるものに対抗するため当該上場会社等の取締役会が決定した要請(委員会設置会社にあつては、執行役の決定した要請を含む。)に基づいて、当該上場会社等の特定有価証券等又は特定有価証券等の売買に係るオプション(当該オプションの行使により当該行使をした者が当該オプションに係る特定有価証券等の売買において買主としての地位を取得するものに限る。)の買付け(オプションにあつては、取得をいう。次号において同じ。)その

他の有償の譲受けをする場合

四の二　会社法第百五十六条第一項(同法第百六十三条及び第百六十五条第三項の規定により読み替えて適用する場合を含む。以下この号において同じ。)の規定又はこれらに相当する外国の法令の規定による自己の株式の取得についての当該上場会社等の同法第百五十六条第一項の規定による株主総会若しくは取締役会の決議(委員会設置会社にあつては、執行役の決定を含む。)(同項各号に掲げる事項に係るものに限る。)又はこれらに相当する外国の法令の規定に基づいて行う決議等(以下この号において「株主総会決議等」という。)について第一項に規定する公表(当該株主総会決議等の内容が当該上場会社等の業務執行を決定する機関の決定と同一の内容であり、かつ、当該株主総会決議等の前に当該決定について同項に規定する公表がされている場合の当該公表を含む。)がされた後、当該株主総会決議等に基づいて当該自己の株式に係る株券若しくは株券に係る権利を表示する第二条第一項第二十号に掲げる有価証券その他の政令で定める有価証券(以下この号において「株券等」という。)又は株券等の売買に係るオプション(当該オプションの行使により当該行使をした者が当該オプションに係る株券等の売買において買主としての地位を取得するものに限る。以下この号において同じ。)の買付けをする場合(当該自己の株式の取得についての当該上場会社等の業務執行を決定する機関の決定以外の第一項に規定する業務等に関する重要事実について、同項に規定する公表がされていない場合(当該自己の株式の取得以外の同法第百五十六条第一項の規定又はこれらに相当する外国の法令の規定による自己の株式の取得について、この号の規定に基づいて当該自己の株式に係る株券等又は株券等の売買に係るオプションの買付けをする場合を除く。)を除く。)

五　第百五十九条第三項の政令で定めるところにより売買等をする場合

六　社債券(新株予約権付社債券を除く。)その他の政令で定める有価証券に係る売買等をする場合(内閣府令で定める場合を除く。)

七　第一項又は第三項の規定に該当する者の間において、売買等を取引所金融商品市場又は店頭売買有価証券市場によらないでする場合(当該売買等をする者の双方において、当該売買等に係る特定有価証券等について、更に第一項又は第三項の規定に違反して売買等が行われることとなることを知つている場合を除く。)

八　上場会社等に係る第一項に規定する業務等に関する重要事実を知る前に締結された当該上場会社等の特定有価証券等に係る売買等に関する契約の履行又は上場会社等に係る同項に規定する業務等に関する重要事実を知る前に決定された当該上場会社等の特定有価証券等に係る売買等の計画の実行として売買等をする場合その他これに準ずる特別の事情に基づく売買等であることが明らかな売買等をする場合(内閣府令で定める場合に限る。)

Ⅱ. 미 국

Securities Exchange Act of 1934

Regulation of the use of Manipulative and Deceptive Devices

Section 10 It shall be unlawful for any person, directly or indirectly, by the use of any means or instrumentality of interstate commerce or of the mails, or of any facility of any national securities exchange--

(b) To use or employ, in connection with the purchase or sale of any security registered on a national securities exchange or any security not so registered, or any securities-based swap agreement(as defined in section 206B of the Gramm-Leach-Bliley Act), any manipulative or deceptive device or contrivance in contravention of such rules and regulations as the Commission may prescribe as necessary or appropriate in the public interest or for the protection of investors.

General Rules and Regulations under the Securities Exchange Act of 1934.

10b-5 Employment of manipulative and deceptive devices.

It shall be unlawful for any person, directly or indirectly, by the use of any means or instrumentality of interstate commerce, or of the mails or of any facility of any national securities exchange,

(a) To employ any device, scheme, or artifice to defraud,

(b) To make any untrue statement of a material fact or to omit to state a material fact necessary in order to make the statements made, in the light of the circumstances under which they were made,not misleading, or

(c) To engage in any act, practice, or course of business which operates or would operate as a fraud or deceit upon any person,

in connection with the purchase or sale of any security.

10b5-1 Trading "on the basis of" material nonpublic information in insider trading cases.

Preliminary Note to "240.10b5-1: This provision defines when a purchase or sale constitutes trading "on the basis of" material non-public information in insider trading cases brought under Section 10(b) of the Act and Rule 10b-5 thereunder. The law of insider trading is otherwise defined by judicial opinions construing Rule 10b-5, and Rule 10b5-1 does not modify the scope of insider trading law in any other respect.

(a) General.

The "manipulative and deceptive devices" prohibited by Section 10(b) of the Act (15 U.S.C. 78j) and "240.10b-5 thereunder include, among other things, the purchase or sale of a security of any issuer, on the basis of material nonpublic information about that security or issuer, in breach of a duty of trust or confidence that is owed directly, indirectly, or derivatively, to the issuer of that security or the shareholders of that issuer, or to any other person who is the source of the material nonpublic information.

(b) Definition of "n the basis of."

Subject to the affirmative defenses in paragraph (c) of this section, a purchase or sale of a security of an issuer is "on the basis of" material nonpublic information about that security or issuer if the person making the purchase or sale was aware of the material nonpublic information when the person made the purchase or sale.

(c) Affirmative defenses.

(1)(i) Subject to paragraph (c)(1)(ii) of this section, a person's purchase or sale is not "on the basis of" material nonpublic information if the person making the purchase or sale demonstrates that:

(A) Before becoming aware of the information, the person had:

(1) Entered into a binding contract to purchase or sell the security,

(2) Instructed another person to purchase or sell the security for the instructing person's account, or

(3) Adopted a written plan for trading securities;

(B) The contract, instruction, or plan described in paragraph (c)(1)(i)(A) of this Section:

(1) Specified the amount of securities to be purchased or sold and the price at which and

the date on which the securities were to be purchased or sold;

(2) Included a written formula or algorithm, or computer program, for determining the amount of securities to be purchased or sold and the price at which and the date on which the securities were to be purchased or sold; or

(3) Did not permit the person to exercise any subsequent influence over how, when, or whether to effect purchases or sales; provided, in addition, that any other person who, pursuant to the contract, instruction, or plan, did exercise such influence must not have been aware of the material nonpublic information when doing so; and

(C) The purchase or sale that occurred was pursuant to the contract, instruction, or plan. A purchase or sale is not "pursuant to a contract, instruction, or plan" if, among other things, the person who entered into the contract, instruction, or plan altered or deviated from the contract, instruction, or plan to purchase or sell securities (whether by changing the amount, price, or timing of the purchase or sale), or entered into or altered a corresponding or hedging transaction or position with respect to those securities.

(ii) Paragraph (c)(1)(i) of this section is applicable only

when the contract, instruction, or plan to purchase or sell securities was given or entered into in good faith and not as part of a plan or scheme to evade the prohibitions of this section.

(iii) This paragraph (c)(1)(iii) defines certain terms as used in paragraph (c) of this Section.

(A) Amount.

"Amount" means either a specified number of shares or other securities or a specified dollar value of securities.

(B) Price.

"Price" means the market price on a particular date or a limit price, or a particular dollar price.

(C) Date.

"Date" means, in the case of a market order, the specific day of the year on which the order is to be executed (or as soon thereafter as is practicable under ordinary principles of best execution). "Date" means, in the case of a limit order, a day of the year on which the limit order is in force.

(2) A person other than a natural person also may demonstrate that a purchase or sale of securities is not "on the basis of" material nonpublic information if the person demonstrates that:

(i) The individual making the investment decision on behalf of the person to purchase or sell the securities was not aware of the information; and

(ii) The person had implemented reasonable policies and procedures, taking into consideration the nature of the person's business, to ensure that individuals making investment decisions would not violate the laws prohibiting trading on the basis of material nonpublic information. These policies and procedures may include those that restrict any purchase, sale, and causing any purchase or sale of any security as to which the person has material nonpublic information, or those that prevent such individuals from becoming aware of such information.

10b5-2 Duties of trust or confidence in misappropriation insider trading cases.

Preliminary Note to "240.10b5-2: This section provides a non-exclusive definition of circumstances in which a person has a duty of trust or confidence for purposes of the "misappropriation" theory of insider trading under Section 10(b) of the Act and Rule 10b-5. The law of insider trading is otherwise defined by judicial opinions construing Rule 10b-5, and Rule 10b5-2 does not modify the scope of insider trading law in any other respect.

(a) Scope of Rule.
This section shall apply to any violation of Section 10(b) of the Act (15 U.S.C. 78j(b)) and "240.10b-5 thereunder that is based on the purchase or sale of securities on the basis of, or the communication of, material nonpublic information misappropriated in breach of a duty of trust or

confidence.

(b) Enumerated “duties of trust or confidence.”

For purposes of this section, a "duty of trust or confidence" exists in the following circumstances, among others:

(1) Whenever a person agrees to maintain information in confidence;

(2) Whenever the person communicating the material nonpublic information and the person to whom it is communicated have a history, pattern, or practice of sharing confidences, such that the recipient of the information knows or reasonably should know that the person communicating the material nonpublic information expects that the recipient will maintain its confidentiality; or

(3) Whenever a person receives or obtains material nonpublic information from his or her spouse, parent, child, or sibling; provided, however, that the person receiving or obtaining the information may demonstrate that no duty of trust or confidence existed with respect to the information, by establishing that he or she neither knew nor reasonably should have known that the person who was the source of the information expected that the person would keep the information confidential, because of the parties' history, pattern, or practice of sharing and maintaining confidences, and because there was no agreement or understanding to maintain the confidentiality of the information.

Ⅲ. 영국 (Criminal Justice Act 1993)

PART V INSIDER DEALING

The offence of insider dealing

52 The offence

(1) An individual who has information as an insider is guilty of insider dealing if, in the circumstances mentioned in subsection (3), he deals in securities that are price-affected securities in relation to the information.

(2) An individual who has information as an insider is also guilty of insider dealing if—
(a) he encourages another person to deal in securities that are (whether or not that other knows it) price-affected securities in relation to the information, knowing or having reasonable cause to believe that the dealing would take place in the circumstances mentioned in subsection (3); or
(b) he discloses the information, otherwise than in the proper performance of the functions of his employment, office or profession, to another person.

(3) The circumstances referred to above are that the acquisition or disposal in question occurs on a regulated market, or that the person dealing relies on a professional intermediary or is himself acting as a professional intermediary.

(4) This section has effect subject to section 53

53 defenses

(1) An individual is not guilty of insider dealing by virtue of dealing in securities if he shows—
   (a) that he did not at the time expect the dealing to result in a profit attributable to the fact that the information in question was price-sensitive information in relation to the securities, or
   (b) that at the time he believed on reasonable grounds that the information had been disclosed widely enough to ensure that none of those taking part in the dealing would be prejudiced by not having the information, or
   (c) that he would have done what he did even if he had not had the information.

(2) An individual is not guilty of insider dealing by virtue of encouraging another person to deal in securities if he shows—
   (a) that he did not at the time expect the dealing to result in a profit attributable to the fact that the information in question was price-sensitive information in relation to the securities, or
   (b) that at the time he believed on reasonable grounds that the information had been or would be disclosed widely enough to ensure that none of those taking part in the dealing would be prejudiced by not having the information, or
   (c) that he would have done what he did even if he had not

had the information.

(3) An individual is not guilty of insider dealing by virtue of a disclosure of information if he shows—

(a) that he did not at the time expect any person, because of the disclosure, to deal in securities in the circumstances mentioned in subsection (3) of section 52; or

(b) that, although he had such an expectation at the time, he did not expect the dealing to result in a profit attributable to the fact that the information was price-sensitive information in relation to the securities.

(4) Schedule 1 (special defences) shall have effect.

(5) The Treasury may by order amend Schedule 1.

(6) In this section references to a profit include references to the avoidance of a loss.

Interpretation

54 Securities to which Part V applies.

(1) This Part applies to any security which—

(a) falls within any paragraph of Schedule 2; and

(b) satisfies any conditions applying to it under an order made by the Treasury for the purposes of this subsection;

and in the provisions of this Part (other than that Schedule) any reference to a security is a reference to a security to which this Part applies.

(2) The Treasury may by order amend Schedule 2.

55 "Dealing" in securities.

(1) For the purposes of this Part, a person deals in securities if—
(a) he acquires or disposes of the securities (whether as principal or agent); or
(b) he procures, directly or indirectly, an acquisition or disposal of the securities by any other person.

(2) For the purposes of this Part, "acquire" , in relation to a security, includes—
(a) agreeing to acquire the security; and
(b) entering into a contract which creates the security.

(3) For the purposes of this Part, "dispose" , in relation to a security, includes—
(a) agreeing to dispose of the security; and
(b) bringing to an end a contract which created the security.

(4) For the purposes of subsection (1), a person procures an acquisition or disposal of a security if the security is acquired or disposed of by a person who is—
(a) his agent,
(b) his nominee, or
(c) a person who is acting at his direction,
in relation to the acquisition or disposal.

(5) Subsection (4) is not exhaustive as to the circumstances in which one person may be regarded as procuring an acquisition or disposal of securities by another.

56 "Inside information", etc.

(1) For the purposes of this section and section 57, "inside information" means information which—
   (a) relates to particular securities or to a particular issuer of securities or to particular issuers of securities and not to securities generally or to issuers of securities generally;
   (b) is specific or precise;
   (c) has not been made public; and
   (d) if it were made public would be likely to have a significant effect on the price of any securities.

(2) For the purposes of this Part, securities are "price-affected securities" in relation to inside information, and inside information is "price-sensitive information" in relation to securities, if and only if the information would, if made public, be likely to have a significant effect on the price of the securities.

(3) For the purposes of this section "price" includes value.

57 "Insiders"

(1) For the purposes of this Part, a person has information as an insider if and only if—
   (a) it is, and he knows that it is, inside information, and

(b) he has it, and knows that he has it, from an inside source.

(2) For the purposes of subsection (1), a person has information from an inside source if and only if—
  (a) he has it through—
    (i) being a director, employee or shareholder of an issuer of securities; or
    (ii) having access to the information by virtue of his employment, office or profession; or
  (b) the direct or indirect source of his information is a person within paragraph (a).

58 Information "made public"

(1) For the purposes of section 56, "made public", in relation to information, shall be construed in accordance with the following provisions of this section; but those provisions are not exhaustive as to the meaning of that expression.

(2) Information is made public if—
  (a) it is published in accordance with the rules of a regulated market for the purpose of informing investors and their professional advisers;
  (b) it is contained in records which by virtue of any enactment are open to inspection by the public;
  (c) it can be readily acquired by those likely to deal in any securities—
    (i) to which the information relates, or
    (ii) of an issuer to which the information relates; or

(d) it is derived from information which has been made public.

(3) Information may be treated as made public even though—

(a) it can be acquired only by persons exercising diligence or expertise;
(b) it is communicated to a section of the public and not to the public at large;
(c) it can be acquired only by observation;
(d) it is communicated only on payment of a fee; or
(e) it is published only outside the United Kingdom.

59 **"Professional intermediary"**

(1) For the purposes of this Part, a "professional intermediary" is a person—

(a) who carries on a business consisting of an activity mentioned in subsection (2) and who holds himself out to the public or any section of the public (including a section of the public constituted by persons such as himself) as willing to engage in any such business; or
(b) who is employed by a person falling within paragraph (a) to carry out any such activity.

(2) The activities referred to in subsection (1) are—

(a) acquiring or disposing of securities (whether as principal or agent); or
(b) acting as an intermediary between persons taking part in any dealing in securities.

(3) A person is not to be treated as carrying on a business consisting of an activity mentioned in subsection (2)—
  (a) if the activity in question is merely incidental to some other activity not falling within subsection (2); or
  (b) merely because he occasionally conducts one of those activities.

(4) For the purposes of section 52, a person dealing in securities relies on a professional intermediary if and only if a person who is acting as a professional intermediary carries out an activity mentioned in subsection (2) in relation to that dealing.

60 Other interpretation provisions

(1) For the purposes of this Part, "regulated market" means any market, however operated, which, by an order made by the Treasury, is identified (whether by name or by reference to criteria prescribed by the order) as a regulated market for the purposes of this Part.

(2) For the purposes of this Part an "issuer" , in relation to any securities, means any company, public sector body or individual by which or by whom the securities have been or are to be issued.

(3) For the purposes of this Part—
  (a) "company" means any body (whether or not incorporated and wherever incorporated or constituted) which is not a public sector body; and

(b) "public sector body" means—
(i) the government of the United Kingdom, of Northern Ireland or of any country or territory outside the United Kingdom;
(ii) a local authority in the United Kingdom or elsewhere;
(iii) any international organisation the members of which include the United Kingdom or another member state;
(iv) the Bank of England; or
(v) the central bank of any sovereign State.

(4) For the purposes of this Part, information shall be treated as relating to an issuer of securities which is a company not only where it is about the company but also where it may affect the company's business prospects.

miscellaneous

61 Penalties and prosecution

(1) An individual guilty of insider dealing shall be liable—
(a) on summary conviction, to a fine not exceeding the statutory maximum or imprisonment for a term not exceeding six months or to both; or
(b) on conviction on indictment, to a fine or imprisonment for a term not exceeding seven years or to both.

(2) Proceedings for offences under this Part shall not be instituted in England and Wales except by or with the consent of—
(a) the Secretary of State; or

(b) the Director of Public Prosecutions.

(3) In relation to proceedings in Northern Ireland for offences under this Part, subsection (2) shall have effect as if the reference to the Director of Public Prosecutions were a reference to the Director of Public Prosecutions for Northern Ireland.

62 Territorial scope of offence of insider dealing

(1) An individual is not guilty of an offence falling within subsection (1) of section 52 unless—
   (a) he was within the United Kingdom at the time when he is alleged to have done any act constituting or forming part of the alleged dealing;
   (b) the regulated market on which the dealing is alleged to have occurred is one which, by an order made by the Tre asury, is identified (whether by name or by reference to criteria prescribed by the order) as being, for the purposes of this Part, regulated in the United Kingdom; or
   (c) the professional intermediary was within the United Kingdom at the time when he is alleged to have done anything by means of which the offence is alleged to have been committed.

(2) An individual is not guilty of an offence falling within subsection (2) of section 52 unless—
   (a) he was within the United Kingdom at the time when he is alleged to have disclosed the information or encouraged the dealing; or

(b) the alleged recipient of the information or encouragement was within the United Kingdom at the time when he is alleged to have received the information or encouragement.

63 Limits on section 52

(1) Section 52 does not apply to anything done by an individual acting on behalf of a public sector body in pursuit of monetary policies or policies with respect to exchange rates or the management of public debt or foreign exchange reserves.

(2) No contract shall be void or unenforceable by reason only of section 52.

64 Orders

(1) Any power under this Part to make an order shall be exercisable by statutory instrument.

(2) No order shall be made under this Part unless a draft of it has been laid before and approved by a resolution of each House of Parliament.

(3) An order under this Part—
(a) may make different provision for different cases; and
(b) may contain such incidental, supplemental and transitional provisions as the Treasury consider expedient.

SCHEDULE 1

Section 53(4). Special defences

Market makers

1.(1) An individual is not guilty of insider dealing by virtue of dealing in securities or encouraging another person to deal if he shows that he acted in good faith in the course of—

(a) his business as a market maker, or

(b) his employment in the business of a market maker.

(2) A market maker is a person who—

(a) holds himself out at all normal times in compliance with the rules of a regulated market or an approved organisation as willing to acquire or dispose of securities; and

(b) is recognised as doing so under those rules.

(3) In this paragraph "approved organisation" means an international securities self-regulating organisation approved under paragraph 25B of Schedule 1 to the [1986 c. 60.] Financial Services Act 1986.

Market information

2.(1) An individual is not guilty of insider dealing by virtue of dealing in securities or encouraging another person to deal if he shows that—

(a) the information which he had as an insider was market

information; and

(b) it was reasonable for an individual in his position to have acted as he did despite having that information as an insider at the time.

(2) In determining whether it is reasonable for an individual to do any act despite having market information at the time, there shall, in particular, be taken into account—

(a) the content of the information;

(b) the circumstances in which he first had the information and in what capacity; and

(c) the capacity in which he now acts.

3. An individual is not guilty of insider dealing by virtue of dealing in securities or encouraging another person to deal if he shows—

(a) that he acted—

(i) in connection with an acquisition or disposal which was under consideration or the subject of negotiation, or in the course of a series of such acquisitions or disposals; and

(ii) with a view to facilitating the accomplishment of the acquisition or disposal or the series of acquisitions or disposals; and

(b) that the information which he had as an insider was market information arising directly out of his involvement in the acquisition or disposal or series of acquisitions or disposals.

4. For the purposes of paragraphs 2 and 3 market information is

information consisting of one or more of the following facts—

(a) that securities of a particular kind have been or are to be acquired or disposed of, or that their acquisition or disposal is under consideration or the subject of negotiation;

(b) that securities of a particular kind have not been or are not to be acquired or disposed of;

(c) the number of securities acquired or disposed of or to be acquired or disposed of or whose acquisition or disposal is under consideration or the subject of negotiation;

(d) the price (or range of prices) at which securities have been or are to be acquired or disposed of or the price (or range of prices) at which securities whose acquisition or disposal is under consideration or the subject of negotiation may be acquired or disposed of;

(e) the identity of the persons involved or likely to be involved in any capacity in an acquisition or disposal.

Price stabilisation

5.(1) An individual is not guilty of insider dealing by virtue of dealing in securities or encouraging another person to deal if he shows that he acted in conformity with the price stabilisation rules.

(2) In this paragraph "the price stabilisation rules" means rules which—

(a) are made under section 48 of the [1986 c. 60.] Financial Services Act 1986 (conduct of business rules); and

(b) make provision of a description mentioned in paragraph

(i) of subsection (2) of that section (price stabilisation rules).

SCHEDULE 2

Section 54. Securities

Shares

1. Shares and stock in the share capital of a company ("shares").

Debt securities

2. Any instrument creating or acknowledging indebtedness which is issued by a company or public sector body, including, in particular, debentures, debenture stock, loan stock, bonds and certificates of deposit ("debt securities").

Warrants

3. Any right (whether conferred by warrant or otherwise) to subscribe for shares or debt securities ("warrants").

Depositary receipts

4.(1) The rights under any depositary receipt.

(2) For the purposes of sub-paragraph (1) a "depositary receipt" means a certificate or other record (whether or not in the form of a document)—

(a) which is issued by or on behalf of a person who holds any relevant securities of a particular issuer; and

(b) which acknowledges that another person is entitled to rights in relation to the relevant securities or relevant securities of the same kind.

(3) In sub-paragraph (2) "relevant securities" means shares, debt securities and warrants.

Options

5. Any option to acquire or dispose of any security falling within any other paragraph of this Schedule

Futures

6.(1) Rights under a contract for the acquisition or disposal of relevant securities under which delivery is to be made at a future date and at a price agreed when the contract is made.

(2) In sub-paragraph (1)—

(a) the references to a future date and to a price agreed when the contract is made include references to a date and a price determined in accordance with terms of the contract; and

(b) "relevant securities" means any security falling within any other paragraph of this Schedule.

Contracts for differences

7.(1) Rights under a contract which does not provide for the delivery of securities but whose purpose or pretended purpose is to secure a profit or avoid a loss by reference to fluctuations in—

(a) a share index or other similar factor connected with relevant securities;

(b) the price of particular relevant securities; or

(c) the interest rate offered on money placed on deposit.

(2) In sub-paragraph (1) "relevant securities" means any security falling within any other paragraph of this Schedule.

Ⅳ. EU지침

DIRECTIVE 2003/6/EC THE EUROPEAN PARLIAMENT AND OF THE COUNCIL

of 28 January 2003

on insider dealing and market manipulation (market abuse)

Article 1

For the purposes of this Directive:

1. 'Inside information' shall mean information of a precise nature which has not been made public, relating, directly or indirectly, to one or more issuers of financial instruments or to one or more financial instruments and which, if it were made public, would be likely to have a significant effect on the prices of those financial instruments or on the price of related derivative financial instruments.

In relation to derivatives on commodities, 'inside information' shall mean information of a precise nature which has not been made public, relating, directly or indirectly, to one or more such derivatives and which users of markets on which such derivatives are traded would expect to receive in accordance with accepted market practices on those markets.

For persons charged with the execution of orders concerning financial instruments, 'inside information' shall also mean information conveyed by a client and related to the client's pending orders, which is of a precise nature, which relates directly or indirectly to one or more issuers of financial instruments or to one or more financial instruments, and which, if it were made public, would be likely to have a significant effect on the prices of those financial instruments or on the price of related derivative financial instruments.

Article 2

1. Member States shall prohibit any person referred to in the second subparagraph who possesses inside information from using that information by acquiring or disposing of, or by trying to acquire or dispose of, for his own account or for the account of a third party, either directly or indirectly, financial instruments to which that information relates.

The first subparagraph shall apply to any person who possesses that information:

(a) by virtue of his membership of the administrative, management or supervisory bodies of the issuer; or
(b) by virtue of his holding in the capital of the issuer; or
(c) by virtue of his having access to the information through the

exercise of his employment, profession or duties; or

(d) by virtue of his criminal activities.

2. Where the person referred to in paragraph 1 is a legal person, the prohibition laid down in that paragraph shall also apply to the natural persons who take part in the decision to carry out the transaction for the account of the legal person concerned.

3. This Article shall not apply to transactions conducted in the discharge of an obligation that has become due to acquire or dispose of financial instruments where that obligation results from an agreement concluded before the person concerned possessed inside information.

Article 3

Member States shall prohibit any person subject to the prohibition laid down in Article 2 from:

(a) disclosing inside information to any other person unless such disclosure is made in the normal course of the exercise of his employment, profession or duties;
(b) recommending or inducing another person, on the basis of inside information, to acquire or dispose of financial instruments to which that information relates.

Article 4

Member States shall ensure that Articles 2 and 3 also apply to any person, other than the persons referred to in those Articles, who possesses inside information while that person knows, or ought to have known, that it is inside information.

Article 5

Member States shall prohibit any person from engaging in market manipulation.

Ⅴ. 호주(Corporations Act 2001)

Division3—The insider trading prohibitions
Subdivision A—Preliminary

1042A Definitions

In this Division:

able to be traded has a meaning affected by section1042E.

Division3 financial products means:

(a) securities; or

(b) derivatives; or

(c) interests in a managed investment scheme; or

(ca) debentures, stocks or bonds issued or proposed to be issued by a government; or

(d) superannuation products, other than those prescribed by regulations made for the purposes of this paragraph; or

(e) any other financial products that are able to be traded on a financial market.

generally available, in relation to information, has the meaning given by section1042C.

information includes:

(a) matters of supposition and other matters that are insufficiently definite to warrant being made known to the public; and
(b) matters relating to the intentions, or likely intentions, of a person.

inside information means information in relation to which the following paragraphs are satisfied:

(a) the information is not generally available;
(b) if the information were generally available, a reasonable person would expect it to have a material effect on the price or value of particular Division3 financial products.

material effect, in relation to a reasonable person's expectations of the effect of information on the price or value of Division3 financial products, has the meaning given by section1042D.

procure has a meaning affected by section1042F.

relevant Division3 financial products, in relation to particular inside information, means the Division3 financial products referred to in paragraphb) of the definition of inside information.

1042B Application of Division

This Division applies to:

(a) acts and omissions within this jurisdiction in relation to Division3 financial products (regardless of where the issuer of the products is formed, resides or located and of where the issuer carries on business); and

(b) acts and omissions outside this jurisdiction (and whether in Australia or not) in relation to Division3 financial products issued by:

(i) a person who carries on business in this jurisdiction; or

(ii) a body corporate that is formed in this jurisdiction.

1042C When information is generally available

(1) For the purposes of this Division, information is generally available if:

(a) it consists of readily observable matter; or

(b) both of the following subparagraphs apply:

(i) it has been made known in a manner that would, or would be likely to, bring it to the attention of persons who commonly invest in Division3 financial products of a kind whose price might be affected by the information; and

(ii) since it was made known, a reasonable period for it to be disseminated among such persons has elapsed; or

(c) it consists of deductions, conclusions or inferences made or drawn from either or both of the following:

(i) information referred to in paragrapha);

(ii) information made known as mentioned in subparagraphb)(i).

(2) None of the paragraphs of subsection1) limits the generality of any of the other paragraphs of that subsection.

1042D When a reasonable person would take information to have a material effect on price or value of Division3 financial products

For the purposes of this Division, a reasonable person would be taken to expect information to have a material effect on the price or value of particular Division3 financial products if (and only if) the information would, or would be likely to, influence persons who commonly acquire Division3 financial products in deciding whether or not to acquire or dispose of the firstmentioned financial products.

1042E Division3 financial products taken to be able to be trade-ddespite suspensions or section794D directions

Particular Division3 financial products that are ordinarily able to be traded on a licensed market are taken, for the purposes of this Division, to be able to be tradedon that market even though trading in those products on that market is suspended by action taken by the market licensee, or is contrary to a direction given to the market licensee by ASIC under subsection 794D(2).

1042F Inciting, inducingor encouraging an act or omission constitutes procuring the omission

(1) For the purposes of this Division, but without limiting the meaning that the expression procure has apart from this section, if a person incites, induces, or encourages an act or omission by another person, the firstmentioned person is taken to procurethe act or omission by the other person.

(2) Subsection1) does not limit the application in relation to provisions in this Division of:

(a) section6 of the Crimes Act 1914 or

(b) section11.1, 11.2, 11.4 or 11.5 of the Criminal Code.

1042G Information in possession of officer of body corporate

(1) For the purposes of this Division:

(a) a body corporate is taken to possess any information which an officer of the body corporatepossesses and which came into his or her possession in the course of the performance of duties as such an officer; and

(b) if an officer of a body corporate knows any matter or thing because he or she is an officer of the body corporate, it is to be presumed that the body corporate knows that matter or thing; and

(c) if an officer of a body corporate, in that capacity, is reckless as to a circumstance or result, it is to be presumed that the body corporate is reckless as to that circumstance or result; and

(d) for the purposes of paragraph 1043M(2)(b), if an officer of a body corporate ought reasonably to know any matter or thing because he or she is an officer of the body corporate, it is to be presumed that the body corporate ought reasonably to know that matter or thing.

(2) This section does not limit the application of section769B in relation to this Division.

1042H Information in possession of partner or employee of partnership

(1) For the purposes of this Division:

(a) a member of a partnership is taken to possess any information:

(i) which another member of the partnership possesses and which came into the other member's possession in the other member's capacity as a member of the partnership; or

(ii) which an employee of the partnership possesses and which came into his or her possession in the course of the performance of duties as such an employee; and

(b) if a member or employee of a partnership knows any matter or thing because the member or employee is such a member or employee, it is to be presumed that every member of the partnership knows that matter or thing; and

(c) if a member or employee of a partnership, in that capacity, is reckless as to a circumstance or result, it is to be presumed that every member of the partnership is reckless as to that circumstance or result; and

(d) for the purposes of paragraph 1043M(2)(b), if a member or employee of a partnership ought reasonably to know any matter or thing because he or she is such a member or employee, it is to be presumed that every member of the partnership ought reasonably to know that matter or thing.

(2) This section does not limit the application of section769B in relation to this Division.

Subdivision B—The prohibited conduct

1043A Prohibited conduct by person in possession of inside information

(1) Subject to this Subdivision, if:

(a) a person (the insider) possesses inside information; and

(b) the insider knows, or ought reasonably to know, that the matters specified in paragraphsa) and (b) of the definition of inside information in section1042A are satisfied in relation to the information;

the insider must not (whether as principal or agent):

(c) apply for, acquire, or dispose of, relevant Division3 financial products, or enter into an agreement to apply for, acquire, or dispose of, relevant Division3 financial products; or

(d) procure another person to apply for, acquire, or dispose of, relevant Division3 financial products, or enter into an agreement to apply for, acquire, or dispose of, relevant Division3 financial products.

Note 1: Failure to comply with this subsection is an offence (see subsection 1311(1)). For defences to a prosecution based on this subsection, see section1043M.

Note 2: This subsection is also a civil penalty provision (see section1317E). For relief from liability to a civil penalty relating to this subsection, see sections1043N and 1317S.

(2) Subject to this Subdivision, if:

(a) a person (the insider) possesses inside information; and

(b) the insider knows, or ought reasonably to know, that the matters specified in paragraphsa) and (b) of the definition of inside information in section1042A are satisfied in relation to the information; and
(c) relevant Division3 financial products are able to be traded on a financial market operated in this jurisdiction;

the insider must not, directly or indirectly, communicate the information, or cause the information to be communicated, to another person if the insider knows, or ought reasonably to know, that the other person would or would be likely to:
(d) apply for, acquire, or dispose of, relevant Division3 financial products, or enter into an agreement to apply for, acquire, or dispose of, relevant Division3 financial products; or
(e) procure another person to apply for, acquire, or dispose of, relevant Division3 financial products, or enter into an agreement to apply for, acquire, or dispose of, relevant Division3 financial products.

Note 1: Failure to comply with this subsection is an offence (see subsection 1311(1)). For defences to a prosecution based on this subsection, see section1043M.

Note 2: This subsection is also a civil penalty provision (see section1317E). For relief from liability to a civil penalty relating to this subsection, see sections1043N and 1317S.

(3) For the purposes of the application of the Criminal Code in relation to an offence based on subsection1) or (2):

(a) paragraph1)(a) is a physical element, the fault element for which is as specified in paragraph1)(b); and
(b) paragraph2)(a) is a physical element, the fault element for which is as specified in paragraph2)(b).

VI. 독일 (Wertpapierhandelsgesetz - WpHG)

Abschnitt 3 Insiderüberwachung

§12 Insiderpapiere

Insiderpapiere sind Finanzinstrumente,

1. die an einer inländischen Börse zum Handel zugelassen oder in den regulierten Markt oder in den Freiverkehr einbezogen sind,
2. die in einem anderen Mitgliedstaat der Europäischen Union oder einem anderen Vertragsstaat des Abkommens über den Europäischen Wirtschaftsraum zum Handel an einem organisierten Markt zugelassen sind oder
3. deren Preis unmittelbar oder mittelbar von Finanzinstrumenten nach Nummer 1 oder Nummer 2 abhängt.

Der Zulassung zum Handel an einem organisierten Markt oder der Einbeziehung in den regulierten Markt oder in den Freiverkehr steht gleich, wenn der Antrag auf Zulassung oder Einbeziehung gestellt oder öffentlich angekündigt ist.

§13 Insiderinformation

(1) Eine Insiderinformation ist eine konkrete Information über nicht öffentlich bekannte Umstände, die sich auf einen oder mehrere Emittenten von Insiderpapieren oder auf die Insiderpapiere selbst beziehen und die geeignet sind, im Falle ihres öffentlichen Bekanntwerdens den Börsen- oder Marktpreis der Insiderpapiere erheblich zu beeinflussen. Eine solche Eignung ist gegeben, wenn ein verständiger Anleger die Information bei seiner Anlageentscheidung berücksichtigen würde. Als Umstände im Sinne des Satzes 1 gelten auch solche, bei denen mit hinreichender Wahrscheinlichkeit davon ausgegangen werden kann, dass sie in Zukunft eintreten werden. Eine Insiderinformation ist insbesondere auch eine Information über nicht öffentlich bekannte Umstände im Sinne des Satzes 1, die sich

1. auf Aufträge von anderen Personen über den Kauf oder Verkauf von Finanzinstrumenten bezieht oder
2. auf Derivate nach "2 Abs. 2 Nr. 2 mit Bezug auf Waren bezieht und bei der Marktteilnehmer erwarten würden, dass sie diese Information in Übereinstimmung mit der zulässigen Praxis an den betreffenden Märkten erhalten würden.

(2) Eine Bewertung, die ausschließlich auf Grund öffentlich bekannter Umstände erstellt wird, ist keine Insiderinformation, selbst wenn sie den Kurs von Insiderpapieren erheblich beeinflussen kann.

§14 Verbot von Insidergeschäften

(1) Es ist verboten,

1. unter Verwendung einer Insiderinformation Insiderpapiere für eigene oder fremde Rechnung oder für einen anderen zu erwerben oder zu veräußern,
2. einem anderen eine Insiderinformation unbefugt mitzuteilen oder zugänglich zu machen,
3. einem anderen auf der Grundlage einer Insiderinformation den Erwerb oder die Veräußerung von Insiderpapieren zu empfehlen oder einen anderen auf sonstige Weise dazu zu verleiten.

(2) Der Handel mit eigenen Aktien im Rahmen von Rückkaufprogrammen und Maßnahmen zur Stabilisierung des Preises von Finanzinstrumenten stellen in keinem Fall einen Verstoß gegen das Verbot des Absatzes 1 dar, soweit diese nach Maßgabe der Vorschriften der Verordnung (EG) Nr. 2273/2003 der Kommission vom 22. Dezember 2003 zur Durchführung der Richtlinie 2003/6/EG des Europäischen Parlaments und des Rates - Ausnahmeregelungen für Rückkaufprogramme und Kursstabilisierungsmaßnahmen (ABl. EU Nr. L 336 S. 33) erfolgen. Für Finanzinstrumente, die in den Freiverkehr oder in den regulierten Markt einbezogen sind, gelten die Vorschriften der Verordnung (EG) Nr. 2273/2003 entsprechend.

Abschnitt 12 Straf- und Bußgeldvorschriften

§38 Strafvorschriften

(1) Mit Freiheitsstrafe bis zu fünf Jahren oder mit Geldstrafe wird bestraft, wer

1. entgegen "14 Abs. 1 Nr. 1 ein Insiderpapier erwirbt oder veräußert oder
2.
   a) als Mitglied des Geschäftsführungs- oder Aufsichtsorgans oder als persönlich haftender Gesellschafter des Emittenten oder eines mit dem Emittenten verbundenen Unternehmens,
   b) auf Grund seiner Beteiligung am Kapital des Emittenten oder eines mit dem Emittenten verbundenen Unternehmens,
   c) auf Grund seines Berufs oder seiner Tätigkeit oder seiner Aufgabe bestimmungsgemäß oder
   d) auf Grund der Vorbereitung oder Begehung einer Straftat

über eine Insiderinformation verfügt und unter Verwendung dieser Insiderinformation eine in "39 Abs. 2 Nr. 3 oder 4 bezeichnete vorsätzliche Handlung begeht.

§39 Bußgeldvorschriften

(2) Ordnungswidrig handelt, wer vorsätzlich oder leichtfertig

3. entgegen § 14 Abs. 1 Nr. 2 eine Insiderinformation mit-

teilt oder zugänglich macht,

4. entgegen § 14 Abs. 1 Nr. 3 den Erwerb oder die Veräußerung eines Insiderpapiers empfiehlt oder auf sonstige Weise dazu verleitet,

(4) Die Ordnungswidrigkeit kann in den Fällen des Absatzes 1 Nr. 1 und 2 und des Absatzes 2 Nr. 5 Buchstabe a, Nr. 7 und 11 mit einer Geldbuße bis zu einer Million Euro, in den Fällen des Absatzes 1 Nr. 3 und 5 und des Absatzes 2 Nr. 2 Buchstabe c, e bis i und m bis p, Nr. 3 und 4, Nr. 5 Buchstabe c bis h und Nr. 6, 18, 24 und 25 und des Absatzes 3 Nr. 3 mit einer Geldbuße bis zu zweihunderttausend Euro, in den Fällen des Absatzes 2 Nr. 2 Buchstabe d, Nr. 5 Buchstabe b, Nr. 12 bis 14 und Nr. 16 und des Absatzes 3 Nr. 1 Buchstabe b mit einer Geldbuße bis zu hunderttausend Euro, in den übrigen Fällen mit einer Geldbuße bis zu fünfzigtausend Euro geahndet werden.

저자약력

1983 서울 남강고등학교 졸업
1987 서울대학교 법학과 졸업
1990 서울대학교 법학석사(상법전공)
1992 제34회 사법시험 합격(사법연수원 24기)
2010 성균관대학교 법학박사(상사법전공)
1995~ 법무부, 대검, 서울중앙지검 금융조세조사부 등 근무
현재 금융위원회 법률자문관(파견)
증권선물위원회의 자본시장조사심의위원회 및 감리위원회 위원

주요논문

상해보험계약의 보험사고(서울대 석사학위논문, 1992)
미공개중요정보 이용행위의 규제에 관한 연구(성균관대 박사학위논문, 2009)

미공개중요정보 이용행위의 이해

2010年 7月 5日 初版印刷
2010年 7月 15日 初版發行

著 者 박 순 철
發行人 安 鍾 萬
發行處 (株) 博 英 社
서울特別市 鍾路區 平洞 13-31番地
電話 (733) 6771 FAX (736) 4818
登錄 1959. 3. 11. 제300-1959-1호(倫)

www.pakyoungsa.co.kr e-mail: pys@pakyoungsa.co.kr

定 價 25,000원 ISBN 978-89-6454-594-2